Un corsaire au bagne

Du même auteur

Corsaire de la République. Voyages, aventures et combats, Paris, Phébus, 1984 (coll. « D'ailleurs ») ; rééd. Payot, 1991 (« PBP Voyageurs 56 »).

Le Négrier de Zanzibar. Voyages, aventures et combats, Paris, Phébus, 1985 (coll. « D'ailleurs ») ; rééd. Payot, 1992 (« PBP Voyageurs 80 »).

Petite Bibliothèque Payot / Voyageurs 86

Louis Garneray

Un corsaire au bagne

Mes pontons

Série dirigée
par Michel Le Bris

Cette édition d'*Un corsaire au bagne* est parue
pour la première fois aux Éditions Phébus dans
la collection « D'ailleurs » dirigée par Jane Sctrick.

Les yeux horribles des pontons

La trouble fascination que les récits de bagnards et de prisonniers de toute espèce n'ont cessé d'exercer sur l'imagination des hommes réputés libres n'est évidemment pas un phénomène dépourvu de sens. Sans doute l'image de la prison véhicule-t-elle depuis toujours la même charge violemment symbolique, figurant de façon cruelle mais somme toute assez exemplaire ce bas-monde où la liberté n'est bien souvent qu'un leurre. Dès lors s'explique-t-on que de bons esprits, moins masochistes peut-être que simplement lucides, se plaisent parfois à en parler – ou à en rêver – comme de l'une de ces expériences fondamentales que tout individu accompli se devrait d'avoir vécue. Non que murailles, chaînes et barreaux ajoutent grand-chose de bon à la trempe des âmes en peine, mais bien parce que leur fréquentation nous ramène d'emblée à cette vérité qui se laisse si vite oublier : que la liberté n'est jamais acquise hic et nunc, *qu'elle est toujours affaire d'*évasion.

Garneray, c'est sûr, devait savoir cela mieux que personne, lui qui toujours se voulut homme de plein vent, et qu'un mauvais tour du destin condamna, après dix ans passés dans les mers du Sud en compagnie de Surcouf et de quelques autres [1], *à presque*

1. Se reporter aux deux volumes de récits maritimes de Garneray parus sous le titre générique de « Voyages, aventures et combats » : *Corsaire de la République* et *le Négrier de Zanzibar*, éd. Phébus.

autant d'années de captivité sur les sinistres pontons flottants du bagne de Portsmouth (le possessif ironique du titre Mes pontons *fait référence au « best-seller » du patriote italien Silvio Pellico,* Mes prisons, *aujourd'hui quelque peu oublié).*

L'époque, il faut dire, se prêtait assez désagréablement à de tels coups du sort. La France révolutionnaire et impériale venait d'inventer la guerre moderne. On renonçait pour la première fois aux armées de métier, composées pour l'essentiel de mercenaires que l'État devait malgré tout veiller à ménager, sous peine de se voir privé de soldatesque. Et c'est désormais tout un peuple qu'on lançait à l'assaut du monde au nom des idéaux patriotiques, sans trop se soucier du prix à payer (la France, ne l'oublions pas, était alors et de fort loin le pays le plus peuplé du monde occidental : qu'elle ait inauguré cette façon pour le moins dispendieuse de verser le sang n'est évidemment pas un hasard). A ce train, les morts au champ d'honneur n'allaient pas tarder à se compter par millions; et la déportation des prisonniers de guerre devenait dans le même temps ce qu'elle est restée aujourd'hui : un phénomène de masse destiné à peser d'un poids décisif sur l'issue des conflits... et ouvrant par là-même de prometteuses perspectives à la barbarie des belligérants.

De 1806 à 1814, Garneray eut tout le loisir d'expérimenter ce nouvel état de choses qui tranchait si fort avec les banales atrocités de l'ancien temps. Son indignation et sa surprise nous étonnent un peu, habitués que nous sommes aujourd'hui à l'horreur concentrationnaire, qui ne faisait alors que de timides débuts. Il ne pardonne pas aux Anglais de réduire leurs captifs à la famine et de les traiter pis que des chiens, officiers et matelots confondus au mépris des meilleurs usages. A l'en croire, il en allait tout autrement du côté français, ce qui est hélas assez loin de la vérité. On ne mangeait guère mieux dans les bagnes militaires de ce côté-ci de la Manche à l'heure du blocus; et quant au respect dû à la personne de l'ennemi, l'idéologie issue des généreux principes de la Révolution et de l'Empire avait su montrer depuis beau temps le cas qu'il convenait d'en faire pour peu que la Patrie fût proclamée en danger. Mais Garneray avait quitté l'Europe depuis si longtemps! On voudra bien l'excuser d'avoir ignoré les progrès que la civilisation, toutes nations confondues, y avait accomplis en son absence.

Les lecteurs qui ont suivi notre marin au fil de ses précédentes tribulations, et qui l'ont vu plus d'une fois rendre hommage à la courtoisie de ses ennemis britanniques, le retrouveront donc ici viscéralement anti-anglais; même s'il lui arrive à l'occasion de tirer son chapeau au sympathique capitaine Edwards, seul parmi ses geôliers à professer des sentiments chevaleresques à l'évidence hors de saison. C'est qu'aux yeux de ce bourlingueur resté obstinément fidèle au vieux code d'honneur des gens de mer, les nouveaux impératifs de l'organisation carcérale apparaissent tout à la fois monstrueux et incompréhensibles. Il nous en décrit les effets avec un grand luxe de détails, mais il ne parvient pas à en comprendre l'inéluctable logique. Rien que pour cela le témoignage qu'il porte ici, à la charnière de deux époques dont ses contemporains pas plus que lui-même ne pouvaient mesurer exactement les enjeux, est irremplaçable.

Nous assistons donc avec lui (et aux premières loges, si l'on peut dire) à la naissance d'une nouvelle forme de répression adaptée aux besoins d'un siècle qui dans tous les domaines entendait que l'on passât sans tergiverser de l'artisanat à l'industrie. L'idée maîtresse de la nouvelle organisation, promise au succès que l'on sait, est la concentration. *L'heure n'est plus aux donjons vétustes inutilement éparpillés sur le territoire national, où l'on dispersait les captifs au petit bonheur, laissant à chaque geôlier le soin de les traiter selon sa fantaisie. Tous les prisonniers désormais sont regroupés dans des centres rationnellement gérés. Ce traitement à large échelle permet de sérieuses économies d'entretien – non négligeables en temps de guerre – et pour peu qu'une bonne épidémie se déclare dans la place, les coupes claires qui ne manquent pas de s'ensuivre dans les rangs des détenus permettent de réduire encore les frais de fonctionnement de la machine. Barbarie! se récriera-t-on. Que nenni! Les organisateurs de la fête, en bons disciples des Lumières, ont prévu et prévenu l'objection indignée : leurs bagnes fonctionnels sont même dotés d'hôpitaux où l'on aide cordialement les mourants à trépasser en les priant simplement d'accélérer un peu le mouvement.*

Garneray s'étrangle de surprise et bientôt de rage à évoquer pareille hypocrisie. Qu'un médecin puisse rivaliser d'abjection avec les bourreaux ordinaires le laisse sans voix. Il en vient à douter de ce que ses yeux ont vu et nous supplie de le croire sur parole. Brave Garneray! Nous te croyons sans peine. Nous avons vu tellement mieux depuis! Non, tu ne galèjes pas, sois rassuré là-dessus, tu prophétises – hélas pour nous!

Concentration forcée d'humanité, ou si l'on préfère, concentré à haute teneur de souffrance, de sadisme et d'horreur. Car ainsi qu'il est d'usage (les récits de bagnards sont unanimes sur ce point), à l'ignominie des bourreaux ne tarde pas à répondre celle des victimes. Il faut dire que la population du bagne de Portsmouth n'était pas spécialement composée d'enfants de chœur : un ramassis de Frères de la Côte (ou « Frères la Côte », comme ils se dénomment entre eux) formés à la dure école de la mer, pour qui la taverne et le tripot ont fait office d'université... et que la vue du sang n'émeut pas outre mesure. La cohabitation des gardes-chiourme et de leur bétail humain se traduit en conséquence par une rapide escalade dans l'atroce. Selon le principe rodé par Dante dans son Enfer, on passe ainsi au fil du récit d'une geôle où la vie se trouve déjà passablement entravée à un cachot où l'air et la lumière parviennent à peine, pour finir en quelque cul-de-basse-fosse où l'horreur gîte à l'état pur. Le « septième cercle » est ici celui des rafalés, qui cultivent l'abjection volontaire et la déréliction avec cette sorte de passion barbare que Dostoïevski retrouvera dans ses Souvenirs de la maison des morts. Garneray lui-même, troublé par leur masochisme enragé, en vient à nous les décrire avec un frisson quasi admiratif dans la voix : brillants soudain « de tout l'éclat de leur misère »!

La surveillance de ce bouillon de culture est confiée, tout comme de nos jours, à une administration tatillonne et consciencieuse, composée en l'occurrence de militaires écartés du front, eux-mêmes sous la coupe de règlements administratifs fort précis : le droit, messieurs, le droit! Le fait est que les autorités supérieures, qui s'en lavent d'ordinaire fort bien les mains, les rares fois où elles se trouvent saisies de quelque affaire un peu délicate, tranchent au nom des meilleurs principes. Mais le reste du temps, comme toujours, la réalité du pouvoir est aux mains des subalternes qui bafouent la légalité avec une heureuse insouciance, assurés qu'ils sont de l'impunité.

Malgré cela on survit. Chacun se débrouille comme il peut, et la petite société des réprouvés, soumise à la loi de l'inacceptable, s'arrange pour se fabriquer une autre loi bien à elle, moins into-

lérable que l'autre malgré tout; et les Anglais, qui savent que leur propre tranquillité est à ce prix, laissent faire non sans habileté. De nouvelles hiérarchies se créent, où les officiers, en dépit des idées égalitaires proclamées, conservent un rôle ambigu. Tous les prisonniers sont réputés égaux entre eux. Mais lieutenants, capitaines et autres galonnés s'estiment de par leur rang au-dessus de certaines tâches... dont on les dispense bien volontiers pourvu qu'ils dédommagent sur leurs deniers ou sur leur maigre ration ceux qui acceptent de les remplacer à la besogne. Ils se serrent donc la ceinture de quelques crans, mais leur prestige reste intact – d'autant qu'ils sont à peu près les seuls à parler anglais, ce qui en fait les interprètes privilégiés de l'autorité.

Cela dit, comme dans tous les bagnes, seules la débrouillardise personnelle et la fertilité d'imagination permettent au détenu moyen d'occuper une place « enviable ». Et chacun selon ses talents de s'improviser cuisinier, fripier, maître d'armes, voire maître à danser! Garneray ne manque pas de suivre l'exemple. Il se souvient qu'il a tâté jadis de la peinture, et la bourgeoisie de Portsmouth ne tarde pas à s'arracher ses marines, achetées à vil prix par d'ingénieux regrattiers – dont l'admirable Abraham Curtis, crapule exemplaire... et juif comme il se doit (Garneray n'échappe pas à tous les préjugés de son temps). Mais le trafic le plus fructueux concerne bien évidemment les produits illicites (les plus nombreux, on s'en doute), car tout se vend : y compris la mythique évasion, que Garneray tente à plusieurs reprises dans les conditions les plus folles, et que les smugglers *anglais acceptent parfois de favoriser moyennant la forte somme.*

Car l'argent circule, même chichement, derrière les barreaux. Le courrier est autorisé (la censure s'en occupe de près) et ceux dont la famille a les moyens peuvent espérer quelques subsides... et jusqu'à de la fausse monnaie anglaise! Survivance de l'ancien temps, on accepte même les femmes : celles en tout cas qui consentent à venir partager « entre hommes » la vie d'un mari prisonnier. Disons tout de suite qu'elles sont rares et que sur ce plan comme sur tant d'autres, les malheureux captifs restent sur leur faim. C'est au reste le seul point sur lequel se tait Garneray qui écrit, souvenons-nous-en, au mitan d'un siècle particulièrement puritain. Il faudra attendre encore cent ans pour que le fameux « Papillon » nous donne là-dessus toutes informations utiles.

Mais ne jetons pas la pierre à notre brave marin. Il sait dire ce qu'il a vu, et nous serions mal avisés de lui réclamer plus. Certes il se laisse parfois aller à quelques imprécisions de détail (son geôlier est tantôt capitaine, tantôt lieutenant – peu nous importe). Il lui arrive aussi de se donner un peu trop commodément le beau rôle – façon naïve mais bien compréhensible après tout d'exorciser une humiliation subie jour après jour neuf années durant. De quel droit viendrions-nous le lui reprocher, nous qui du fond d'un moelleux fauteuil nous régalons sans honte à lire ces aventures amèrement vécues *comme nous lirions un roman picaresque.*

De même lui pardonnera-t-on son style un peu daté mais dont les faiblesses, même lorsqu'elles font bon accueil à l'emphase à la mode, ne sont pas toujours sans saveur : là encore, il reste marin; donnons-lui-en acte. Ainsi a-t-on scrupuleusement suivi ici la leçon de la première édition (1851), dont on a tout juste corrigé la ponctuation lorsqu'elle était trop aberrante et de rares fautes ou maladresses qui pouvaient nuire à la bonne lecture du texte.

Reste le témoignage. Garneray lui-même, c'est probable, n'en a pas soupçonné toutes les implications. Disons qu'il eut la chance de mourir avant que l'horreur de son aventure, qu'il crut vivre comme une monstrueuse exception à la règle des choses, ne rentre tout doucement dans la sphère de la banalité. Lui qui avait passé les meilleures années de sa vie au grand large, sur le pont des « bateaux ivres », ne pouvait imaginer qu'après lui un poète puisse annoncer aux hommes que cette horreur serait un jour celle de leur quotidien, enfermés qu'ils seraient bientôt dans la geôle de leur propre folie... condamnés « à nager sous les yeux horribles des pontons ».

J.-P. S.

I

Incarcération – Impressions
Description des pontons – Égalité – Vivres – Travaux
Tribunal – Industries – Bertaud
Les rafalés

Après une traversée de dix semaines, *le Ramillies* entra dans la rade de Portsmouth. Le lendemain même, le 15 mai 1806, je fus transféré, avec une partie de mes compagnons d'infortune, sur le ponton *le Protée.*

Un ponton, personne ne l'ignore, est un vieux vaisseau démâté, à deux ou trois ponts, qui, retenu par des amarres, présente presque l'immobilité d'un édifice de pierre.

Je ressens encore l'impression pénible que me causa la première vue du *Protée :* ancré à la file de huit autres prisons flottantes, à l'entrée de la rivière de Portchester, sa masse noire et informe ressemblait assez, de loin, à un immense sarcophage.

Je regardais, avec le désespoir au cœur, pendant que *le Transport-Office* nous conduisait à son bord, ce sombre tombeau dans lequel, enterré vivant, je devais voir s'écouler ma jeunesse; mon imagination soulevait les épaisses murailles de bois, me montrait les visages flétris et désolés des infortunés qu'il renfermait dans son sein; mais, hélas! mon imagination était bien loin encore, comme je pus m'en convaincre quelques minutes plus tard, d'atteindre à la hauteur de la réalité.

Quelle affreuse impression je ressentis lorsque conduit, entre une haie de soldats sur le pont, je me trouvai brutalement jeté au milieu de la misérable et hideuse population du *Protée!*

Aucune description, quelle qu'en soit l'énergie, aucune plume, quelle que soit sa puissance, ne sauraient rendre le spectacle qui s'offrit tout à coup à mes regards.

Que l'on se figure une génération de morts sortant un moment de leurs tombes, les yeux caves, le teint hâve et terreux, le dos voûté, la barbe inculte, à peine recouverts de haillons jaunes en lambeaux, le corps d'une maigreur effrayante, et l'on n'aura encore qu'une idée bien affaiblie et bien incomplète de l'aspect que présentaient mes compagnons d'infortune.

A peine eus-je mis les pieds sur le pont que des gardiens s'emparèrent de moi, m'arrachèrent brutalement mes habits, me firent prendre un bain glacé et me revêtirent ensuite d'une chemise, d'un pantalon et d'un gilet de couleur jaune-orange : l'étoffe n'avait pas été prodiguée dans la confection de ces effets, car le pantalon me descendait à mi-jambe, et le gilet, beaucoup trop étroit pour la largeur de ma poitrine, ne croisait pas. Ces deux pièces étaient timbrées en noir d'un T et d'un O d'une dimension colossale : ces lettres représentaient les initiales de *Transport-Office.* Cette opération terminée, on me conduisit avec mes compagnons nous faire inscrire; puis une fois classés et enregistrés, on nous déposa chacun de notre côté au poste qui nous était assigné : quant à moi je fus *parqué* dans la batterie de 24.

A présent, je demanderai la permission au lecteur, avant de poursuivre, de donner une description exacte et complète de l'intérieur d'un ponton : cette description me semble indispensable pour l'intelligence des récits qui vont suivre.

L'on sait que sur le pont d'un vaisseau il existe deux gaillards, celui de l'arrière et celui de l'avant, qui sont séparés par une rambade et par une grande ouverture qui laisse à découvert la partie de la batterie de dix-huit appelée le *carré de la drome.* Ce carré et le gaillard d'avant étaient les seuls endroits où il fût permis aux prisonniers, ce qui n'avait pas lieu toujours, de respirer un peu d'air et de se promener. Les détenus avaient baptisé cet endroit, avec cette ironique gaieté qui ne fait jamais défaut aux Français dans le malheur, du nom pompeux de *parc.* Le parc avait environ quarante-quatre pieds de long sur trente-huit de large.

Le gaillard d'avant, la seconde promenade des pontons, ne présentait pas autant de surface et par conséquent était loin d'être aussi estimé que le parc; de plus, les cheminées qui aboutissaient justement à cet endroit l'enveloppaient presque constamment d'un épais nuage de fumée de charbon de terre, qui incommodait horriblement les promeneurs et les forçait la plupart du temps à battre en retraite.

Les deux extrémités du ponton étaient occupées par les Anglais chargés de la garde des prisonniers; le derrière était spécialement consacré au lieutenant commandant le vaisseau, aux officiers, à leurs domestiques et à quelques soldats : le devant ne contenait que des troupes.

Une forte séparation, faite au moyen de planches très solides et très épaisses, existait entre le logement des Anglais et celui des malheureux captifs; cette cloison, pour surcroît de précaution, était garnie d'une grande quantité de clous à têtes larges, serrés les uns contre les autres, ce qui constituait à peu près comme une muraille de fer. Des meurtrières pratiquées de distance en distance permettaient aux Anglais, en cas de révolte ou d'émeute de notre part, de tirer sur nous à bout portant et sans courir le moindre danger.

Enfin, la batterie basse et le faux pont étaient les parties du ponton consacrées aux logements de prisonniers; cette batterie ainsi que le faux pont représentaient une longueur d'environ cent trente pieds sur une largeur de quarante.

C'était dans cet espace resserré que nous étions logés au nombre d'à peu près sept cents!

Dans le parc se trouvait un escalier qui servait à descendre dans les batteries, qui n'avaient aucune communication visible entre elles; je dis visible, car nous avions percé un petit trou carré, inconnu de nos geôliers, qui nous servait à passer les uns chez les autres : cet escalier ne pouvait donner passage, tant il était étroit, qu'à une seule personne à la fois.

Dans les batteries le jour ne nous arrivait que par les sabords, ouverts de deux l'un, et dans le faux pont que par des hublots fort étroits pratiqués à cet effet. Toutes ces ouvertures étaient garnies de grilles en fonte, épaisses de deux pouces carrés, dont nos geôliers faisaient l'inspection chaque jour, quoiqu'elles fussent à l'épreuve de la lime. Je dirai plus tard, lorsque l'occasion s'en présentera dans le cours de ce récit, de quelle façon nous nous y prenions pour briser cet obstacle si puissant : pour le moment je préfère achever promptement cette description d'un ponton, plan nécessaire au lecteur pour qu'il puisse bien se rendre compte de ce qui va suivre.

Tout autour du vaisseau, presque au niveau de la mer, régnait une galerie dont le fond était construit à claire-voie, afin que nous ne pussions nous glisser dessous sans être aperçus par les fonctionnaires qui s'y promenaient sans cesse : pendant le jour on y plaçait deux sentinelles et sept pendant la nuit. Le ponton était alors commandé par un lieutenant de vaisseau et un *master* remplissant les fonctions de second; les fonctions d'officiers étaient remplies par les premiers maîtres; enfin, la garnison se composait de quarante à cinquante soldats, sous les ordres d'un lieutenant de troupe de marine. Le reste du personnel comprenait une vingtaine de matelots et quelques mousses spécialement affectés au service des embarcations. En outre, et dernière garantie, comme les pontons étaient ancrés soit à la file, soit en regard, et près les uns des autres, ils se surveillaient mutuellement.

Voici à présent quelles étaient les mesures de sûreté à l'intérieur : pendant le jour, on plaçait trois sentinelles dans la galerie, une sur le radeau où s'appuyait l'échelle servant à monter à bord, une autre sur le gaillard d'avant, et une dernière enfin sur chaque passavant : huit à dix hommes de garde se tenaient en outre constamment prêts sur le gaillard d'arrière à prendre les armes au moindre signal.

Pendant la nuit, indépendamment des sept sentinelles dont j'ai parlé et qui se promenaient le long de la galerie placée à fleur d'eau, il y avait encore un factionnaire dans le parc, au-dessus des panneaux servant à descendre dans les batteries. Un officier, un sergent, un caporal et quelques matelots de quart faisaient aussi des rondes continuelles. Enfin, de quart d'heure en quart d'heure, nous entendions le cri monotone des sentinelles criant : *All is well* (Tout va bien !)

Quant aux canots appartenant au ponton, et dont nous aurions pu nous servir en cas d'évasion, ils étaient hissés le long du bord à huit ou dix pieds au-dessus de l'eau, à l'exception d'un seul, toutefois, qui restait attaché à une chaîne de fer.

A six heures du matin en été, et à huit en hiver, nos geôliers ouvraient les sabords et les panneaux des batteries; seulement, l'air, trop peu abondant pour une aussi grande agglomération de monde que nous étions, se trouvait tellement vicié chaque matin que les Anglais, en exécutant cette opération, se reculaient vivement pour n'être point atteints par les émanations fortes et pernicieuses qui montaient de nos logements.

L'été – et sans cette précaution une seule nuit eût suffi pour nous tuer tous – on laissait les sabords, défendus, je l'ai déja dit, par des grilles en fonte, constamment ouverts.

A six heures du soir en été, à deux en hiver les Anglais

venaient, armés de barres de fer, frapper toutes les grilles et sonder tous les murs du ponton, pour bien s'assurer que les uns et les autres n'étaient point endommagés par quelque tentative d'évasion; une heure après cet examen, des soldats, le fusil chargé et la baïonnette au bout, se rendaient successivement dans chaque batterie et nous faisaient monter sur le pont; on nous comptait absolument comme on compte des moutons, afin de voir si quelque évasion n'avait pas eu lieu.

Je dirai aussi, dans la suite de ce récit, comment nous parvînmes à rendre cette précaution inutile, et de quelle façon nous nous y prîmes pour dissimuler l'absence de ceux qui étaient assez heureux pour se sauver, jusqu'à ce qu'une lettre d'eux nous apprît qu'ils étaient en sûreté. J'arrive à présent à notre logement.

L'ameublement du ponton ne me demandera pas de grands efforts de description, car il se composait tout bonnement d'un banc placé le long des murs et de quatre autres placés au milieu du navire. Chaque prisonnier, à son entrée à bord du ponton, recevait un hamac, une très mince couverture de laine et un matelas de bourre pesant de deux à trois livres au plus. Les hamacs étaient suspendus à des taquets placés sur les barreaux de chaque batterie.

Inutile d'ajouter que quand le nouveau venu était un officier, les Anglais reniaient ou plutôt ne tenaient pas compte de son grade et le traitaient absolument comme s'il eût été un simple matelot. L'égalité la plus complète régnait pour la souffrance dans nos affreuses prisons.

Comme nous étions près de quatre cents personnes dans chaque batterie, et que chaque batterie, c'est là un détail que je ne saurais trop répéter, présentait seulement une longueur de cent trente pieds environ sur une largeur de quarante et une hauteur de six au plus, les hamacs, qui occupaient un espace d'au moins sept pieds à cause des cordes qui les attachaient, ne pouvaient naturellement se placer tous sur le même rang; une moitié était donc mise par-dessus l'autre. Ceux d'entre les prisonniers qui jouissaient de quelque fortune se faisaient construire des cadres suspendus qu'ils garnissaient de véritables matelas, et ils étaient mieux couchés; seulement ils devaient subir, tout comme le plus misérable d'entre nous, l'influence pernicieuse de l'air méphitique qui nous enveloppait et de la vermine; je répète encore ici que nos bourreaux, ne tenant aucun compte du rang, les officiers, les soldats et les matelots étaient confondus.

Je passe maintenant à la nourriture. C'était là que se développait sans contrainte la haine que nous portaient les Anglais.

Notre semaine se divisait en jours gras et en jours maigres : les premiers étaient au nombre de cinq, les derniers de deux. La ration de chaque prisonnier se composait d'une livre un quart de pain bis et de sept onces de viande de vache. Il était convenu, quoique cela manquât la plupart du temps et qu'il nous fallût souvent passer notre journée à jeun, que l'on devait nous servir la soupe à midi. On nous passait pour sa confection trois onces d'orge et une once d'oignon pour quatre hommes, ou bien une once de poireau pour trois et du sel.

Les deux jours de maigre, au lieu de soupe et de viande, notre ration se composait, savoir : le mercredi, d'une livre de hareng saur et d'une livre de pommes de terre; le vendredi, d'une livre de morue sèche et d'un poids égal de pommes de terre. Je dois faire observer ici que la livre anglaise se compose non de seize, mais seulement de quatorze onces.

Notre ration maigre, qui, au premier aspect, doit paraître suffisante pour la nourriture d'un homme, ne représentait cependant que juste ce qu'il nous fallait pour ne point mourir, littéralement parlant, de faim, et voici pourquoi : d'abord nous ne la recevions jamais complète, car les fournisseurs, sachant très bien que nos plaintes ne seraient pas écoutées, ne manquaient pas de nous en retenir au moins quelque bribe; ensuite il nous fallait, sur cette ration déjà diminuée par la fraude, opérer les retenues suivantes :

1° Pour les prisonniers qui se trouvaient, soit pour avoir tenté de s'évader, soit pour avoir commis des dégâts, aux deux tiers de la ration;

2° Pour payer un journal que nous recevions en contrebande et que l'on nous faisait naturellement payer au triple de sa valeur;

3° Enfin pour pouvoir mettre de côté et fournir quelque argent à ceux qui s'évadaient.

Ces retenues se faisaient indistinctement et par parts égales sur la totalité des prisonniers, car une règle que nous avions établie parmi nous et que nous observions religieusement voulait que chaque homme reçût la même quantité de nourriture à la distribution générale.

Une fois les retenues dont je viens de parler opérées, il nous restait juste par tête : les jours gras, dix-neuf onces de pain, trois onces de viande et une pinte de bouillon; les jours maigres, dix-neuf onces de pain, treize onces de morue ou cinq harengs, treize onces de pommes de terre.

Nous étions divisés par plats de six personnes, recevant notre ration en commun. Tous les ustensiles que l'on nous donnait pour prendre nos repas se résumaient en un simple bidon en fer-blanc, une gamelle; les cuillers, les fourchettes et les couteaux nous étaient inconnus.

Quand les fournisseurs anglais avaient approvisionné le ponton pour un jour, ils ne se mêlaient plus de la distribution des vivres et laissaient ce soin, ainsi que celui de les préparer, à nos cuisiniers, qui n'étaient autres que des prisonniers choisis parmi nous. Ces derniers seuls avaient le droit d'entrer dans la cuisine. Quinze prisonniers qui représentaient les détenus des différentes batteries recevaient bien, il est vrai, la permission de surveiller l'emploi de nos provisions, mais les factionnaires, malgré les cartes d'entrée qu'ils leur exhibaient, les repoussaient ordinairement avec brutalité à coups de crosse, et ne leur permettaient que rarement d'accomplir leur mission.

Voici la manière dont nous divisions généralement notre ration pour la nourriture de notre journée :

Le matin nous déjeunions avec du pain sec; à midi nous mangions seulement la soupe, dans laquelle nous mettions une partie de notre pain; quant à nos sept onces de viande, nous les gardions pour notre souper. Les jours maigres nous offraient moins de ressources : les harengs saurs étaient ordinairement d'une si détestable qualité que nous ne pouvions, quoique tombant d'inanition, nous décider à les manger; nous les vendions à raison de deux sous aux fournisseurs, qui les gardaient pour nous les représenter la semaine suivante. Je suis persuadé qu'il y a certains harengs qui ont été servis pendant plus de dix ans de suite. Avec ces deux sous, nous nous procurions soit un peu de beurre, soit du fromage. Quant à la morue, qui, quoique nauséabonde, pouvait cependant à la rigueur, sinon se supporter, du moins s'avaler, nous la faisions cuire à l'eau dans la grande chaudière, et, la séparant en deux portions égales, nous la conservions pour les deux jours.

Après que la distribution générale de la soupe était faite, on répartissait l'excédent qui restait au fond de la chaudière à tour de rôle, de façon que certains jours nous nous trouvions posséder parfois une ration et demie : cette bonne aubaine arrivait ordinairement une fois par mois à chaque plat de six prisonniers et se nommait *rabiot*. Souvent il arrivait que nous nous trouvions dans la nécessité de refuser le pain que l'on nous donnait, soit parce qu'il était mat comme de la terre, soit parce que nos dix-neuf onces, pesées avec trop de légèreté, représentaient à peine un volume gros comme le poing. Nous adressions alors notre réclamation au lieutenant qui commandait le ponton et qui en instruisait le commissaire. Seulement ce dernier se donnait rarement la peine de répondre à temps pour nos estomacs. Il nous arrivait le plus souvent d'être obligés d'attendre à jeun sa décision jusqu'à cinq heures du soir. Que l'on juge des tourments que nous faisaient éprouver alors nos pauvres estomacs délabrés, privés ainsi pendant vingt-quatre heures de toute nourriture.

L'eau nous était apportée de terre par les petits bâtiments destinés à ce seul usage. Ils venaient se ranger près du ponton, et nous étions alors obligés de hisser les barriques. Ceux d'entre nous que leur faiblesse ou leur grand âge rendait incapables de faire cette corvée, ou bien les officiers qui ne jugeaient pas de leur dignité de s'y assujettir, devaient payer un sou à celui qui les remplaçait; s'ils manquaient d'argent, ils donnaient dix onces de pain sur leur ration du lendemain.

Au reste, les corvées ne nous manquaient pas. Chaque jour et à tour de rôle, nous étions employés à retirer de la cale le nombre de pièces d'eau nécessaires pour la soupe ou bien à remplir le charnier d'où on tirait l'eau pour la boire. Enfin chaque soir, après que nous étions descendus dans nos batteries, une douzaine d'entre nous s'occupaient à laver le gaillard d'avant et le parc.

Le nombre considérable d'hommes entassés les uns sur les autres aurait produit à coup sûr de dangereuses et fréquentes épidémies, si l'on ne se fût occupé, avec le plus grand soin, d'entretenir la propreté à bord du ponton. A cet effet, des soldats anglais venaient chaque matin dans une des batteries faire détacher les hamacs; on les portait ensuite au grand air sur le gaillard d'avant, où ils restaient toute la journée.

Deux fois par semaine en hiver, on grattait d'un bout à l'autre le pont des batteries; chaque homme était tenu de contribuer à cette opération pour l'espace de pont que recouvrait son hamac. En été, au lieu de ce grattage, on lavait chaque matin la batterie à grande eau.

A présent, quelques explications préliminaires sur l'organisation morale établie dans nos affreuses prisons.

Avant tout, on concevra sans peine combien ce pêle-mêle d'hommes exaspérés par des souffrances inouïes, aiguillonnés par des besoins impérieux et jamais assouvis, aigris enfin par le malheur, et à l'abri de l'atteinte des lois et de l'autorité, devait présenter d'éléments dangereux de perversité et de démoralisation.

Pour prévenir autant que possible les crimes et les désordres, les prisonniers avaient établi eux-mêmes sur *le Protée* un comité de huit membres nommés à la majorité des voix, et dont la mission était, d'abord de promulguer les règlements particuliers ou généraux que des circonstances imprévues rendaient nécessaires, ensuite de connaître, apprécier et juger sans appel les différends qui s'élevaient entre les détenus.

Toutefois, lorsqu'il s'agissait d'un crime ou d'un délit grave, comme d'un assassinat ou d'un vol, le comité n'avait que le droit de convoquer la batterie et le faux pont, car l'accusé était alors jugé par tous les prisonniers réunis. Comme personne n'avait le droit de grâce, la sentence rendue était toujours exécutée avec une implacable sévérité.

Quoique l'anarchie fût l'essence de notre prison, cependant les officiers y étaient généralement estimés, se faisaient assez facilement écouter par la foule, et jouissaient d'une grande influence.

Une fois ces détails indispensables donnés, et rien n'entravant plus la marche de ce récit, je reprendrai d'un peu plus haut, et je ramènerai le lecteur au moment où je fus introduit dans la batterie de vingt-quatre du *Protée.*

Si quelqu'un m'eût dit, lorsque j'étais embarqué avec deux cent cinquante esclaves sur *la Doris*, que l'on pouvait supporter sans mourir une atmosphère plus fétide et plus corrompue que celle qui régnait à bord de ce négrier, j'eusse certes refusé de croire à une pareille assertion; c'est que je ne me doutais pas alors de ce qu'était l'intérieur d'un ponton.

Je ne puis donc décrire, car je recule parfois devant la vérité lorsqu'elle peut paraître invraisemblable, quelle épouvantable impression de dégoût et de malaise je ressentis lorsque je pénétrai dans la batterie de vingt quatre où j'étais classé. Il me sembla qu'un nuage épais et brûlant, renfermant dans ses flancs le germe mortel et contagieux de toutes les épidémies humaines, s'abattait sur moi et décomposait mon sang. Je dus faire un violent effort et appeler à mon aide toute ma force de volonté pour ne point tomber en faiblesse.

Heureusement que cette pénible impression dura peu : après une demi-heure de séjour dans la batterie, je me sentis sinon familiarisé avec cette atmosphère épouvantable, du moins en état de la supporter. Je reportai alors toute mon attention sur les objets qui m'environnaient et que mes yeux, affaiblis par une trop brusque transition de la lumière à l'obscurité, ne m'avaient pas permis d'abord d'apercevoir. C'était un incroyable tableau que celui qu'offraient la batterie de vingt-quatre et le faux pont du *Protée;* et quoique je sente combien il m'est impossible de le décrire tel qu'il me parut alors, je ne puis cependant résister au désir d'essayer, sinon de le reproduire dans son ensemble, au moins d'en rendre quelques détails.

Au milieu de la batterie régnait une obscurité presque aussi épaisse que celle de la nuit : les deux côtés seuls du vaisseau, éclairés par les ouvertures d'un sabord entre deux, présentaient un jour triste et douteux. Les visages des prisonniers, éclairés par cette lumière blafarde, pâles, cadavéreux, privés des couleurs ordinaires de la vie, semblaient appartenir à une race d'homme inconnue et souterraine : on eût dit des spectres sortis de leurs tombeaux. Peindre à présent l'incroyable diversité des haillons dont ces malheureux étaient affublés me serait chose impossible : tout ce que l'Espagne, cette terre classique des guenilles, a possédé et possède encore de mendiants, ne saurait donner une idée de l'incroyable accoutrement de la plupart de mes compagnons d'infortune.

Une grande activité régnait dans cet affreux cloaque :

personne, excepté toutefois quelques prisonniers qui, couchés tout de leur long sur le plancher, semblaient prêts, tant leur pâleur était extrême et leurs regards éteints, à rendre le dernier soupir; personne, dis-je, n'était inoccupé. Les uns, armés de rabots, se livraient à des travaux de menuiserie; d'autres exécutaient avec des os de charmants ouvrages et des jeux d'échecs; ceux-ci construisaient des vaisseaux et des frégates d'un fini achevé; ceux-là tressaient des chaussons, des chapeaux de paille, ou tricotaient des bonnets de nuit : chaque homme représentait une industrie différente.

A côté de ceux qui cultivaient les arts et les métiers, car plusieurs prisonniers élevaient par la perfection leurs travaux jusqu'aux hauteurs de l'art, se trouvaient aussi les industriels. Je vis, placé entre un tailleur et un cordonnier, un homme fort occupé à manipuler une matière noire et infecte; l'ayant interrogé sur ce mélange, il m'apprit que c'était du tabac! Ce prisonnier représentait la régie du bord. Dieu sait pourtant que dans les produits qu'il triturait du matin au soir, et qu'il nous livrait au reste à assez bas prix, il n'entrait guère de feuilles de la plante odorante dont nous sommes redevables à Christophe Colomb.

Enfin, trait de mœurs qui peint admirablement le caractère français, au milieu de la batterie des maîtres de danse, d'escrime et de bâton initiaient leurs élèves au secret de ces divers exercices à raison d'un sou la leçon, et la leçon durait, à plusieurs reprises, quelquefois plus d'une heure!

Des prisonniers, enveloppés la plupart dans de vieilles capotes boutonnées jusqu'au collet, assis auprès des sabords, c'est-à-dire dans le rayon du jour, expliquaient à des camarades d'infortune les mystères de l'algèbre et de la géométrie. J'appris que ces malheureux étaient des officiers, qui, tant pour tuer le temps que pour se procurer quelques améliorations, s'étaient métamorphosés en professeurs.

Leurs leçons, hélas! ne leur étaient pas payées à un plus haut prix que celles des bâtonnistes et des maîtres de danse.

Au milieu de la batterie circulaient des marchands, nommés par les prisonniers des *bazardeurs*, qui ne cessaient de crier d'une voix monotone et nasillarde : « Qui fait vendre?... Qui donne à vendre?... Qui veut acheter?... »

A chaque instant, quelque malheureux, mourant de faim, les arrêtait dans leur course et leur proposait ses effets; si l'on aime mieux, ses guenilles. Le marché était vite conclu, et le pauvre affamé, dépouillé, grelottant et volé, car les bazardeurs n'achetaient qu'à vil prix, s'empressait d'appeler un autre industriel, ambulant aussi, le marchand de ratatouille (c'était le mot) et échangeait contre un peu de son ignoble nourriture le produit de ses vêtements!

J'étais, quant à moi, quoique la vie nomade et aventureuse que j'avais menée jusqu'à ce jour m'eût donné assez d'assurance, fort embarrassé de ma contenance. Je m'informai de la place où je devais mettre mon hamac, et l'on me désigna, en ma qualité de nouveau venu, l'endroit le plus obscur et le moins aéré de la batterie.

– Mais je ne pourrai jamais passer une nuit entière dans une semblable position, répondis-je; demain matin l'on me trouvera asphyxié.

– Dame, me répondit un prisonnier, cela pourrait d'autant mieux vous arriver que les trois derniers occupants de cette place sont morts en peu de jours.

– Et vous voulez que je me suicide ainsi?... Jamais!...

– Je vous ferai observer, me répondit le prisonnier, qu'il ne s'agit pas de savoir si cela vous convient ou non, vous devez avant tout obéir!... Où voudriez-vous accrocher votre hamac?

– Nulle part; je coucherai par terre, sur le plancher!

– Impossible. Comme la batterie n'a que six pieds de haut et que d'un bout à l'autre les hamacs y sont superposés sur deux rangs, vous ne trouveriez pas un espace suffisant pour vous étendre.

– Alors je suis condamné à la peine de mort?

– A moins toutefois que vous n'ayez de l'argent...

– De l'argent?... Hélas! j'en ai bien peu... A peine me reste-t-il quatre à cinq louis.

– Cinq louis! s'écria le prisonnier en me regardant avec admiration; mais c'est ici toute une fortune! Savez-vous bien que moi, qui suis cordonnier, je ne gagne, en travaillant du matin au soir, que sept sous! Et encore suis-je un de ceux qui ont le moins à se plaindre de la fortune!... Eh bien, puisque vous possédez cinq louis, pourquoi n'achetez-vous pas à perpétuité une place commode auprès des sabords?

– Croyez-vous donc que ceux qui les occupent seront assez niais pour m'en céder une pour quelques francs!... C'est une question de vie ou de mort...

– Du tout, camarade; c'est une question d'appétit... pas autre chose. Voulez-vous me charger de cette négociation? Je me fais fort de vous installer convenablement en une heure de temps. Seulement, comme cela me dérange de mes travaux, je vous prierai de me payer cette heure. A raison des sept sous par jour que je gagne, ce que je vous demande ne vous ruinera pas!

– Volontiers. Vous me semblez un bon enfant! Je souscris à tout ce que vous ferez.

– Attendez-moi ici et je reviens de suite, me dit le prisonnier en s'éloignant sans plus tarder.

En effet, cinq minutes après, fidèle à sa promesse, il était de retour.

– Voici, me dit-il en me présentant un pauvre diable dont la maigreur me parut phénoménale, un brave soldat de ligne qui ne demande pas mieux que d'entrer en arrangement avec vous. Il possède depuis quinze jours la meilleure place peut-être de la batterie, une place qu'il a attendue pendant deux ans; et quoiqu'il y tienne énormément, il ne serait pas éloigné pourtant de la céder à un bon camarade qui saurait récompenser généreusement ce sacrifice.

– Combien voulez-vous, soldat? demandai-je.

– Trois louis, camarade, me répondit-il d'une voix affaiblie; inutile de marchander, continua-t-il en croyant que j'allais me récrier : mais l'idée de pouvoir manger pendant deux mois tout mon soûl... enfin c'est à prendre ou à laisser...

J'allais m'empresser de conclure le marché, car je craignais que le soldat ne se ravisât au dernier moment, lorsque mon entremetteur, l'officieux cordonnier, prit la parole.

– Je trouve, Picot, dit-il au soldat, que votre prétention, quoiqu'un peu élevée, n'a rien de réellement déraisonnable... Seulement, pour ces trois louis, il faut que vous vous chargiez de dresser de suite au camarade une table, un banc, enfin tout ce qui lui est nécessaire pour s'établir.

– Va pour l'installation! répondit le soldat, dont le regard suivait depuis quelque temps avec avidité la marche sinueuse d'un marchand de ratatouille.

– Eh bien, voilà qui est convenu, c'est un marché conclu, dit le cordonnier. Quand tout cela sera-t-il prêt?

– Dans une heure ou une heure et demie. Vous pouvez y compter.

En effet, le soldat Picot, fidèle à sa promesse, venait m'avertir, trois quarts d'heure plus tard, que tout était prêt.

Je m'empressai de le suivre, et il me conduisit à l'endroit où je devais placer mon hamac. J'avoue qu'en voyant l'espace bien éclairé et assez aéré, situé dans un des angles de la batterie, juste contre le sabord, qui m'était destiné, j'éprouvai un véritable mouvement de joie.

Cette place, une des meilleures que l'on pût trouver dans toute la batterie, valait amplement ce qu'elle me coûtait. Un banc pour m'asseoir, presque assez grand même pour me permettre de m'y étendre, se trouvait placé devant une table qui m'appartenait aussi.

– Comment donc avez-vous fait pour vous procurer ces meubles ? demandai-je au soldat Picot.

– Ça ne m'a pas été bien difficile, me répondit-il ; je me suis arrangé avec les amis... Nous en usons toujours ainsi chaque fois que nous avons besoin de quelque chose.

Je remis alors les trois louis convenus au soldat, et nous nous séparâmes les meilleurs amis du monde.

– Mon cher camarade, dis-je en m'adressant alors au complaisant cordonnier à qui j'étais redevable d'avoir fait ce bon marché, recevez, je vous prie, avec tous mes remerciements pour le service que vous venez de me rendre, ces quarante sous que je vous dois bien pour le temps que je vous ai fait perdre.

Le cordonnier saisit avidement la pièce de monnaie que je lui présentai, la fourra soigneusement dans son gousset, puis me regardant en souriant :

– Camarade, me dit-il, merci. Je veux, pour vous récompenser de la générosité que vous venez de montrer à mon égard, vous donner un bon conseil ; écoutez-moi attentivement. A bord des pontons, retenez bien ceci, un homme prudent ne doit jamais ni se laisser entraîner par la générosité, ni par quelque autre sentiment que ce soit. Il faut s'habituer à fermer son cœur, ses yeux et ses oreilles à toute pitié. Ces quarante sous que vous venez de me donner, et auxquels je ne m'attendais certes pas, représentent une semaine de nourriture, et vous regretterez bientôt amèrement d'en avoir disposé avec tant de légèreté.

« Au lieu de cette somme, car cela constitue une somme ici, vous auriez dû me glisser une pièce de deux sous dans la main, et j'eusse encore été fort satisfait ! Croyez-moi, ménagez avec le plus grand soin les deux louis qui vous restent, et profitez de ce que vous vous trouvez pour quelque temps encore à l'abri des atteintes de la faim, pour vous créer une occupation ou pour établir un commerce. Sur ce, merci, je m'en retourne à mes souliers.

J'étais assis tristement sur mon banc, réfléchissant à

l'avenir qui m'attendait et songeant déjà par quel moyen je pourrais parvenir à l'éviter, lorsqu'une exclamation joyeuse, suivie d'un coup de poing que je reçus sur l'épaule, me retira brusquement de ma rêverie.

– Tiens! c'est vous, lieutenant! me dit en souriant d'un air de connaissance un prisonnier que je reconnus de suite pour être un matelot.

Je regardai avec attention le donneur du coup de poing; mais cet examen ne m'apprit rien et n'éveilla en moi aucun souvenir.

– Je crois, camarade, lui répondis-je, que vous faites erreur; je ne vous connais pas!

– Nenni, que je ne fais point erreur! Quant à la chose que vous ne me remettez pas, c'est possible; car lorsque j'étais simple matelot, vous étiez, vous, lieutenant, et quoique nous ayons causé quelquefois ensemble tous les deux...

– Vous vous trompez, mon ami...

– Ah! mais non, sacrebleu!... c'est bien vous qui êtes Garneray, n'est-ce pas? Et à preuve que nous avons servi ensemble sous les ordres du plus grand malin de tous les malins, de Surcouf! Hein! ça vous revient-il, à présent? C'est moi qui suis Bertaud!... Vous savez bien? le timonier Bertaud, natif de Saint-Brieuc, la crème des bons enfants... C'est ma longue barbe, sans doute, qui me rend méconnaissable... spa?

– Ah! parbleu! je me souviens à présent de vous, Bertaud. En effet, nous avons navigué tous les deux sur *la Confiance*.

– Et tapé ensemble sur les Anglais. Quelle noce, tout de même, à bord du *Kent!* ça pleuvait-il, les horions! Et les parts de prise... Ah! si je ne les avais pas bues comme un imbécile, j'aurais au moins de quoi manger aujourd'hui. Mais, bah! laissons là toutes les vieilles histoires... Vrai, ça me fait crânement plaisir de vous voir.

Il y avait un tel accent de sincérité dans la parole du

timonier que je me sentis ému; je serrai cordialement la main qu'il me tendait.

Ce Bertaud était une de ces franches et belles natures pleines de douceur et d'énergie tout à la fois, comme j'en ai, je me plais à constater ce fait en l'honneur de l'humanité, si souvent rencontré pendant ma carrière maritime. Sa rencontre me fit un grand plaisir; je pouvais au moins compter sur un ami, et je ne me trouvais plus isolé dans la foule.

– Y a-t-il longtemps que tu as abordé ce ponton, mon pauvre Bertaud? lui dis-je.

– Tiens, tu me tutoies! s'écria-t-il d'un air joyeux, eh bien! je t'en remercie; c'est bien de ta part, car ça veut dire que tu m'estimes et que tu comptes sur moi!... Entre nous deux à présent, vois-tu, c'est à la vie et à la mort!

Nous nous serrâmes de nouveau la main, et Bertaud reprit :

– Tu me demandes s'il y a longtemps que j'habite ce gredin de ponton? Hélas! voilà deux ans que j'ai été pris!... Depuis cette époque, j'ai fait quatre pontons. Je ne suis sur *le Protée* que depuis huit mois, et j'espère ne pas y rester bien longtemps.

– Comment cela, Bertaud? que veux-tu dire?

– Chut et silence! aujourd'hui blaguons; nous causerons plus tard.

– Comme tu voudras. Et où as-tu été fait prisonnier? dans l'Inde?

– Hélas! mon ami, me répondit Bertaud en poussant un soupir, c'est en revenant en France...

– Alors, c'est absolument comme moi.

– Oh! que non!... moi, vois-tu, tu vas me traiter de muscadin; mais que veux-tu que j'y fasse, je ne puis changer la vérité, moi, je fuyais une femme... Tu ris, que veux-tu, c'est comme ça... Une énorme mulâtresse, mon cher, nommée Chapet, qui voulait à toute force m'épouser. Faut dire que vu son poids de quatre cents livres, peu de gens lui faisaient la cour!... Bref, elle prétendait ou me tuer ou devenir mon épouse!... J'ai eu peur, j'ai fui, j'ai rencontré les Anglais sur ma route, et me voilà.

Je passai le reste de ma journée à causer avec le brave timonier; et sa conversation m'initia davantage aux mœurs des pontons.

– Veux-tu voir quelque chose de drôlement curieux? me dit-il après un dîner que je rendis supportable en consacrant quelques sous à acheter du beurre, du pain et des légumes.

– Qu'est-ce que c'est, Bertaud?

– Je vais te mener voir le quartier des *rafalés*. Connais-tu ça, toi, les rafalés?

Comme ce mot, originaire des pontons, n'avait pas alors encore pris son essor et fait son entrée dans le monde, il m'était complètement inconnu. Je fis à Bertaud l'aveu de mon ignorance à cet égard.

– Avant de te conduire voir les rafalés, me répondit-il, je vais t'apprendre, puisque tu ne t'en doutes pas, quels sont ceux que l'on désigne sous ce nom. Ils sont plus célèbres qu'estimés à bord du ponton. Après tout, si ce sont de faillis chiens, il faut leur rendre cette justice que quand l'occasion se présente, ils ne boudent pas.

– Avant tout, Bertaud, pourrais-tu m'expliquer d'où vient ce mot de rafalé?

– Pardi, c'est pas malin à deviner! Est-ce qu'en terme de marine, rafaler ou affaler ne signifie pas descendre quelque chose, se trouver sous le vent?... Eh bien! un rafalé est un garçon qui est en bas, qui est sous le vent de sa bouée... Le rafalé donc, pour en revenir à la conversation, est d'abord joueur comme les cartes... mais ça c'est rien... ce qui lui manque c'est la dignité... Ici nous n'en avons que quelques-uns que l'on a parqués à part comme des bêtes féroces et immondes, et avec qui nous n'avons presque jamais de rapports. Mais il y a un ponton où l'on en compte jusqu'à deux cents.

« D'abord les rafalés vendent tous leurs effets. Ils n'ont ni hamac ni couvertures : aussi pour se réchauffer couchent-ils serrés les uns contre les autres, absolument comme des sardines, sur le tillac de la batterie. Ils sont tous étendus sur le même côté, et quand celui qui est placé en tête d'un rang se trouve au milieu de la nuit fatigué de sa position, il se contente de crier : *Pare à virer!* et tout le monde se retourne à son commandement.

– Tu n'exagères pas, Bertaud?

– Dieu de Dieu! c'est-à-dire que ce que je vous raconte là n'est rien encore... Le vrai rafalé n'a ici-bas ni culotte, ni habit, ni chemise, il est tout nu, mais ce qui s'appelle nu! Eh bien, croiriez-vous qu'il y a des gens qui désirent faire partie de cette société?

« Or, ce n'est pas tout que de souhaiter d'y entrer, faut d'abord être reçu. Celui donc qui veut se faire admettre parmi les rafalés commence par vendre tout ce qu'il possède, et avec l'argent qu'il en retire il doit régaler de bière et de pain, jusqu'au dernier liard, tous les membres de la société; alors on le reconnaît frère, et on lui donne un gros caillou destiné à lui servir d'oreiller.

– Mais ce que tu me racontes là ne peut être véridique, Bertaud! m'écriai-je.

II

Une existence expliquée
Thomas le mystérieux – Un vol – Atroce punition
Confidence de Bertaud – Révélation
Une heureuse désertion

Le matelot allait répondre, quand un prisonnier à la contenance grave et noble, qui semblait écouter depuis un moment notre conversation, s'avança vers nous, et s'adressant à moi :

– Ce que vous raconte Bertaud est parfaitement exact, me dit-il.

– Merci, capitaine, dit l'ancien matelot de Surcouf en saluant le nouveau venu avec un grand respect.

L'inconnu sourit d'un air mélancolique, puis mettant sans affectation son doigt sur la bouche et baissant la voix :

– Bertaud, dit-il d'un ton de doux reproche, pourquoi t'obstiner à m'appeler capitaine? tu sais bien que je ne le suis pas...

Le matelot rougit, et l'inconnu se retournant vers moi, probablement pour couper court aux excuses ou aux observations de Bertaud, reprit la conversation.

– Non, me dit-il, votre ami n'exagère en rien le dénuement complet des rafalés. Dernièrement nous avons obtenu de nouveaux hamacs pour ceux qui avaient vendu les leurs depuis leur entrée aux pontons, eh bien! croiriez-vous une chose, c'est que ces hommes étaient tellement habitués depuis des années à coucher sur le bois nu, que la plupart d'entre eux ne purent supporter la douceur élastique de ces lits, et ils s'en défirent à vil prix! Le moment où le rafalé brille de tout l'éclat de sa misère, si je puis me servir de cette expression, c'est le soir, lorsque l'on procède à l'appel des prisonniers. Ceux d'entre eux qui se trouvent absolument nus, et le nombre en est fort grand, louent alors au prix d'un sou une vieille couverture dans laquelle ils s'enveloppent deux ou trois et qui leur permet de monter sur le pont.

« Le sou qui sert à payer cette location est pris sur leur ration du lendemain, car il faut vous dire que le rafalé pressé par la nécessité ou par le besoin est très prodigue de ses rations à venir, et les engage avec une déplorable facilité. Il n'est pas rare d'en voir parmi eux qui, par suite de ces hypothèques données sur leur nourriture, se trouvent depuis cinq à six jours à jeun...

– Permettez, monsieur, dis-je en interrompant l'homme à la capote boutonnée, il me semble que vous foncez un peu les couleurs de votre tableau. Comment des hommes pourraient-ils, sans succomber, rester aussi longtemps privés d'aliments? Cela me paraît impossible...

– Je ne prétends pas qu'ils ne mangent absolument rien, me répondit l'inconnu; je constate seulement que pendant cinq à six jours, quelquefois même davantage, ils ne touchent pas à une seule ration et gardent un jeûne rigoureux, pas autre chose. C'est alors que vous les voyez errer comme des âmes en peine, dans les recoins les plus obscurs des batteries, cherchant et se précipitant avec avidité sur les immondices et les rebuts jetés par les autres prisonniers.

« Leur voracité exaspérée ne recule ni devant les pelures crues des pommes de terre, ni devant les feuilles des poireaux; quant aux trognons de choux et aux têtes de hareng, ce sont pour eux de magnifiques trouvailles. Souvent j'ai vu deux rafalés, mourant de faim, jouer l'un contre l'autre, au retour de ces expéditions, les têtes de hareng qu'ils avaient récoltées; ces gens sont incorrigibles!

– Mais comment se fait-il que ces misérables puissent résister à de pareilles privations et ne tombent pas malades?

– C'est là un mystère de la nature que je ne puis expliquer. Il en est certes beaucoup parmi eux qui succombent; mais ce dont je ne puis me rendre compte [1], c'est qu'ils ne meurent pas tous. Au reste, la maladie est pour eux une bonne aubaine; elle leur donne l'entrée de l'hôpital, où ils reçoivent au moins quelque nourriture.

– Quels singuliers personnages que ces rafalés! m'écriai-je. Merci, monsieur, des détails que vous avez été assez obligeant pour me donner et qui m'ont vivement intéressé.

– Oh! je n'ai pas fini : je ne vous ai montré, jusqu'à présent, que le revers de la médaille, il me reste encore à vous en décrire le bon côté; car il se mêle toujours un peu de bien aux choses les plus mauvaises de la vie.

« Le rafalé, malgré l'abjection dans laquelle il est tombé, malgré ses instincts matériels et grossiers, ne manque ni d'un certain courage, ni d'une certaine délicatesse. C'est lui qui combine et exécute ces évasions tellement merveilleuses d'audace que leur réussite seule les empêche de passer pour des traits de folie; c'est lui qui, insensible aux avanies des Anglais, sait, en tombant mourant d'inanition, conserver le secret du plan qui lui a été confié : à peine pourrait-on trouver dans les tristes et lugubres annales des pontons trois ou quatre exemples de trahison donnés par eux... Après tout, un homme ne peut guère être, soit en bien soit en mal, tout à fait complet. Sans cette générosité et sans ce courage, la race si dégradée de ces misérables n'appartiendrait plus à l'humanité...

L'inconnu achevait de prononcer ces dernières paroles quand on sonna le couvre-feu, car à bord des pontons, à

1. Mais ce que je ne puis m'expliquer...

huit heures en hiver, à neuf en été, on était tenu d'éteindre toutes les lumières, et nous dûmes nous séparer.

Toutefois, comme la contenance douce, affable et digne de ce prisonnier m'avait vivement frappé, je retins Bertaud qui se dirigeait déjà vers son hamac et je le priai d'entrer avec moi dans quelques détails sur cet inconnu.

– Mon cher ami, me répondit-il, je ne puis satisfaire qu'à moitié ta curiosité, car quoique j'aie la plus grande confiance en toi et que nous nous soyons promis une amitié à toute épreuve, il ne m'est pas possible cependant de manquer à ma parole... Je dois donc te taire avant tout le nom de ce prisonnier. Tout ce que je puis te dire c'est que ce nom est aussi respecté et chéri des Français qu'il est estimé et redouté des Anglais !...

– Je conçois fort bien, Bertaud, ta retenue et je ne puis que t'en louer, mais enfin, sans me divulguer le nom de ce prisonnier, ne pourrais-tu m'apprendre à peu près ce qu'il est... Quant à moi, il me paraît officier de marine...

– Tu as deviné juste !... Cet étranger, quoique bien jeune encore, est déjà capitaine de vaisseau... Après tout, pourquoi te cacherais-je une partie de son histoire ? Il vaut mieux au contraire que tu en sois instruit... car cela te permettra peut-être de lui être utile et t'empêchera en tout cas de le vendre par maladresse...

– Voyons, on va éteindre les lumières : dépêche-toi, je t'écoute avec la plus vive attention...

– Voici le fait en peu de mots : ce capitaine se trouvait de passage sur un navire qui est tombé, il y a de cela dix-huit mois aujourd'hui, au pouvoir d'une frégate anglaise...

– Comment se trouve-t-il donc en ce moment sur ce ponton ? N'est-ce donc pas un usage généralement établi que les officiers restent prisonniers sur parole à terre ?

– Oui, et voilà justement la chose. Celui-ci ne voulant pas engager sa parole, se fit passer pour un simple matelot, et, accepté pour tel, fut jeté sur le ponton *le Protée*... On ne le connaît ici, excepté trois ou quatre personnes qui savent le fin mot de la malice, que sous le nom de Thomas, et on le prend pour un simple gabier!... Eh bien, croirais-tu que malgré cela on le respecte beaucoup et qu'il jouit d'une grande influence... Faut croire qu'il est né capitaine et qu'il n'a pas chipé son grade, celui-là! n'est-ce pas! Les prisonniers l'ont nommé président du tribunal que nous avons institué, et l'on ne prend jamais une détermination importante sans le consulter auparavant. Pauvre homme! je rage en voyant les factionnaires anglais l'insulter tout comme si c'était un simple calfat... Quant à lui, toujours calme et grave, il a l'air de blaguer en lui-même ces petitesses, et de se dire intérieurement : « Ça ne durera pas! »

– Le capitaine espère-t-il donc, dis-je en baissant la voix...

– Silence! s'écria vivement Bertaud en me secouant fortement le bras. Pour ta gouverne, mon cher Louis, il ne faut jamais causer ici quand on se trouve dans l'obscurité, car il y a alors des oreilles invisibles qui flânent à droite, à gauche, de tous les bords...

– Des espions anglais, sans doute?...

– Hélas! non, des traîtres... des Français qui, abrutis par la misère ou accablés par la souffrance, ne regardent pas à faire couler le sang de leurs frères pour peu que ce sang soit payé par une faveur et apporte quelque soulagement à leur misère!... Bonne nuit et à demain. Si cette conversation t'intéresse, nous la reprendrons au grand jour...

Bertaud, après cette réponse, me serra cordialement la main et se dirigea vers son hamac; j'en fis autant de mon côté.

Quoiqu'un mois et demi se fût écoulé depuis que j'avais été fait prisonnier à bord de *la Belle-Poule,* cette première nuit que je passai sur un ponton me parut d'une longueur interminable. Jusqu'alors ma captivité, quoique complète, m'avait cependant laissé de l'espoir : un naufrage, un incendie, un combat pouvaient me venir en aide et me rendre la liberté; enfin, jusqu'au dernier moment, j'avais eu le droit de compter sur le bénéfice du hasard. A présent, cette dernière consolation m'était refusée.

Ne pouvait-on pas, sur les pontons, écrire la fatale inscription placée par le Dante sur la porte de son enfer : « Laissez en entrant toute espérance! » Hélas! oui; car le nombre des prisonniers qui à force de persévérance, d'audace et de bonheur étaient parvenus à se sauver, se composait de si peu d'élus qu'il y avait folie à espérer figurer sur leur liste. Néanmoins, pendant toute la durée de cette nuit d'insomnie, je ne fis que combiner des plans, inventer des ruses, chercher des moyens d'évasion. Le jour me surprit sans que le sommeil eût abattu un moment mes paupières.

Je venais de plier mon hamac lorsque Bertaud vint me trouver. La vue de ce brave ami que je ne connaissais pour ainsi dire que de la veille, car c'était à peine si je me souvenais de l'avoir vu à bord de *la Confiance*, me fit du bien. Nous reprîmes notre conversation.

Il pouvait y avoir une heure à peu près que nous étions à causer de nos souvenirs de l'Inde, lorsqu'un grand mouvement se manifesta parmi les prisonniers; des groupes se formèrent de toutes parts.

– Allons donc voir ce qui se passe là-bas, me dit Bertaud.

Nous apprîmes bientôt en nous mêlant à la foule qu'un vol avait été commis pendant la nuit.

– Et quelle est la victime de ce vol? demanda Bertaud.

– C'est moi, camarade! s'écria en ce moment un malheureux tout déguenillé et dont le visage pâle et les traits bouleversés prouvaient à quel point il ressentait vivement le malheur qui venait de le frapper.

– Vous! m'écriai-je en reconnaissant en lui ce même soldat Picot à qui j'avais acheté pour trois louis la place du sabord que j'occupais.

– Hélas! oui, c'est moi, me répondit-il, et ce sont justement vos trois louis que l'on m'a pris pendant mon sommeil.

Comme une pareille somme était fort considérable pour les pontons, l'émotion que causait ce vol était très grande.

Je faisais de mon mieux pour essayer de consoler le pauvre Picot quand un prisonnier, dont le costume horriblement délabré se rapprochait presque de la nudité des rafalés, s'approcha de lui :

– L'ami, lui dit-il, j'ai des soupçons sur le voleur de votre or.

– Des soupçons? s'écria Picot en rougissant d'émotion jusqu'au bout des oreilles; au nom du ciel, parlez...

– Parlez, parlez!... C'est plus facile à dire qu'à faire! Mes soupçons sont faux ou vrais. S'ils sont faux, c'est tout bonnement un duel que je m'attire en vous en faisant part. Or, par le temps de peine de mort qui court contre les duellistes, cela vaut la peine d'y réfléchir à deux fois. S'ils sont vrais, c'est une somme énorme que je vous fais retrouver...

– Si je la retrouve, je vous promets une magnifique récompense! Je vous donnerai cinq francs!

– Le fait est que c'est beau, je ne puis en disconvenir. Oui, mais si je me trompe...

– Alors vous ne me serez d'aucune utilité...

– Ce qui ne m'empêchera pas d'avoir mon duel! Réflexion faite, je trouve qu'il est plus prudent de me taire.

Le semi-rafalé après avoir fait cette réponse s'éloignait, lorsque Picot le retint vivement. Le malheureux soldat ne pouvait se résoudre à perdre ainsi sa dernière espérance.

– Voyons, camarade, lui dit-il d'une voix suppliante, ne vous gênez pas, faites-moi franchement part de vos désirs. S'il est en mon pouvoir de vous accorder ce que vous me demanderez, c'est une affaire conclue.

– Dame! à vous parler le cœur sur la main, mes prétentions sont énormes...

– Dites toujours, camarade... voyons...

– Eh bien, je voudrais, soldat, que contre ma confidence vous me remettiez... d'abord, il n'y a pas à marchander, je vous en avertis, je voudrais que vous me remettiez deux francs! Oui, je sais que c'est là une somme énorme, je le répète... Mais comme au total il s'agit pour moi d'un duel si je commets une erreur, et pour vous de cinquante-huit francs si mon renseignement se trouve vrai, comme je le pense, je ne crois pas ma prétention par trop exagérée...

– Hélas! répondit le soldat, je ne me ferais pas tirer l'oreille si je possédais la somme que vous désirez...

– Vous n'avez donc pas le sou? Il ne vous reste donc rien? Ce n'était pas la peine alors de me faire ainsi perdre mon temps! s'écria le prisonnier au costume en lambeaux en s'éloignant à grands pas.

Le désespoir du malheureux Picot m'avait touché, et je courus après le demi-rafalé.

– Voici les deux francs que vous demandez, lui dis-je en les lui présentant. A présent vous pouvez parler.

Le prisonnier retourna plusieurs fois entre ses doigts la pièce de monnaie que je venais de lui remettre, la fit sauter en l'air en la frappant avec l'ongle de son pouce; puis assuré enfin qu'elle était de bon aloi, il la noua avec soin dans un lambeau qui lui pendait le long des jambes.

– Votre voleur, dit-il alors en se retournant vers le soldat Picot, qui me serrait les mains à me les briser pour me prouver sa reconnaissance, votre voleur doit être un croque-mort de l'armée de terre nommé Chiquet.

– Chiquet! s'écria Picot avec un étonnement profond. C'est mon ami intime, il m'a sauvé la vie à l'hôpital de Metz, où il était infirmier, en me vendant un pain chaud de quatre livres pendant que j'étais à la diète et que je mourais de faim. C'est impossible que ce soit là mon voleur. Vous vous trompez...

– Je ne crois pas... Écoutez d'abord.

Le révélateur, avant de poursuivre, regarda de tous les côtés; et voyant que personne ne faisait attention à nous, il reprit en baissant la voix :

– Chiquet est mon voisin de lit; son hamac est juste

placé sur le mien. Cette nuit donc, je l'entends qui se lève, qui descend en tapinois, et je l'entends bientôt s'éloigner, non pas en marchant, comme un homme qui ne craint pas qu'on l'aperçoive, mais en rampant sur le ventre, comme un méchant serpent!... Tiens, que je me dis, il paraît que ce Chiquet, que je croyais un poltron et un lâche fini, excepté pour se battre en duel parce qu'il est prévôt et qu'il compte sur son adresse; il paraît qu'il travaille en cachette à creuser son trou et qu'il songe à prendre un de ces jours de la poudre d'escampette. Je ne l'aurais jamais soupçonné capable d'une telle détermination; ça me réconcilie avec lui. J'allais me rendormir lorsque j'entends un léger bruit: c'était Chiquet qui revenait... Ah! ah! que je me dis encore, je ne me trompe pas, Chiquet ne fait pas de trou, il aura été indisposé, voilà tout.

« Or, nous arrivons au beau de l'histoire. Voilà qu'au moment où Chiquet va pour remonter dans son hamac le pied lui glisse et il s'étale un peu rudement par terre. Qu'est-ce que c'est? que je me dis de nouveau; Dieu du ciel, on croirait qu'il pleut des louis! En effet, je venais d'entendre, et je suis bien certain de ne pas m'être trompé, le bruit produit par une pièce d'or rebondissant par terre.

« – Dors-tu, Barrière? que me demande aussitôt Chiquet en posant doucement sa main sur mon bras et en approchant son mufle de ma bouche. " Bon, que je réfléchis, il y a quelque chose là-dessous, je m'en vais te fiche dedans. " Et voilà que je me mets aussitôt à ronfler comme un serpent d'église.

– Eh bien! qu'est-ce que ça prouve? demande le soldat Picot.

– Ça prouve, soldat, reprit le nommé Barrière, que si vous avez été volé, vous méritiez de l'être, parce que positivement vous manquez de vivacité d'esprit...

– Le fait est, ajouta Bertaud, qu'il me semble assez difficile, d'après ce récit, que l'infirmier ne soit pas coupable.

– Je ne puis croire une pareille chose! s'écria Picot, dont

la contenance gênée et embarrassée prouvait l'indécision. Chiquet me voler! lui qui m'a vendu un pain de quatre livres quand j'étais...

– Après tout, si cet honnête Chiquet possède aussi de l'or! dit Barrière.

– Chiquet, de l'or! allons donc! Il est rafalé comme quatre. Je lui ai prêté hier soir deux sous. Au fait, mais, s'il avait de l'or...

– Allons, Picot, taisez-vous et ne gesticulez pas ainsi, dit Bertaud en interrompant le soldat, vous allez éveiller l'attention du public.

– Mais que faire, camarade?

– Allez trouver sans perdre de temps le président du tribunal, et déposez-lui votre plainte.

– Oui, vous avez raison, c'est là le plus prudent. Je vais de ce pas trouver *monsieur* Thomas... C'est un malin qui saura bien tirer cette affaire au clair.

Cinq minutes plus tard deux hommes amenaient l'ex-infirmier Chiquet devant le prétendu gabier Thomas, qui, assis sur un banc entre quatre ou cinq prisonniers, les jurés du ponton, attendait le coupable.

Comme les trois louis provenaient de moi, on vint me chercher pour m'avertir que le tribunal attendait ma déposition; je m'empressai d'obéir. La séance commença aussitôt ma comparution.

Rien de plus régulier, du moins quant à la forme, qu'un tribunal de ponton. Seulement ils étaient beaucoup plus expéditifs que ne l'est la justice ordinaire.

Le président Thomas, après avoir écouté attentivement ma déposition qui dura au reste à peine une minute, ordonna que l'on fouillât l'accusé. Hélas! l'imprudent avait gardé les trois louis dans sa poche, et on les trouva aussitôt.

– D'où vous vient cet or? lui demanda le président.

Chiquet voulut parler de sa famille, qui lui faisait passer des secours, de gain de jeu, etc., etc., mais à chacune de ces défaites il lui fut aussitôt prouvé qu'il mentait. Enfin

Chiquet, à bout de ressource, poussé dans ses derniers retranchements, finit par déclarer qu'il avait trouvé cet argent par terre.

Un murmure désapprobateur lui prouva aussitôt combien cette excuse était maladroite, et il n'insista plus.

– Avez-vous quelque chose à ajouter? lui demanda le président après que le défenseur choisi par Chiquet, un ancien étudiant, eut présenté avec assez d'éloquence, ma foi, la défense de l'accusé.

– Rien! répondit Chiquet avec accablement.

Le président fit alors un rapide et impartial résumé des débats; puis les juges s'étant rapprochés les uns des autres et ayant causé pendant quelques secondes à voix basse, rendirent leur arrêt.

Cet arrêt, sans appel, qui condamnait Chiquet à recevoir trente coups de corde, devait être exécuté sur l'heure et séance tenante.

Aussitôt le jugement prononcé, vingt bras saisirent l'infortuné Chiquet, qui en un instant se trouva dépouillé de sa chemise et attaché fortement, les mains placées en l'air, à un barreau de la batterie. L'exécution commença sans plus tarder. Les prisonniers, rangés en foule autour du patient, chantaient en chœur *la Marseillaise*, afin de couvrir ses cris et de les empêcher de parvenir jusqu'aux Anglais. Cette dernière précaution était au reste inutile, car lorsque la corde qui servait d'instrument de supplice s'abattit pour la quinzième fois sur le dos du malheureux patient, il poussa un dernier cri de douleur et perdit connaissance.

– Continuez, continuez! cria-t-on de tous les côtés à l'exécuteur qui s'était retourné vers la foule pour la consulter du regard.

Ce ne fut qu'au vingtième coup de corde, alors que le dos ensanglanté de l'ex-infirmier n'offrait plus qu'une seule plaie, que cinq ou six « Assez, assez! » prononcés avec timidité par quelques âmes compatissantes sollicitèrent la fin de cette tragédie.

On détacha alors Chiquet, dont le corps inerte roula lourdement sur le plancher, comme s'il eût été un cadavre, puis on le jeta dans un des coins obscurs de la batterie.

– En voilà un qui ne recommencera plus, du moins d'ici à quelque temps! me dit Bertaud. Ma foi, je ne le plains pas; il n'a que ce qu'il mérite. Voler de pauvres diables comme nous, c'est plus qu'un crime!... Mais, à présent qu'il fait jour, mon cher Louis, et que nous n'avons plus à craindre une surprise, reprenons si tu le veux notre conversation d'hier au soir interrompue par le couvre-feu...

Nous fûmes nous asseoir, Bertaud et moi, sur le banc placé près de mon hamac; puis le matelot, s'étant assuré que personne ne s'occupait de nous, reprit la parole.

– Mon ami, me dit-il, je ne te demanderai pas ta parole d'honneur pour le secret que je vais te confier... J'ai remarqué que les gens qui engagent toujours leur honneur sont ceux sur qui il faut le moins compter... Nous avons navigué tous les deux ensemble sous les ordres de Surcouf, et cela me suffit.

– Parle, Bertaud, tu peux te fier à moi, je t'écoute...

– Que penses-tu d'abord de M. Thomas?

– Que sa conduite annonce un homme de détermination et de cœur...

– Bien. Apprends donc, cher ami, que nous travaillons lui et moi depuis plus de trois mois à préparer notre évasion... Ce que je te dis là a l'air de te faire plaisir!

– Et comment pourrait-il en être autrement? Ah! vois-tu, l'idée de recouvrer ma liberté me cause une émotion...

– Pardieu, ça se conçoit... Voilà quinze jours que je ne dors plus!... Or donc, pour en revenir à notre histoire, nous avons déjà percé aux deux tiers le trou par lequel nous comptons nous sauver!... Veux-tu nous aider et être des nôtres?

– Si je le veux, Bertaud! m'écriai-je en serrant avec force

la main du Breton; c'est-à-dire que je te suis plus reconnaissant de la proposition que tu me fais en ce moment que si tu me sauvais la vie!

– Voilà qui est entendu. Allons trouver le capitaine, je veux dire Thomas, et nous coulerons cette affaire.

Je ne me fis pas répéter cette invitation et je m'empressai de suivre mon nouvel ami.

Nos recherches ne furent pas longues : au moment où nous allions nous mettre en quête du prétendu Thomas, nous le vîmes venir à nous.

– J'ai à te parler, Bertaud, dit-il en breton avec une émotion qu'il ne put dissimuler.

– Qu'avez-vous donc, capitaine... Pardon... Qu'avez-vous donc, camarade? lui demanda ce dernier avec inquiétude. Y aurait-il des anicroches?

Le prétendu gabier lança un regard de reproche sur Bertaud; mais celui-ci, sans se déconcerter :

– Vous pouvez parler sans crainte devant ce camarade, lui dit-il en me désignant. Nous nous connaissons lui et moi de longue date... Nous avons navigué ensemble sous les ordres de Surcouf...

M. Thomas me fixa alors d'un œil scrutateur, puis souriant tristement :

– Tu as commis là une grande imprudence, Bertaud, dit-il au Breton, heureusement que ta bonne étoile t'a servi!... Tu as trouvé un honnête homme, c'est vrai, car à présent je connais monsieur, mais tu pourrais rencontrer un traître...

– Il n'y avait pas de danger, cap... camarade. Un homme qui a été l'ami de Surcouf, car Surcouf aimait beaucoup son enseigne Garneray, ne devient jamais un traître. Mais qu'avez-vous donc? vous semblez, sauf le respect que je vous dois, toute chose...

– Tiens, lis ce billet que je viens de recevoir à l'instant, répondit le capitaine en tendant au Breton un petit carré de papier soigneusement plié.

– Oui, de suite, camarade, dit Bertaud, qui se mit à se gratter la tête d'un air embarrassé; seulement, je dois vous avouer que je n'ai été, pendant toute ma vie, que quatre jours à l'école, et que, par conséquent, je ne déchiffre pas trop couramment l'écriture *écrite*... Enfin, si vous l'exigez... je ferai de mon mieux; je connais assez bien les *a*, les *o* et les *c*...

– Écoute, alors, reprit le prétendu gabier qui ne put s'empêcher de sourire à la réponse du matelot.

– A vrai dire, j'aime mieux ça, camarade.

Le capitaine dépliant le billet et regardant autour de lui pour ne pas se laisser surprendre, nous lut à voix basse ce qui suit :

– Capitaine, je suis un misérable. J'ai, pour adoucir mon sort, révélé aux Anglais votre projet d'évasion. Vous êtes surveillé ainsi que Bertaud votre complice. Toutefois j'ai respecté, car l'on ne m'eût pas récompensé davantage pour cela, votre incognito. Je ne me dissimule pas que ma conduite est ignoble, et j'en éprouve, comme le témoigne cet avertissement officieux, de sincères remords... Mais je souffrais tant!... J'étais, lorsque je vous ai trahi, privé de nourriture depuis trois jours...

– Satanée canaille! s'écria Bertaud lorsque le capitaine eut achevé cette lecture. Eh bien! qu'est-ce que nous devons faire à présent?

– Renoncer à notre tentative, mon pauvre Bertaud, dit le capitaine.

– Pardi! il est certain que je n'ai nullement envie de procurer aux Anglais l'agrément de pouvoir me fusiller à bout portant. Ainsi, nous voilà coffrés ici encore pour longtemps...

– Non, Bertaud, je me sauve demain.

– Vous vous sauvez demain, capitaine? répéta le matelot avec ébahissement.

– Oui, ou du moins je tenterai l'aventure. Écoute-moi avec attention, car je compte sur ton concours... C'est demain que le petit bâtiment qui apporte au *Protée* ses provisions d'eau doit venir...

– Tiens, c'est vrai : ça me rappelle même que je suis de corvée pour hisser les barriques.

– Tu es de corvée, cela tombe à merveille! s'écria le capitaine radieux. Voici mon projet : je veux, ce soir, me glisser dans une des barriques vides que le navire remportera avec lui; j'y resterai blotti jusqu'au milieu de la nuit suivante; puis, une fois que l'équipage anglais sera endormi, j'en sortirai sans bruit, et, m'emparant alors du petit canot attaché le long de leur bord, je gagnerai la terre... Que penses-tu de ce projet?

– Je pense, camarade, s'écria Bertaud, dont le visage reflétait à la fois l'expression de l'étonnement et celle de l'admiration; je pense, sauf toujours le respect que je vous dois, que c'est là une folie qui vous coûtera la vie, si vous vous obstinez à suivre cette idée. Il y a vingt chances à parier contre une seule que vous ne réussirez pas.

– Qu'importe que j'aie vingt mauvaises chances contre une? pourvu qu'il m'en reste une bonne... cela suffit...

– Cependant, capitaine, si l'on mettait dans un chapeau vingt billets noirs et un seul blanc, et que l'on vous dise : Tirez-moi ça au hasard; si vous empoignez le blanc, vous devenez libre; si c'est un noir, on vous fusillera; je ne pense pas que vous accepteriez ce marché.

– Oui, j'accepterais, dit le prétendu gabier d'une voix sourde et concentrée, et à cela je n'aurais aucun mérite; car je sens que ma captivité me tuerait bientôt, si je la subissais plus longtemps. Et puis, il faut que je sois libre, entends-tu et comprends-tu bien, Bertaud? je dis, il faut. Une affaire de cœur m'appelle en France.

Le capitaine se tut pendant quelques secondes; puis, levant au ciel un regard brillant d'un feu sombre, un regard d'une éloquence bien supérieure à celle de toute parole :

– Et la vengeance, reprit-il en s'adressant à Bertaud et

à moi, ne la comptez-vous donc pour rien? Vous figurez-vous que les insultes que j'ai subies depuis dix-huit mois, et qui se sont accumulées sur mon cœur, me laissent goûter un insoucieux repos? Dieu m'avait fait bon, les Anglais m'ont rendu cruel. Il me faut du sang... beaucoup de sang!... Ah! malheur à l'ennemi qui se trouvera devant ma frégate!... je serai sans pitié.

Honteux de cette explosion d'une colère longtemps concentrée que venait de lui arracher la souffrance, M. Thomas garda pendant quelques secondes le silence.

– Mon ami, reprit-il bientôt d'une voix calme et en souriant tristement, reprenons une conversation dont j'ai eu tort de m'écarter. Avant tout, je vous remercie et de l'intérêt que vous me témoignez et de vos conseils : mais, je vous le répète, ma résolution est irrévocablement arrêtée. Il ne s'agit plus que d'une chose, savoir si, oui ou non, vous pouvez et vous voulez m'aider?

– Ah, capitaine, m'écriai-je d'un ton de reproche, est-il possible que vous mettiez un seul instant en doute notre dévouement?

Après une longue conversation nous finîmes par arrêter notre plan. Il fut convenu que nous marquerions, dans la journée, d'une légère entaille faite au couteau la barrique que le capitaine choisirait pour se cacher; puis, que le lendemain, grâce à ce signe de reconnaissance nous la hisserions nous-mêmes avec toutes les précautions possibles, d'abord sur le pont, et la descendrions ensuite dans la barque anglaise. Cette résolution arrêtée, nous nous séparâmes par excès de prudence.

– Mes amis, nous dit le capitaine en nous serrant chaleureusement la main, si je réussis dans ma téméraire entreprise, soyez persuadés que je n'aurai ni trêve ni repos jusqu'à ce que je sois parvenu à vous échanger à la mer contre des prisonniers anglais. Si je succombe...

- Ah! ne dites point de pareilles choses, capitaine, s'écria

Bertaud qui en sa qualité de Breton était doué d'une grande superstition, cela porte malheur.

Il me fut impossible, pendant toute la nuit, de goûter un moment de repos : j'étais d'une inquiétude extrême.

Enfin, le moment fatal arriva. Vers les dix heures on appela les hommes de corvée dont c'était le tour de marcher. Je ne puis dire l'émotion profonde que j'éprouvai lorsque, après avoir hissé les barriques pleines d'eau, nous les remontâmes sur le pont pour les rembarquer de nouveau à bord du petit bâtiment anglais. C'était en vain que, dans la crainte peu fondée d'ailleurs d'éveiller les soupçons, car qui eût pu se douter d'un pareil stratagème, j'essayai de prendre une contenance indifférente; malgré mes efforts, mon regard se reportait sans cesse, sans pouvoir s'en détacher, vers une barrique placée près de moi et marquée d'une entaille, celle où se tenait blotti le capitaine.

Certes, mon cœur battit plus fort quand on nous donna l'ordre d'affaler ces barriques dans la barque anglaise, que la première fois que je me trouvai au feu. Cette opération se faisait au moyen d'une grue qui mettait en mouvement un grand croc.

Bertaud, lorsque la plupart des barriques furent descendues et arrimées, et qu'il ne restait plus à placer que la dernière rangée, c'est-à-dire celles qui se trouvaient audessus de toutes les autres, Bertaud, dis-je, se rapprocha d'un air indifférent de moi; et attachant le croc à la barrique où se tenait caché le capitaine, nous lui fîmes subir, mais avec quelle précaution! la même opération qu'aux autres. Mon cœur battit à se rompre lorsque je la vis atteindre le petit navire anglais.

Une heure plus tard la barque, abandonnant notre ponton, se dirigeait vers la terre; jusqu'alors le premier acte du drame avait réussi.

Je passai le reste de la journée dans des transes mortelles. A chaque instant il me semblait entendre des coups de fusil et des cris : dans chaque bateau qui sillonnait la rivière, je croyais apercevoir M. Thomas garrotté et sanglant que les Anglais ramenaient à bord du *Protée*. Enfin, grâce à Dieu, la nuit arriva sans que rien pût nous donner à supposer que l'évasion du hardi capitaine fût connue.

III

Ingratitude
Complot de désertion – Ressources de Bertaud
Sacrifices – Mon professorat – Assassinat
Guérison de Bertaud

Pendant près d'une semaine je comptai avec Bertaud les heures, les minutes, les secondes. Chaque journée qui s'écoulait nous apportait une joie extrême et redoublait nos espérances.

– Ma foi ! me dit le Breton, je commence à croire que le camarade Thomas a eu raison, n'est-ce pas ?

– Dame ! tout nous le donne à supposer.

– Tu trouves ! Une idée ! Pourquoi ne l'imiterions-nous pas ? Qui donc nous empêche de suivre son exemple ?

– Mais le fait est, Bertaud, que tu as raison. Nous recauserons de cela.

– Eh bien ! c'est dit, nous en recauserons, et le plus tôt possible.

Hélas ! deux jours plus tard, lorsque le petit bâtiment chargé de nous apporter nos provisions d'eau se présenta, je remarquai, avec la plus vive surprise, qu'avant de nous faire rembarquer les barriques vides les Anglais les examinaient une à une avec la plus grande attention.

– Que penses-tu de cela, camarade ? demandai-je à Bertaud.

– Je pense, cher ami, que la mèche est éventée et la farce

connue. Faut croire que le capitaine, dans la joie de la liberté et du triomphe, aura bavardé, et que les espions que ces canailles d'Anglais ont en France auront eu vent de la chose et les auront avertis...

– Et nous! que faut-il faire?

– Attendons encore un peu! Peut-être que le capitaine nous fera bientôt échanger, comme il nous l'a promis!

– Attendons, puisque tu le veux; mais je t'avertis que, si d'ici à un mois je ne reçois aucune nouvelle, je reprends alors mes projets d'évasion!...

– Tiens, cette bêtise! Est-ce que l'on peut penser à autre chose à bord d'un ponton? Voilà, quant à moi, deux ans que j'y songe.

– Je ne conçois pas qu'avec une obstination pareille tu n'aies pas encore réussi.

– Et les traîtres, mon pauvre Garneray! Tu ne sais donc pas que sur trente tentatives d'évasion il y en a au moins toujours vingt-neuf de dénoncées!... Il est probable qu'avant de pouvoir ficher notre camp nous ferons plus d'un jour de cachot. Tu verras, tu verras!

Deux mois s'écoulèrent, et nous n'entendîmes plus parler une seule fois de M. Thomas.

– Je ne conçois rien à ce silence, dis-je un jour à Bertaud. Le capitaine n'aurait-il point donc réussi, comme nous nous l'imaginons, à gagner la côte de France?

– Possible, en effet, qu'il se tienne caché encore en Angleterre, me répondit Bertaud; mais cela m'étonnerait. C'est un gaillard, tu as dû le voir par toi-même, qui ne manque ni de crânerie ni d'invention; il est joliment malin, va! Or, quand un homme comme lui est hors d'un ponton, on peut bien se dire qu'il aura su passer en France. Non, s'il ne nous donne plus signe de vie, c'est qu'il nous a tout bonnement oubliés.

– Oh! ce serait une horrible ingratitude, Bertaud!

– Pourquoi donc? Tiens, est-ce que tu crois, toi, par exemple, qu'un capitaine à terre n'a autre chose à faire qu'à s'occuper de deux pauvres diables de matelots comme nous, qu'il a connus en passant et par hasard à bord d'un ponton? Ah ben oui; avec ça que c'est rare les matelots... Notre capitaine s'occupe en ce moment sans doute de solliciter le commandement d'un navire; s'il l'a même obtenu, c'est encore pis : alors il est accablé de besogne...

Bertaud, avec son gros bon sens, ne se trompait pas. Le capitaine avait heureusement regagné la France, et il nous avait oubliés. Je l'ai revu vingt ans plus tard : il était alors un personnage. Mon nom, lorsque je lui fus présenté en ma qualité de peintre de marines, n'éveilla pas un moment dans son esprit le souvenir du malheureux et obscur matelot à qui il avait serré la main jadis sur un ponton. Seulement, lorsque je lui eus raconté dans tous ses détails son évasion du *Protée* :

– Qui a pu vous instruire ainsi, monsieur? me demanda-t-il.

– Monsieur, lui répondis-je, ce fut moi et un pauvre matelot breton, nommé Bertaud, mort bien malheureusement, hélas! depuis, qui eûmes l'honneur, car nous étions vos deux seuls confidents, de hisser et de déposer sur la barque anglaise la barrique dans laquelle vous vous teniez caché.

L'ancien *monsieur* Thomas, à cette réponse, me regarda fixement, puis me tendant la main :

– J'ai été ingrat, me dit-il en rougissant; me le pardonnez-vous? Eh bien, pour me prouver que vous ne me gardez pas rancune, laissez là votre monsieur et traitez-moi d'ami.

Quinze jours après cette conversation, qui se prolongea pendant plus d'une heure, le vieux marin, père de Bertaud, presque aveugle et dans la misère, recevait une pension qui le mettait à même de vivre heureux et tranquille le reste de ses jours.

M. Thomas manquait de mémoire, mais il suffisait qu'on lui rappelât ses dettes pour qu'il sût les payer.

Je reviens à présent à mon récit des pontons.

Ayant enfin, après deux mois d'attente, perdu tout espoir de recevoir des nouvelles de M. Thomas, nous reprîmes, Bertaud et moi, notre idée d'évasion, et nous ne tardâmes pas à la traduire en action.

Après avoir examiné le ponton dans toutes ses parties, avec une attention minutieuse, nous choisîmes définitivement la place que nous comptions attaquer. C'était dans un endroit obscur, sous le faux pont, à fleur d'eau et presque sous les pieds des sentinelles qui montaient continuellement la garde dans la galerie extérieure qui entourait *le Protée,* que nous nous décidâmes à creuser notre trou.

Avant tout, nous dûmes forger les outils nécessaires à l'accomplissement de notre projet, ce qui ne laissa pas que de nous donner beaucoup de mal; grâce à notre obstination, nous réussîmes cependant à faire avec deux grandes lames de couteau très plates deux scies assez fines et assez solides qui, avec un ciseau, des gouges, des vrilles et un maillet, complétèrent les moyens d'attaque dont nous avions besoin.

Aussitôt que nous fûmes possesseurs de ces ustensiles, nous nous mîmes sans plus tarder à la besogne; nous commençâmes d'abord par lever une grande pièce de bois, taillée en carré et coupée dans le vrégage de façon qu'il nous fût possible de la remettre en place après notre journée, et de cacher ainsi à l'œil vigilant des Anglais les traces de nos travaux.

La muraille du ponton avait à peu près deux pieds d'épaisseur; nous calculâmes qu'il nous faudrait environ trois semaines pour la percer.

Depuis le lever du soleil jusqu'au soir, nous travaillions sans relâche et sans interruption. Un usage établi à bord du ponton nous donnait une grande sécurité. Afin de prévenir toute surprise de la part de nos geôliers, quand un soldat, sentinelle ou non, descendait dans la batterie, il n'avait pas plutôt mis le pied dans l'escalier que le premier prisonnier qui l'apercevait était tenu de crier le mot *Navire*!

Ce mot répété aussitôt de bouche en bouche arrivait promptement jusqu'aux dernières limites de la batterie, et chacun s'empressait de prendre des précautions.

Ceux qui s'occupaient d'ouvrages défendus, comme de tresser des chapeaux de paille, par exemple, car les Anglais prohibaient tous les travaux qui eussent pu faire concurrence aux produits de leurs manufactures, cachaient les pièces accusatrices qu'ils avaient entre les mains; ceux qui, comme Bertaud et comme moi, perçaient les murs du ponton, se hâtaient de remettre en place la pièce de bois carrée dont j'ai déjà parlé, et tout était dit.

Il y avait environ huit jours que nous avions commencé notre grande entreprise lorsque l'argent vint à nous manquer. Depuis deux mois que nous vivions, mon complice et moi, sur mes deux louis, il nous avait encore fallu être bien ménagers de notre faible trésor, et nous refuser bien des petites jouissances pour le faire durer aussi longtemps.

– Vois-tu, Louis, me dit le Breton lorsqu'il vit mon dernier sou sortir de ma bourse, nous avons été trop prodigues, nous avons manqué de force de caractère et de prévoyance. Nous voilà à sec, et cependant il nous faut à toute force de l'argent pour notre évasion...

– En quoi en avez-vous donc besoin?

– Pour mille choses. D'abord pour acheter la toile avec laquelle nous construirons nos sacs d'évasion.

– Bon! A peine trente à quarante sous...

– Eh bien! ne croirait-on pas à t'entendre que trente à quarante sous se trouvent si aisément ici... Ensuite je te dirai que cette somme nous serait insuffisante... D'abord ce n'est pas tout, quand on s'évade, que d'atteindre la rive; il faut, une fois à terre, se procurer un costume d'abord, car nos livrées jaunes avec leur grand T et leur O qui n'en finit pas, se voient de trop loin et nous feraient empoigner par le premier *English* qui nous apercevrait, ensuite il faut vivre...

– A combien estimes-tu la somme dont nous aurions besoin ?

– A une trentaine de francs !... Tiens, j'ai une idée ! Sais-tu écrire, Louis ?

– Oui, certainement ; pourquoi cette question ?

– Mais écrire de façon que l'on puisse te lire et comprendre ce que ça veut dire ? continue Bertaud.

– Rassure-toi ; j'ai une main passable.

– Ah bon ! voilà mon affaire. Ne t'inquiète plus par rapport à l'argent, je m'en charge... Laissons là notre besogne pour aujourd'hui, et viens avec nous.

Après avoir replacé avec soin la pièce de bois protectrice qui dissimulait nos travaux, je me mis à suivre Bertaud, dont la démarche assurée et gaie trahissait le contentement de lui-même qu'il éprouvait.

– Assieds-toi là, me dit-il lorsque nous fûmes arrivés devant le banc placé à côté d'une table, prends là une grande feuille de papier et écris, de ta plus belle main, ce que je vais te dicter.

– Je ne demanderais pas mieux que de faire selon tes désirs, mon cher ami, lui répondis-je ; seulement il se présente un petit obstacle, c'est que je ne possède pas la moindre feuille de papier.

– Ah ! saprebleu ! s'écria Bertaud en se frappant le front d'un violent coup de poing, je n'avais pas songé à cela, moi !... Il faudrait acheter une feuille de papier, et du grand encore, car il s'agit d'une affiche...

– Tu sais aussi bien que moi que nous sommes sans le sou.

– Je crois bien que je le sais !... Sapristi ! que c'est compromettant ! Il me faut cependant mon affiche. Dis-moi, combien crois-tu que nous coûterait une grande feuille de papier ?

– Dam', cher ami, je l'ignore...

– Eh bien ! va-t'en le demander à ceux qui en possèdent.

– Je ne comprends rien à tous tes mystères; n'importe, je vais m'acquitter de ta commission.

Cinq ou six prisonniers qui s'occupaient un peu de dessin et de mathématiques, que j'interrogeai, me répondirent tous que, comme leur papier leur était très utile et qu'ils avaient beaucoup de mal à se le procurer, ils voulaient en tirer un bon prix. Le moins exigeant de tous me demanda dix sous pour une feuille à dessin qui avait déjà servi d'un côté.

– Eh bien! me demanda Bertaud d'aussi loin qu'il m'aperçut, combien?

– Dix sous, lui répondis-je, et comptant!

– C'est cher, mais enfin, comme c'est indispensable, on se fendra...

Le soir à dîner je fus fort étonné de voir venir un prisonnier qui réclama ma portion de viande.

– Ah! c'est vrai! j'ai oublié de t'avertir, me dit Bertaud, qui faisait partie de ma table, ou, pour parler le langage des pontons, de mon plat, que j'ai vendu à raison de quatre sous par repas, et pendant trois jours, nos rations de viande...

– Es-tu fou? Vendre notre viande! Avec cela que notre soupe est succulente!

– Bah! à quoi bon crier? Dans trois jours, et pendant trois jours nous en serons quittes pour nous serrer un peu, nous aurons douze sous!... c'est-à-dire de quoi acheter la feuille de papier dont j'ai absolument besoin, plus l'encre et la plume que nous avions oubliées...

– Allons, je me soumets; mais je consens à être fusillé sur-le-champ si je comprends un mot à ta conduite.

Cette privation de nourriture que Bertaud m'imposait si cavalièrement, de son plein gré, et sans daigner entrer dans aucune explication, me fut pénible : ce ne fut pas sans un certain plaisir que je vis s'écouler mon troisième jour d'abstinence forcée.

Quant à Bertaud, à peine eut-il ses douze sous complets

qu'il s'empressa de me les remettre, en me pressant d'aller acheter la feuille de papier dont la possession semblait lui tenir tant au cœur.

– A présent, me dit-il lorsque je revins avec mon acquisition, taille-moi ta plume dans le dernier genre, et écris.

Bertaud se recueillit alors pendant quelques secondes, puis bientôt il reprit en me dictant ce qui suit :

« Défi aux Anglais ! Vive la Bretagne de France ! Le nommé Bertaud, natif de Saint-Brieuc, vexé d'entendre les Anglais se vanter d'être les premiers boxeurs de la terre, ce qui est une menterie, s'engage à combattre deux d'entre eux, à la fois et en même temps, à toutes sortes de coups de poing seulement, et sans faire usage de ses jambes.

» Le susdit Bertaud, natif de Saint-Brieuc, consent en outre, pour mieux montrer combien il se fiche de ces blagueurs, à recevoir de ses deux adversaires dix coups de poing avant le combat, lesquels coups de poing seront donnés au susdit Bertaud aux endroits où il plaira à ses adversaires de les lui administrer : Bertaud rossera ensuite les deux Anglais en question.

» Bertaud exige qu'aussitôt qu'il aura reçu les dix coups de poing, et avant de commencer la lutte, on lui remette, quelle que soit l'issue de la chose, deux livres sterling pour le dédommager des dents qu'on lui aura cassées.

» Fait à bord du ponton *le Protée,* où le susdit Bertaud s'embête à mort ! »

– Eh bien ! me dit le matelot d'un air triomphant après que j'eus achevé de calligraphier cette singulière annonce – que j'ai eue pendant longtemps encore après ma sortie des pontons en ma possession –, que penses-tu de mon idée ?

– Je pense, lui répondis-je en haussant les épaules, que ce n'était pas la peine de me faire subir trois jours de diète pour acheter cette feuille de papier!... Tu es fou, ma parole d'honneur!

– Comment cela, fou? répéta Bertaud ne comprenant rien à ma mauvaise humeur.

– Eh! certes! veux-tu me faire croire que tu lutteras en même temps avec avantage contre deux boxeurs anglais?

– Ah bien! tu es jeune encore, toi, s'écria le Breton en riant aux éclats, quoi! tu ne comprends pas la frime?

– Je comprends que les dix coups de poing que tu consens à recevoir d'avance suffiront et au-delà pour t'assommer et t'envoyer à l'hôpital, et c'est ça que tu appelles une frime!...

– Mais oui, c'est cela! Pardieu, je sais aussi bien que toi comment les Anglais vous envoient un coup de poing... Au premier que je recevrai je verrai trente-six chandelles, et au cinquième j'aurai déjà perdu au moins deux dents...

– Une jolie perspective! Et au dixième et dernier...

– Je serai étendu tout de mon long, sans connaissance, sur le pont...

– Ah! tu en conviens! Alors, où est donc ta belle malice?...

– Ma malice, camarade, faut croire pourtant qu'elle n'est pas si cousue de fil blanc, puisque tu ne l'as pas encore devinée!... Ma malice, c'est qu'assommé ou non, je commencerai par palper deux livres sterling, c'est-à-dire la somme dont nous avons besoin pour notre évasion! La voilà, la malice!

Ce dévouement si simplement exprimé me toucha plus que je ne saurais le dire; je sentis des larmes me venir aux yeux, et je ne pus, tant j'étais ému, que serrer fortement la main du Breton.

– Tu comprends et tu m'approuves maintenant, me dit celui-ci, qui ne s'aperçut seulement pas de mon émotion tant ce qu'il faisait lui semblait une chose naturelle, allons placarder notre affiche sur le pont.

– Non, Bertaud, je ne consentirai jamais à te laisser accomplir un tel suicide! m'écriai-je avec chaleur.

– Parole d'honneur, tu es trop bête! Où diable vois-tu donc un suicide? Quinze jours d'hôpital et tout sera dit; nous nous évaderons après.

On sait que l'opiniâtreté bretonne est proverbiale : Bertaud me confirma cette vérité; car malgré mes prières, malgré mes remontrances et ma colère, une demi-heure plus tard la fameuse affiche, attachée au pied du grand mât, attirait tous les regards.

L'effet qu'elle produisit fut immense : on ne parla bientôt plus d'autre chose sur le ponton.

– Je suis bien sûr qu'avant demain mon défi sera connu de tout Portsmouth et de tout Gosport, me dit Bertaud. Les Anglais aiment beaucoup ces sortes de machines : je suis sans inquiétude; les amateurs ne manqueront pas.

J'étais occupé à faire une partie d'échecs, car nous avions renoncé pour le moment à continuer de creuser notre trou, à peu près terminé, lorsque j'entendis un soldat anglais s'informer auprès des prisonniers du nom de la personne qui avait écrit l'affiche.

Pensant, ce qui était fort présumable, que le capitaine du *Protée* voulait sévir contre le coupable, je m'empressai de me présenter au lieu et à la place de Bertaud. On me conduisit aussitôt chez le lieutenant commandant du ponton.

Le lieutenant, que l'on appelait ordinairement *commander*, me regarda pendant quelques secondes sans prononcer une parole.

– C'est vous, me dit-il, qui avez écrit l'affiche?

– Oui, capitaine, c'est moi.

– Est-ce vous qui vous nommez Bertaud?

A cette question, j'hésitai. Toutefois, réfléchissant que mon mensonge serait bientôt découvert, je pris le parti de répondre que non.

– Alors ce n'est pas vous qui voulez boxer deux Anglais?

– Hélas! capitaine, je ne demanderais pas mieux; mais je ne suis pas assez fort pour me permettre ce plaisir.

– Et ce Bertaud, lui, est-il donc bien fort?

A cette question, il me vint une idée qui, je l'espérais, devait empêcher le sacrifice de Bertaud de s'accomplir.

– S'il est fort, *commander!* m'écriai-je avec un air d'admiration et de surprise admirablement joué. N'en avez-vous donc jamais entendu parler? Il est cependant connu de toute la flotte française.

– *Indeed!* Et il sait boxer, ce Bertaud?

– Ah! quant à cela, je dois vous avouer que non, capitaine. Seulement, comme rien n'est plus facile pour lui que de tuer un homme d'un seul coup de poing, il ne s'inquiète pas de ce détail! Je l'ai vu de mes propres yeux, à Bourbon, aplatir la tête d'un nègre comme eût pu le faire une bombe.

– En vérité!...

L'Anglais réfléchit un moment, puis se tournant de nouveau vers moi :

– Et c'est vous qui avez écrit l'affiche? reprit-il en changeant de conversation.

– Oui, capitaine; Bertaud est mon ami. Et puis, comment refuser à un pareil homme ce qu'il exige? je n'ai pas un crâne casematé.

– Vous avez une fort belle écriture, reprit le capitaine. Voulez-vous donner des leçons à ma fille, jeune enfant de dix ans? je vous payerai un shilling par cachet.

J'avoue que cette proposition à laquelle j'étais loin de m'attendre me causa autant de plaisir que d'étonnement. Il est inutile d'ajouter que je m'empressai de l'accepter.

– Eh bien! voilà qui est convenu, reprit le capitaine, vous commencerez demain. Ah! ce Bertaud tue ainsi les hommes d'un coup de poing, c'est bon à savoir. Vous pouvez vous en aller.

Bertaud, à qui je m'empressai d'aller rapporter, du moins en ce qui me concernait, l'entrevue que je venais d'avoir avec le capitaine du ponton, se montra ravi.

– Tu vois, me dit-il en frottant joyeusement ses mains

l'une contre l'autre, que mon idée d'affiche n'était pas si mauvaise, et que nous n'avons pas si mal placé nos douze sous. Que l'on m'assomme à présent, et nous nous trouverons au-dessus de nos affaires.

Le lendemain, le commandant du *Protée*, fidèle à sa promesse, m'envoya chercher, et je donnai à sa jeune fille la première leçon d'écriture. J'eus soin d'adoucir ma voix autant que possible et de me montrer aimable et complaisant avec l'enfant. Mes efforts pour lui plaire ne furent pas perdus, car elle ne tarda pas à me prendre en amitié.

Me contentant de la misérable et insuffisante ration que l'on nous donnait, je mis de côté, pendant près de six semaines, sans en distraire un seul shilling, tout l'argent que je reçus.

Je ne puis dire la joie que j'éprouvais à voir ainsi s'augmenter sans cesse notre petit trésor; vingt fois par jour je comptais et recomptais avec amour cet argent qui, pour moi, représentait la liberté.

Bertaud, quoiqu'il partageât mon ivresse, n'était cependant pas aussi heureux que moi; un nuage assombrissait son bonheur. Pas un seul boxeur ne s'était présenté, et il attendait toujours ses assommeurs.

Enfin, lorsque nous nous trouvâmes à la tête d'un capital de quarante-cinq shillings, nous nous décidâmes à tenter le grand coup. Nous fixâmes notre évasion, nous étions alors un lundi, au samedi suivant.

Ces cinq jours nous suffirent amplement pour terminer nos derniers préparatifs : ils nous permirent de confectionner deux espèces de sacs, en grosse toile goudronnée et suiffée en dehors, afin qu'elle pût garantir nos vêtements et nos provisions de bouche des atteintes de l'eau, et enfin de terminer notre trou. Nous ne laissâmes guère qu'une épaisseur de bois d'une ligne au plus, afin d'empêcher que l'on pût apercevoir nos travaux à l'extérieur, ce qui naturellement nous eût trahis; cinq minutes suffisaient au reste pour détruire cet obstacle.

Ah! quelle émotion mêlée d'ivresse ne ressentis-je pas lorsque arriva enfin le samedi! Je ne pouvais tenir en place; une joie immense, mêlée il est vrai d'un peu d'inquiétude, me débordait.

Ce fut alors que je m'applaudis de n'avoir mis que le plus petit nombre de prisonniers possible dans le secret de notre évasion. Au reste, pour être juste envers qui de droit, je dois déclarer que ma discrétion, dans cette circonstance, était le fruit des conseils de Bertaud.

La nuit venue, une nuit calme et chaude, car nous étions alors en juillet, nous nous dépouillâmes, mon ami et moi, de tous nos vêtements; puis, après les avoir enveloppés soigneusement et promptement dans nos sacs bien suiffés, nous nous dirigeâmes, en rampant comme des serpents, le long du faux pont, vers notre trou, qu'il nous restait encore à ouvrir. Ce fut l'affaire de cinq minutes.

– Veux-tu que je passe le premier? murmura Bertaud à mon oreille.

– Non, lui répondis-je, le danger est plus grand...

– Tant pis pour toi, me répondit-il sur le même ton. Mais l'idée vient de moi, je suis ton ancien sur *le Protée...* et au revoir!

Le Breton allait se laisser glisser, lorsque prenant ma main dans l'obscurité et la serrant dans les siennes :

– On ne sait pas ce qui peut arriver, me dit-il, embrassons-nous toujours. A présent, à l'œuvre!

Bertaud, en achevant de prononcer ces mots, plongea intrépidement par les pieds à travers le trou. J'étais tellement ému, que mon cœur battait à se rompre.

J'allais suivre le brave Breton, lorsqu'un *Qui vive?* sonore, presque aussitôt suivi d'un coup de fusil, retentit venant de la galerie.

Je retins mon élan et me jetant à plat ventre par terre j'avançai ma tête avec précaution à travers le trou pour tâcher de voir si Bertaud avait été atteint; je me sentais mourir.

La balle du factionnaire anglais, dirigée avec trop de précipitation, avait seulement effleuré mon pauvre ami; mais, hélas! l'infortuné ne s'en trouvait pas moins pour cela dans la plus épouvantable position que l'on puisse imaginer.

Retenu par la corde qui attachait son sac autour de son corps, à un clou qui faisait saillie au-dehors du ponton, et dont il ignorait l'existence, il ne pouvait ni atteindre la rivière ni regagner le trou.

Rien n'empêchait donc les soldats anglais, qui accoururent au bruit de la détonation du fusil de la sentinelle, de s'emparer de Bertaud, incapable dans sa position d'opérer la moindre résistance; je ne m'attendais même qu'à ce seul dénouement, lorsque, abominable assassinat dont le souvenir me poursuit encore, retentirent plusieurs coups sourds et mats frappés presque en même temps. Ces coups furent immédiatement suivis d'un cri de douleur et de rage, puis j'entendis comme la chute d'un corps pesant dans l'eau, et tout rentra dans le silence.

Je ne puis dire ce qui se passa alors en moi : je crus un moment que j'allais devenir fou! La fureur et le désespoir que je ressentais étaient si grands, l'indignation qui m'animait si profonde, que j'hésitai pendant quelques secondes si je n'irais pas, dessein véritablement insensé, au secours du malheureux Bertaud. Je suis persuadé que si ce projet m'eût offert une seule chance possible de succès, quelque minime qu'eût été cette chance, je l'eusse accompli sans hésiter.

Immédiatement après le coup de fusil tiré par la sentinelle, la rivière s'illumina comme par enchantement; je ne tardai pas à distinguer plusieurs embarcations que les autres pontons dirigeaient vers le nôtre : un grand mouvement se fit en même temps sur le pont du *Protée*.

L'intérêt de la conservation parlant enfin en moi plus haut que l'indignation et la douleur, je m'empressai, car les secondes valaient alors des heures, de regagner avec précipitation mon hamac. Seulement, pensant avec raison qu'une visite des Anglais et des perquisitions minutieuses ne tarderaient pas à avoir lieu dans la batterie, je m'empressai de serrer soigneusement le sac dont je m'étais muni pour mon évasion. Toutefois, j'eus assez de présence d'esprit pour en retirer auparavant et mes effets et l'argent qu'il contenait.

A peine venais-je de me glisser sans bruit dans mon hamac que ma prévision se réalisa. De nombreux soldats, le fusil armé et la baïonnette au bout, envahirent notre batterie. Ils nous réveillèrent à coups de crosse et à coups de poing et nous firent monter sur le pont, afin de pouvoir nous compter.

Cette opération terminée – qui ne dura pas moins de deux heures car les Anglais, de peur d'erreur ou de méprise, la contrôlèrent plusieurs fois –, l'on nous permit enfin de regagner nos hamacs et de reprendre notre sommeil si brusquement interrompu : je dois ajouter que peu d'entre nous profitèrent de cette permission. Ce ne fut jusqu'au lendemain matin qu'un feu roulant de questions et d'hypothèses; quant à moi, je me gardai bien d'avouer sur le moment que j'étais l'un des deux auteurs de la tentative d'évasion qui venait d'échouer, et à laquelle mes compagnons de captivité devaient d'avoir été réveillés d'une façon si désagréable et si brutale.

Quelle triste nuit je passai! La pensée de cette liberté si ardemment désirée, un instant entrevue et qui m'était échappée juste au moment où j'allais l'atteindre, n'était pas, le lecteur me croira sans peine, mon plus grand motif de désespoir. La liberté, je pouvais encore la conquérir; mais Bertaud, mon généreux et infortuné complice, était-il en mon pouvoir de le sauver? Hélas! non.

Le cri qu'il avait poussé, les coups de sabre, de crosse de fusil et de baïonnette qu'il avait reçus, le bruit de la chute de son corps dans la rivière, retentissaient encore douloureusement dans mon cœur, et je dus appeler toute ma force de volonté à mon aide pour ne pas éclater en sanglots.

Avec quelle impatience, afin de pouvoir m'informer de son sort, j'attendis l'heure à laquelle on nous permettrait de monter sur le pont! Mais, hélas! le doute m'était-il encore possible?

Je fus, je crois, lorsque six heures sonnèrent, le premier prisonnier qui s'élança en dehors de la batterie. Mon impatience et mon anxiété étaient si grandes qu'oubliant toute prudence je m'empressai de questionner le premier matelot anglais qui se présenta à ma vue.

– Savez-vous si l'on a repêché le cadavre du malheureux qui a tenté de s'évader la nuit dernière? lui demandai-je.

– *Rascal!* que vous importe? me répondit le matelot d'un ton bourru. Je voudrais, quant à moi, voir tous les Français au fond de la mer!

Nous étions tellement habitués aux insultes, que ce mot de *rascal,* qui n'a pas d'équivalent dans la langue française, et que les Anglais considèrent comme la plus forte injure qu'ils puissent vous adresser, ne me toucha pas; et puis, pour avoir des nouvelles de Bertaud, j'eusse volontiers subi toutes les humiliations imaginables.

– Oui, je conçois très bien votre désir, répondis-je avec humilité au brutal matelot; mais je vous en prie, répondez-moi : savez-vous ce qu'est devenu le prisonnier?

– Oui, je le sais; mais je ne vous le dirai pas!

– Vous le savez, m'écriai-je en joignant mes mains d'un air suppliant. Oh! parlez, alors, je vous en conjure! Tout ce que je possède vous appartient.

– Possédez-vous un shilling? dit l'Anglais en m'interrompant.

– Certainement, plusieurs, même...

– Eh bien, alors, donnez-moi un shilling, et je répondrai à votre question!

Je m'empressai de retirer de ma poche la pièce d'argent qu'exigeait le matelot : car, dans la crainte d'être volé, je portais toujours mon petit trésor sur moi, et je la lui remis sans hésiter.

– Voici, lui dis-je; à présent, parlez! Cet homme est mort, n'est-ce pas?

– Malheureusement non, me répondit-il d'un ton rogue. Toutefois, j'espère bien qu'il n'en réchappera pas.

– Ah! il n'est pas mort? répétai-je en sentant une joie immense me monter au cœur.

– *By God!* quand je dis non, c'est non... Ce chien de Français a reçu trois coups seulement de baïonnette, un dans le côté, et deux dans les cuisses... Par bonheur qu'un coup de sabre lui a aussi presque fendu la tête... Cependant le chien respire encore.

– Merci, mon Dieu! m'écriai-je; tout espoir n'est pas encore perdu. Mon ami, continuai-je en m'adressant au matelot, puis-je compter sur votre bon cœur pour avoir chaque jour des nouvelles de mon ami?

– Je ne suis pas votre ami, me répondit-il d'un air indigné, et je ne me pique pas de générosité envers des chiens de Français. Cependant si chaque jour vous vouliez me remettre un shilling, je vous donnerais tous les matins des nouvelles du rascal.

– Oh! j'accepte avec joie ce marché.

– Alors, c'est chose convenue. A présent allez-vous-en au diable, car si l'on me surprenait causant avec vous, l'on me punirait.

Assuré que Bertaud vivait encore, je recouvrai un peu de tranquillité d'esprit et je supportai mieux la longueur de la journée que je ne m'y serais attendu.

Le lendemain matin, dès les six heures, je m'empressai de monter sur le pont : le matelot, fidèle à son rendez-vous, m'y attendait.

– Eh bien? lui demandai-je dès que je l'aperçus.

Pour toute réponse, il me tendit la main ouverte : je m'empressai d'y déposer le shilling dont nous étions convenus la veille.

– Il est toujours dans le délire, me dit-il alors, mais son état n'a malheureusement pas empiré. Le médecin ne peut pas répondre encore de sa mort. A demain.

Pendant vingt jours suivis j'obtins ainsi chaque matin, et toujours à raison d'un shilling, des nouvelles de mon pauvre ami. Plusieurs fois, un soupçon poignant et affreux me traversa l'esprit; je me figurai que Bertaud était mort et que le matelot inventait chaque jour, pour m'extorquer mon argent, un faux bulletin sanitaire.

Toutefois, je ne tardai pas à me rassurer en remarquant qu'à mesure que la santé de Bertaud s'améliorait, mon entremetteur devenait de plus en plus brusque et grossier envers moi : cette mauvaise humeur me convainquit qu'il ne me trompait pas.

Comme, au moment de nous évader, Bertaud et moi, nous avions partagé par moitié les quarante-cinq shillings que nous possédions, je me trouvai, après vingt jours, dans l'impossibilité de continuer à payer le soldat anglais. Inutile d'ajouter que ce dernier, dès l'instant où je ne pus plus lui remettre son shilling, cessa immédiatement toute communication avec moi. Au reste, peu m'importait alors : je savais Bertaud en complète convalescence et, à moins d'une rechute peu probable, je m'attendais à le revoir bientôt. Je prenais donc aisément patience.

IV

Quelques-uns de mes passe-temps
Espoir déçu – Études – Privations – Précautions
Obstination de Bertaud
Mon début dans l'art de la peinture
Discussion
Bertaud me persuade de déserter

Pour occuper mon temps et mes trop longs loisirs, je me mis alors à étudier les mathématiques. Ayant appris que Surcouf s'était fait armateur, j'espérais que d'un jour à l'autre ses corsaires me délivreraient par un échange fait en mer; et je lui écrivis plusieurs lettres pour me rappeler à son souvenir.

Par malheur, ce nom si redouté de Surcouf les empêcha de parvenir à leur destination; les Anglais les confisquaient au passage. Ce ne fut que bien des années, hélas! plus tard, que je connus ces ignobles soustractions par la bouche de Surcouf lui-même. L'excellent Malouin apprit ma captivité pour la première fois lorsque je la lui racontai. S'il en eût été instruit par une des nombreuses lettres que je lui adressai, ma jeunesse entière ne se fût pas si cruellement écoulée dans ces hideux pontons qui ont dévoré et torturé une si grande partie de mon existence. Enfin, espérant à cette époque que d'un jour à l'autre Surcouf me ferait échanger ou que la paix se conclurait avec l'Angleterre, je travaillais, dis-je, avec ardeur aux mathématiques, afin, lorsque sonnerait l'heure de ma liberté, de me trouver en état de passer mon examen de capitaine au long cours.

C'est ici le cas de constater un prodigieux phénomène qui se passait à bord des pontons. De simples et ignorants matelots qui y étaient entrés quelques années avant moi, ne sachant ni épeler un mot ni tracer une lettre de l'alphabet, avaient pendant ce laps de temps travaillé avec une telle ardeur que, lorsque j'arrivai à bord du *Protée*, plusieurs d'entre eux non seulement écrivaient alors assez bien leur langue, mais possédaient en outre d'une façon très complète leurs mathématiques et leur géographie. Il y en avait certes parmi eux de beaucoup plus instruits que ne l'étaient à cette époque beaucoup des officiers de marine.

Je ne puis dire l'émulation qui régnait entre les travailleurs volontaires du *Protée :* c'était à qui apprendrait le plus et le mieux.

Toutefois nos études, même en dehors de la difficulté que nous éprouvions à nous procurer les livres et les instruments de mathématiques dont nous avions besoin, rencontraient encore de bien nombreux obstacles. Travailler pendant le jour soit sur le pont, soit dans la batterie, était à peu près chose impossible : le bruit continuel qui se faisait dans ces deux endroits empêchait toute application suivie et soutenue; c'était donc la nuit que nous avions choisie pour nous livrer aux études sérieuses.

Pour cela il nous fallait d'abord, ce qui n'était pas une chose facile, nous procurer de la lumière; ensuite, lorsque nous avions réussi, il nous restait encore à trouver le moyen de cacher cette lumière, car après le couvre-feu sonné, malheur à celui que le sergent de ronde trouvait en contravention : il subissait sans rémission trois jours de cachot, et dans quel cachot!... Dans une affreuse fosse, située sous l'eau, humide, froide, infecte, complètement privée d'air, un vrai puits de Venise, et cela avec la suppression du tiers des vivres quotidiens.

La classe des travailleurs intellectuels était sans contredit la plus pauvre du ponton : les coqs ou cuisiniers, les brocanteurs, les marchands de pommes de terre et de ratatouille, les teneurs de jeu et les maîtres d'armes ne manquaient jamais d'argent; aussi nous tenaient-ils en grande pitié et mépris.

Dénués d'argent comme nous l'étions, nous devions chaque jour, pour nous procurer le luminaire destiné à notre nuit, sortir vainqueurs d'une grande tentation, et nous imposer un bien pénible sacrifice. A dîner, chaque académicien, titre que nous nous donnions en riant, était tenu d'extraire soigneusement et en entier toute la graisse que pouvait contenir sa portion de viande; et, comme cette portion y compris les os ne pesait, je l'ai déjà dit, que quatre onces au plus, on comprendra que je n'ai pas eu tort en parlant d'un pénible sacrifice.

Cette graisse était déposée intégralement dans le *pied de cheval* [1] suspendu au-dessus de la vaste table sur laquelle nous travaillions et nous servait de lampe.

Une fois la nuit venue et le couvre-feu sonné, nous entourions de bancs cette table qui pouvait occuper la place d'à peu près six ou huit hamacs, puis blindant ensuite le plus hermétiquement possible le pourtour de ce sanctuaire au moyen de toiles épaisses de matelas et de couvertures, nous dissimulions avec le plus grand soin jusqu'au moindre rayon de lumière qui eût pu être aperçu par les surveillants anglais occupés à épier nos actions à l'affût derrière les meurtrières.

Ces infractions aux règlements, qui de tout temps ont eu lieu à bord des pontons, ont rarement été découvertes; cependant j'avoue ici que la crainte d'être surpris m'a fait éprouver souvent, lorsque je me trouvais dans cette position répréhensible, les plus poignantes angoisses, les plus cruelles appréhensions. Ce n'était certes pas la perspective des trois jours de cachot qui m'épouvantait; je n'y songeais même pas; mais les Anglais, par un surcroît de barbarie que j'ai toujours eu peine à m'expliquer, détruisaient, en présence

1. On appelle ainsi la plus grosse huître connue.

des prisonniers ainsi surpris en contravention, les livres et les objets, comme plumes, encre, papier, ardoises, etc., dont nous nous servions pour nos études. A l'idée seule d'un pareil malheur, pour nous presque toujours irréparable, j'ai vu les plus braves trembler, et les plus philosophes pâlir!

Il fallait, au reste, que l'amour de l'étude, ou, ce qui me paraît plus exact, que l'envie de nous absorber dans une occupation qui nous permît d'oublier un peu notre captivité fût bien vive, pour que nous consentions à passer par tant de privations et tant de dangers pour construire nos cachettes, car rien ne peut donner une idée des souffrances que nous avions à endurer dans ces espèces de casemates. Le peu d'air qui régnait dans ces étroits réduits clandestins, eu égard au grand nombre de personnes qu'ils contenaient, air que viciaient encore et la double fumée des culotteurs de pipe et celle qu'exhalait la graisse de notre lampe, composaient bientôt une telle atmosphère que souvent j'ai vu des académiciens, et ces académiciens-là, recrutés dans la rude classe des marins, n'étaient certes pas des hommes débiles, délicats et impressionnables, perdre complètement connaissance. Parfois aussi, faute d'air, notre lampe s'éteignait.

Combien de fois ne m'est-il pas arrivé à moi-même de me cramponner d'une main convulsive aux barreaux des sabords pour humer avec délices les émanations infectes, mais au moins fraîches et humides, qui s'élevaient du sein d'énormes îlots de vase qui encombraient la rivière jusqu'à l'entrée du port et entouraient *Le Protée* de toutes parts!

N'importe, jamais je n'oublierai les heures ainsi passées au travail; toujours elles resteront dans ma mémoire comme un des souvenirs les plus doux de ma vie.

Vers le milieu du mois de septembre, une grande joie m'arriva au moment où je m'y attendais le moins. J'aperçus, en me rendant un matin sur le pont, mon excellent

Bertaud que l'on ramenait de l'hôpital, et qui, dès qu'il m'aperçut, courut à ma rencontre et se jeta dans mes bras.

– Eh bien, mon brave ami, lui dis-je en remarquant avec un serrement de cœur une large cicatrice à peine fermée et encore toute rouge qui lui séparait le front en deux, tu as donc pensé mourir!

– Non, du tout! me répondit-il en riant.

– Cependant un matelot, par qui j'ai eu longtemps de tes nouvelles...

– Ah! oui, je vois ce que c'est, interrompit Bertaud, ces canailles d'Anglais comptaient pour me voir tourner l'œil sur le horion que j'ai reçu à la tête... Les imbéciles!... ils comptaient sans leur hôte! Est-ce qu'on démolit jamais une tête bretonne? Elles sont bien trop dures pour cela! le soldat qui m'a entaillé le crâne a cassé son sabre à cette belle besogne. J'en suis ravi... On lui apprendra une autre fois à mieux choisir son endroit...

– Allons, je vois avec plaisir qu'à ta maigreur près, qui est devenue fabuleuse, tu n'as point changé.

– Mais oui, je suis toujours le même. A propos, quand nous évaderons-nous?

– Plaît-il, que dis-tu? demandai-je en croyant n'avoir pas bien entendu.

– Je dis : quand nous évaderons-nous?

De la part de toute autre personne, cette question m'eût paru ou une plaisanterie ou une rodomontade; mais Bertaud me l'adressa d'un air si simple, si naturel, si convaincu, que je ne pus mettre un seul instant en doute qu'elle n'exprimât pas parfaitement sa résolution.

– Ah! parbleu! m'écriai-je, ceci est par trop fort. A cette obstination je devinerais, si je ne le savais déjà, à quel pays tu appartiens. Tu peux te vanter de n'être point Breton à demi. Quoi! à peine sauvé par un miracle inouï, que, soit dit en passant, tu vas me raconter tout à l'heure, voilà que tu songes déjà à affronter la même entreprise qui t'a déjà une première fois si mal réussi. C'est de la folie!

– Du tout, cher ami, c'est de la raison. Il est parbleu positif que si j'avais réussi à me sauver, je n'y songerais plus! C'est justement parce que mon guignon s'est jeté cette fois-ci à la traverse de la chose que ça me reste à recommencer. Est-ce que tu aurais renoncé pour ta part à toute idée de liberté?

– Je t'avouerai que la triste issue de notre tentative a un peu refroidi mon ardeur...

– Tu feras comme bon te semblera; mais je t'avertis moi que je veux me sauver, et que je me sauverai... Oui, oui, je le dis et je le répète, je veux me sauver et je me sauverai... Tu verras!

– Dame, que te répondre, sinon qu'ayant commencé ce genre d'exercice périlleux avec toi, je te suivrai...

– Alors ne crains rien. Je réponds de tout! Nous ne resterons plus longtemps ici et nous reverrons bientôt la France...

– Pourvu toutefois que nous ne nous noyions pas en route...

– Quant à ça, c'est possible... Mais après tout, qu'importe? Nous aurons réussi; nous ne serons plus prisonniers!

Le changement qui s'opéra en huit jours de temps dans l'état de Bertaud fut inouï : à chaque heure, pour ainsi dire, on pouvait remarquer une nouvelle amélioration dans sa santé; ses forces revenaient à vue d'œil. Cependant notre alimentation et notre genre de vie n'étaient certes guère favorables au développement d'une convalescence.

Comme je lui faisais compliment sur ce rapide retour à la santé :

– Parbleu, me répondit-il simplement, il le faut bien, puisque je vais avoir bientôt besoin de toutes mes forces. Je suis forcé de me remettre au plus vite.

Le fait est, j'en suis persuadé, que cette merveilleuse convalescence du Breton était uniquement produite par sa force de volonté. Il voulait se guérir, et il se guérissait.

Combien de fois n'ai-je pas vu, à bord des pontons des prisonniers, en mer des matelots, les premiers attaqués de fièvres pernicieuses, les seconds du scorbut, résister par leur seule énergie aux progrès du mal et finir par en triompher, tandis que d'autres, bien moins dangereusement atteints, mais d'une nature molle, ne tardaient pas à succomber aux attaques de la maladie!

Il m'arriva pendant la convalescence de Bertaud une assez bonne aubaine, qui me permit de gagner quelque argent. Voici le fait. J'ai déjà dit que mes compagnons d'infortune se livraient à toutes sortes de travaux; or, il y avait un genre d'industrie dans lequel surtout plusieurs d'entre eux excellaient, et qui était porté à sa perfection : je veux parler de dessins exécutés en paille, qui s'incrustaient sur des nécessaires en bois ou sur des boîtes de toute espèce; seulement, ces dessins représentaient toujours les mêmes objets, des fleurs et des oiseaux.

Un jour que je m'amusais à esquisser sur une ardoise un navire sous voiles, un de ces fabricants de nécessaires me proposa, si je voulais lui faire des dessins maritimes, de me les payer à raison de trois sous pièce; je m'empressai d'accepter.

Je n'avais d'abord vu dans ce travail qu'un moyen d'améliorer un peu ma position et de venir en aide à la convalescence de Bertaud; mais séduit et charmé bientôt par cette occupation qui, tout à fait conforme à mes goûts, me rappelait en outre la maison paternelle, je finis par m'y adonner avec une ardeur sans pareille.

Mon fabricant, qui avait plutôt besoin d'indications de sujets que de dessins finis, et qui, vu surtout la modicité du prix qu'il me payait, ne pouvait guère se montrer bien exigeant, me reprochait amicalement que je me donnais trop de mal et perdais trop de temps à finir mes petites compositions. Mais j'avais tellement pris la chose à cœur que je travaillais plutôt pour moi que pour lui, et que, ne m'eût-il plus voulu payer ma peine, je n'en aurais pas moins continué mes dessins, pour mon seul plaisir personnel.

J'étais tellement absorbé et je me trouvais, relativement parlant, si heureux, que je passais parfois des journées entières sans songer une seule fois à Surcouf et à M. Thomas; ma position à bord du ponton me paraissait par moments, c'est-à-dire lorsque j'avais réussi dans mon travail à vaincre une difficulté ou à opérer un progrès, assez supportable.

Aussi, malgré moi, je ne montrais plus pour Bertaud, quoique mes sentiments à son égard fussent toujours les mêmes, la même amitié que par le passé. Je lui en voulais presque de la ténacité qu'il montrait pour reconquérir sa liberté, car cette ténacité devait, le lecteur peut se souvenir que je m'étais engagé vis-à-vis de lui, passer par toutes les angoisses d'une nouvelle évasion, et je ne me trouvais plus assez malheureux pour m'exposer de gaieté de cœur à une mort presque certaine.

Quand bien même ma captivité durerait un an, deux ans, plus encore, me disais-je, ce qui n'est cependant pas probable, car il faudra bien que la guerre finisse, l'avenir m'en restera-t-il moins pour cela? Qui pourra m'empêcher alors de m'adonner à la peinture dans les loisirs que me laissera ma profession de marin? Je suis et je dois être encore heureux.

– Garneray, me dit un certain soir Bertaud après le dîner, peux-tu me suivre, j'ai à te parler?

– Quel air solennel! tu me fais peur, lui répondis-je en souriant, car me sentant intérieurement coupable je désirais éviter une explication sérieuse et donner un tour léger à notre conversation.

– Je suis sérieux parce que j'ai à t'entretenir de choses sérieuses. Mais gagnons auparavant le banc situé sous ton hamac... Il n'y a là ni meurtrières qui puissent nous trahir, ni prisonniers qui nous écoutent.

– Comme tu voudras. Je n'ai, quant à moi, rien à cacher.

Une fois que nous fûmes assis l'un près de l'autre, le Breton, après s'être assuré par un rapide coup d'œil que personne ne prenait garde à nous, se retourna vers moi et engagea la conversation.

– Louis, si je ne t'avais juré une amitié jusqu'à la mort, je ne serais pas en ce moment à tes côtés, et je ne te dirais pas ce que je vais te dire. Toutefois, avant de commencer cet entretien, il faut que tu me jures de répondre franchement à une question que j'ai à t'adresser. T'y engages-tu?

– Tu sais, Bertaud, que je suis comme toi, loyal et franc. Tu peux parler.

– Oui, je t'estime, car sans cela... mais tous ces discours sont inutiles : as-tu toujours envie de recouvrer ta liberté?

– Oui, toujours, seulement...

– N'oublie point la promesse que tu viens de me faire d'être franc... Seulement? Va, poursuis.

– Seulement la déplorable issue de notre première tentative m'a sinon découragé, du moins considérablement refroidi. Je ne me soucie pas de mourir lâchement égorgé. Il faudrait que l'occasion fût bien belle.

– Oui, je comprends!... Tu voudrais un ordre d'élargissement signé des autorités anglaises...

– Non, tu exagères, mais je désirerais ne plus passer un mois à creuser un trou que la délation, il y a pour cela cent à parier contre un, révélerait aux Anglais avant qu'il fût terminé.

– Je conçois, cela t'irait assez que l'on vînt te trouver pendant la nuit et que l'on te dît : Garneray, lève-toi; voici ton sac, le trou est fait, partons!

– J'avoue qu'une évasion dans de semblables conditions me tenterait fort.

– Eh bien! si on t'offrait une pareille chose, accepterais-tu? Voyons, réponds-moi, là, la main sur le cœur.

– La main sur le cœur, j'accepterais, Bertaud.

– Oui! Eh bien, voilà qui est convenu. Je viendrai cette

nuit te réveiller à minuit, je t'apporterai ton sac, et le trou sera prêt. Tu n'auras plus qu'à te mettre à l'eau.

– Que me dis-tu là, Bertaud? m'écriai-je avec étonnement et émotion. Quoi! tu comptes t'évader cette nuit même?

– Oui, cher ami, cette nuit même. Dame, cela t'étonne. Que veux-tu? Quand j'ai une idée, cette idée m'empoigne tellement que je me trouve forcé de m'en occuper sans cesse. Voilà pourquoi, pendant que tu t'amusais à barbouiller pour quelques sous des petits carrés de papier, je travaillais, moi, à préparer nos moyens de fuite.

– Et de l'argent, Bertaud?

– Je t'avouerai, ma foi, que je n'ai même pas songé à m'en procurer. J'ai là-dessus un projet bien arrêté.

– Peut-on savoir lequel, cher ami?

– Mais certainement! Depuis deux ans que je suis prisonnier des Anglais, ces gueux-là, au lieu de me traiter avec l'humanité et l'honnêteté que l'on doit toujours à un pauvre diable dont tout le crime ne consiste, après tout, qu'à s'être loyalement battu pour son pays, m'ont abreuvé d'outrages, m'ont martyrisé, flanqué des coups de pied comme si j'étais un chien, fait mourir à moitié de faim! Tu conviens de cela, n'est-ce pas agréable?

– Tes griefs ne sont que trop fondés.

– Bon! Or, puisque les Anglais me traitent en chien enragé ou en galérien, pourquoi donc que je garderais des ménagements avec eux? Ce ne serait pas de la bonté, ça serait de la bêtise...

– Tout cela ne m'apprend pas comment tu t'y prendras pour suppléer, en supposant toutefois que nous soyons assez heureux pour atteindre la terre, à l'argent qui nous manque...

– Mais au contraire! Une fois à terre je m'embusque derrière une haie, dans un champ, absolument comme font les chouans dans mon pays, puis, le premier Anglais qui passe, je lui saute dessus et je lui empoigne sa monnaie.

– Ton moyen me semble assez risqué.

– Bah! à la guerre comme à la guerre! Après tout je ne compte pas sur l'Anglais que sa mauvaise étoile enverra vers nous pour nous servir de banquier... Non... je lui administrerai seulement un certain coup de tête que je sais dans le creux de l'estomac, et cela me suffira pour l'étendre par terre et pour l'étourdir. Mais assez causé, moins l'on parle en affaires et mieux on s'en trouve. Tout est dit, redit, convenu et arrêté entre nous, n'est-ce pas? Cette nuit tu m'attendras vers minuit!

– Je t'attendrai et je serai prêt.

– Allons, ça va bien : tu viens de me faire cette réponse d'un ton ferme et décidé, qui me rassure et me donne bon espoir! Ah! mon ami, revoir son pays, pouvoir faire ses volontés, vivre comme tout le monde... à sa guise... Cette idée-là me rend fou de joie. A présent, pour plus de prudence encore, ne nous adressons plus la parole jusqu'à ce soir. Au revoir!

Bertaud s'éloignait après avoir prononcé ces paroles, lorsque, semblant se raviser, il revint près de moi.

– A propos, me dit-il, j'oubliais de t'avertir d'une précaution indispensable qu'il te faudra prendre. Comme il règne en ce moment un froid vif et piquant, et que par conséquent la mer ne doit pas être ici précisément aussi chaude que dans l'Inde, aie soin de te frotter tout le corps, des pieds à la tête, avec de l'huile ou de la graisse... Cela t'empêchera d'être pincé aussi fortement par la froideur de l'eau... Bon espoir, à minuit j'irai te chercher!

Cette conversation avec Bertaud avait complètement changé mes idées; la perspective d'une délivrance prochaine m'avait fait envisager avec effroi cette détention probable de deux ou trois ans dont j'étais menacé! Qui sait aussi si l'influence et la contagion de cet amour de liberté qui animait mon compagnon n'avaient pas déteint sur moi? Toujours est-il que je me sentais déterminé à tout entreprendre, à tout braver pour secouer l'affreux esclavage qui pesait sur moi.

La nuit venue, je dérobai une bonne partie de la graisse de la lampe qui servait à notre petite académie, et je m'en frottai tout le corps. Complètement nu sous ma couverture, j'attendais avec une impatience fébrile l'arrivée de Bertaud. Minuit sonnait lorsque, fidèle à sa promesse, il vint m'avertir qu'il m'attendait. Je me glisai doucement en bas de mon lit, et le suivant, en rampant en silence, j'eus le bonheur de traverser toute la batterie sans éveiller un seul dormeur, sans attirer l'attention de personne.

Avant de poursuivre ce récit, je demanderai la permission au lecteur, car cela est indispensable pour l'intelligence de ce qui va suivre, de lui donner une courte description et de la position de notre ponton et des lieux qui l'environnaient.

En face de Portsmouth, et venant y mourir, se trouvait le lac de Portchester; ce lac, partagé en trois bras par d'énormes masses de vase, contenait les pontons. *Le Protée*, son avant tourné vers le port, était ancré dans le bras du milieu, dit *rivière de Portchester*.

Les pointes des trois masses de vase dont je viens de parler arrivaient jusqu'au fond du port de Portsmouth; en face de l'îlot de vase situé à notre droite, du côté de l'ouest se trouvait la campagne; un peu plus loin, l'on voyait une prison nommée Forton, qui était aussi consacrée aux prisonniers de guerre français, puis, en avançant encore un peu, toujours en ligne droite du côté de la mer, on arrivait à la ville de Gosport.

A l'est du *Protée*, et après avoir traversé deux îlots qui s'étendaient d'un bout à l'autre de la rivière, on parvenait aussi à la campagne, seulement cet endroit était couvert de forts. A partir de ces forts et en remontant vers le sud, on arrivait à l'arsenal et à la ville de Portsmouth.

A présent je reprends mon récit.

Après avoir, je l'ai dit, heureusement traversé la batterie

et être descendus dans le faux pont, nous atteignîmes, Bertaud et moi, le trou par où nous devions nous jeter à la mer.

– Voici ton sac, me dit mon compagnon d'aventures d'une voix tellement basse que je devinai sa phrase plutôt que je ne l'entendis; passe les cordes qui le retiennent en sautoir autour de ton épaule droite et de ton corps : ces cordes ne sont attachées que par un nœud qu'il te sera facile, si la nécessité l'exige, de défaire de suite et sans effort...

– Qu'y a-t-il dans ce sac, Bertaud? lui demandai-je sur le même ton.

– Deux biscuits, un flacon de rhum, une lime dont le bout affilé vaut une pointe de poignard, et deux paires de patins.

– Des patins! pour quoi faire?

– Pour que nous puissions marcher sans trop nous enfoncer sur les hauts-fonds des îlots de vase. Allons, retire-toi et laisse-moi passer, je dois te montrer le chemin.

– Oh! cette fois je m'y oppose. Je me mets à la mer le premier, ou bien je renonce à m'évader.

– Tu abuses de ce que le temps me presse, me répondit Bertaud du ton d'un doux reproche, pour me forcer à te laisser t'exposer à ma place. Enfin, il faut bien te céder! prends cette corde et laisse-toi glisser... Eh bien! tu ne m'embrasses pas! Le fait est que la dernière fois nos adieux ne nous ont pas positivement porté bonheur.

V

Entreprise funeste
Épreuves terribles – Infamie d'un Danois
Séparation douloureuse – Mort de Bertaud – Profanation
Infamie des Anglais

Après avoir embrassé mon compagnon et lui avoir serré la main avec une émotion bien naturelle, je pris la corde et m'affalai à la rivière. Quoique mon corps fût enduit de graisse, l'impression de froid que je ressentis au contact glacial de l'eau fut tellement violente, qu'un instant elle paralysa toutes mes forces et que je craignis de me noyer. Heureusement qu'après un intervalle d'à peu près dix secondes je me remis un peu : Bertaud me rejoignit alors.

– Nage sans bruit et doucement, murmura-t-il à mon oreille.

Aux premières brasses que je fis, je m'attendais à chaque instant à voir la nuit, qui était fort sombre, s'illuminer d'un éclair et à recevoir une balle dans la tête. Je ne me rassurai que lorsqu'un bon quart d'heure plus tard mon pied sentit la vase.

– Bertaud, dis-je à demi-voix, es-tu là ?

– Oui, courage; ne parle plus et avance.

Je voulus alors, pour conserver mes forces et ne pas me fatiguer, prendre terre; mais ma jambe s'enfonça tout entière dans la vase, et je fus contraint de me remettre à nager. Un quart d'heure plus tard nous abordions le haut-fond de droite dont j'ai parlé.

Il nous fallut bien perdre vingt minutes avant de pouvoir nous remettre en route, d'abord pour chausser nos patins, ensuite pour nous habituer à marcher, car le sol qui nous portait était si flasque et si mouvant que nous eussions préféré avancer à la nage.

J'étais, quant à moi, complètement transi, et les efforts que j'avais faits et que je continuais encore pour me tenir debout m'avaient tellement fatigué que je fus obligé de m'arrêter un moment pour prendre un peu de repos. Une gorgée de rhum que j'avalai, la joie de penser que j'étais hors de la portée des sentinelles du *Protée*, et qu'un pas me séparait à peine de la liberté, me rendirent bientôt mes forces.

Après avoir traversé l'îlot de vase, nous nous retrouvâmes de nouveau dans la rivière; celle-ci était celle de Gosport. La nuit était tellement noire que je ne distinguais pas Bertaud, quoique je marchasse à ses côtés.

– Par où faut-il nous diriger, mon ami? lui demandai-je.

– Je crois, me répondit-il, que nous sommes parvenus à la pointe de l'îlot, et que, par conséquent, nous devons tirer sur notre droite, c'est-à-dire dans la direction de la campagne de Gosport...

– C'est aussi mon opinion.

Nous nous remîmes, après avoir bu encore quelques gorgées de rhum, de nouveau à l'ouvrage, portés vers l'embouchure du port par la marée.

A mesure que nous avançions, je sentais le froid glacial qui m'avait saisi à ma sortie du ponton augmenter d'intensité; c'était à peine si je pouvais me soutenir sur l'eau, tant il entravait mes mouvements. Je fis part de ma position à Bertaud.

– Et moi, cher ami, me répondit-il, te figures-tu donc que mon corps n'est pas composé de chair et d'os comme le tien?... Je ne sais pas comment je n'ai pas encore coulé à fond... Une idée! si nous faisions la planche?

Nous nous retournâmes sur le dos, et ce changement de position, en donnant plus de liberté à nos mouvements, nous rendit un peu de chaleur.

– Dis donc, Louis, me dit Bertaud, sais-tu bien que je commence à craindre que nous ne nous soyons trompés de direction, et qu'au lieu de nous diriger vers la terre nous soyons entrés dans le port... car enfin, si nous ne nous étions pas trompés, nous aurions dû depuis longtemps atteindre la terre.

Déjà cette idée m'était venue, mais, craignant de décourager Bertaud, je n'avais osé la lui communiquer.

Il me fut bientôt impossible de conserver le moindre doute à cet égard; il était de toute évidence que, laissant la terre à notre droite, nous nous étions engagés dans le port.

Notre position devenait affreuse, presque désespérée; j'eusse bien volontiers accepté en ce moment le secours des Anglais pour regagner notre ponton. La nuit, de plus en plus obscure, ne nous permettait pas d'apercevoir à plus d'une brasse devant nous; le froid, de plus en plus vif, engourdissait nos membres et nous ôtait ou du moins m'ôtait toute énergie, car quant à Bertaud, indomptable dans sa résolution, il se préoccupait fort peu du danger qu'il courait et ne pensait qu'à conquérir et assurer sa liberté.

Nous continuâmes encore à nager pendant environ un quart d'heure. Ce laps de temps écoulé, je sentis que mes forces me manquaient et que je ne pouvais plus avancer.

– Bertaud, murmurai-je, peux-tu me soutenir un peu sur l'eau pendant que je boirai une gorgée de rhum?... sans cela, je suis un homme mort... je me noie.

– Appuie-toi d'une main sur mon épaule, me répondit-il en se plaçant devant moi, tandis que de l'autre tu prendras le flacon de rhum qui se trouve hors du sac pendu à mon cou...

– Merci, Bertaud! tu me sauves la vie.

Je fis ainsi que me le disait le Breton, mais à peine eus-je posé ma main sur son épaule que je le sentis, malgré ses efforts, s'enfoncer sous cette étreinte.

– Dépêche-toi! me cria-t-il, le froid m'a saisi, et c'est à peine si je puis remuer faiblement mes membres; je crois que je vais sombrer... C'est triste, j'en conviens, mais cela vaut encore mieux cependant que de tomber entre les mains de ces canailles d'Anglais.

Une forte gorgée de rhum que je parvins à avaler pendant que Bertaud parlait ainsi me rendit, je ne dirai pas toutes mes forces, mais au moins un peu de mon énergie et de mon courage.

– Appuie-toi à ton tour sur moi et imite-moi, dis-je au Breton.

– Je ne demanderais pas mieux, mais cela m'est impossible... Je ne puis plus bouger... Ma foi, c'est fini... Adieu, mon vieux!

A cette réponse que Bertaud s'efforça de me faire d'un ton calme, mais qui décelait toute une agonie, je saisis mon pauvre ami à bras-le-corps, et, frappant l'eau avec mes jambes pour me soutenir :

– Bois vite, lui dis-je... le rhum te remettra.

En effet, quelques secondes plus tard, Bertaud, momentanément hors de danger, nageait de nouveau avec vigueur à mes côtés.

Un nouveau laps de temps, que j'estimai dans le moment à trois heures et qui ne dépassa probablement pas une dizaine de minutes, s'étant écoulé, je fus repris de la même faiblesse.

– Cette fois, camarade, dis-je à Bertaud, je crois que c'est pour tout de bon que je me noie... Ne distingues-tu pas la terre?

– Fais comme moi, me répondit-il, jette les objets qui

se trouvent dans ton sac et attache-le ensuite à ton cou.. tes patins en bois te soutiendront sur l'eau et te permettront de faire longtemps la planche...

– Merci de ton idée, il était temps!...

Je m'empressai de retirer les biscuits et les effets que contenait mon sac et, ainsi allégé, je me retournai sur le dos. Pendant les quelques minutes qui suivirent, je perdis pour ainsi dire, tant ma fatigue était grande et tant mon sang s'était glacé, la conscience de mon être; un bourdonnement confus qui résonnait à mes oreilles et une poignante douleur que j'éprouvais aux tempes étaient les seules sensations qui me rattachaient, par la souffrance, au monde réel.

Cependant, quoique la mort, car je n'entrevoyais aucun événement qui pût me sauver, eût été alors pour moi un bienfait, l'idée que dans quelques heures je ne serais plus qu'un cadavre m'épouvantait. Avec quelle joie immense et quelle reconnaissance n'eus-je pas accueilli alors la proposition qui m'eût été faite d'être réintégré dans le ponton *le Protée*!

Je me désespérais mentalement car je n'avais même plus la force de formuler à haute voix ma douleur, lorsqu'un mot, prononcé par Bertaud, me rendit toute ma force et me fit tressaillir de bonheur.

Le Breton venait de crier : Terre!

A cette pensée que j'allais enfin sortir vivant de cette mer glaciale que je regardais déjà comme mon tombeau, mon corps retrouva toute son énergie, toute sa souplesse, et je me mis à frapper vigoureusement l'eau avec mes jambes pour prendre terre sans plus tarder.

Presque au même instant je ressentis un choc violent et il me sembla que je venais de me briser la tête. Je présumai que je m'étais jeté contre un rocher, mais je me trompais : je ne tardai pas à m'apercevoir que c'était contre les flancs d'un navire que je venais de me heurter.

Vingt secondes plus tard je trouvai l'échelle du bord, et, suivi de Bertaud, je montai sur le pont.

– Prenez garde, me dit le Breton, peut-être ce bâtiment, et cela est même plus que probable, est-il anglais. Alors nous sommes repincés. Ne vaudrait-il pas mieux tâcher de nous orienter et nous remettre de nouveau à la mer?

– Nous remettre à la mer! Es-tu fou, Bertaud? Ce serait la mort!

– Eh bien, après? la mort n'est pas l'esclavage.

Je ne répondis pas et je me hâtai de monter le plus vite que je pus l'escalier du navire.

Il pouvait être alors environ une heure, une heure et demie du matin; aussi ne trouvâmes-nous, en mettant le pied sur le pont, pas un seul homme de garde.

Un chien énorme nous reçut à notre arrivée avec des hurlements continus, et cette réception nous fut d'autant plus désagréable que, complètement nus et exténués comme nous l'étions, elle constituait pour nous un véritable danger.

Une barre d'anspect qui se trouva fort à propos sous ma main, et dont je m'armai de suite, me permit de faire face au dogue, et nous sauva peut-être, Bertaud et moi, de ses cruelles morsures.

Seulement, l'animal, rendu plus furieux encore par cette résistance, redoubla à un tel point ses aboiements qu'il ne tarda pas à réveiller l'équipage : cinq ou six matelots parurent bientôt sur le pont. Dire l'étonnement dont ils furent saisis à notre aspect me serait impossible : ils durent nous prendre pour deux fantômes.

Je remarquai quant à moi avec un vif plaisir que ces matelots parlaient une langue qui m'était étrangère. Ce fait n'échappa pas non plus à Bertaud.

– Ce ne sont pas des Anglais, me dit-il; nous sommes sauvés!

Cinq minutes après nous étions conduits auprès du capitaine.

– Qui êtes-vous ? demanda celui-ci en mauvais anglais.

– Des Français évadés des pontons, capitaine, lui répondis-je, qui, se fiant à votre humanité et à votre honneur, viennent vous demander un refuge.

– Vous êtes des évadés des pontons, misérables ! s'écria alors le capitaine. Et vous osez venir vous réfugier à mon bord, me demander l'hospitalité, à moi, un capitaine danois !... Vous êtes fous !

– Mais, capitaine, je ne sache pas que la France et le Danemark soient en guerre, lui répondis-je ; en tout cas, l'infortune est une religion pour les gens de cœur !... Que voulez-vous donc faire et quelles sont vos intentions ? Oseriez-vous nous refuser l'hospitalité jusqu'à demain ?

– Vous donner l'hospitalité ! répéta le Danois avec ébahissement. Vraiment, il n'y a que les Français capables d'une telle imprudence ! Quoi, vous vous figurez bonnement que je vais, moi, dont la nation est l'alliée de l'Angleterre, prendre parti contre cette puissance, notre bienfaitrice, en votre faveur ! J'admire votre audace...

J'étais tellement accablé de froid et de lassitude, et par conséquent si découragé, que je n'accueillis pas cette réponse avec toute l'indignation qu'elle eût dû m'inspirer.

– Mais, capitaine, repris-je humblement, notre qualité de Français ne fait rien à cela. Ne voyez en nous que de pauvres naufragés qui implorent de votre bonté quelques secours insignifiants pour vous, et qui, pour eux, sont tout. Faites-nous donner quelques vieilles hardes de rebut, permettez-nous de nous reposer une heure et prêtez-nous une de vos embarcations pour atteindre la terre : nous ne demandons pas autre chose de votre générosité.

– Des hardes, c'est-à-dire un travestissement... Mon embarcation... c'est-à-dire encore la liberté ! Ah ! vraiment, c'est trop drôle ! dit le capitaine en riant d'un air méchant. Vous voulez faire de moi un complice. Non, messieurs, tout ce que je puis pour vous, c'est de vous renvoyer immédiatement à bord du ponton que vous avez si lâchement déserté.

Le capitaine, après ces paroles, se levait pour aller donner sans doute l'ordre de nous reconduire à bord du *Protée*, lorsque Bertaud, qui n'avait pas encore pris part à la conversation, s'emparant d'un couteau qui se trouvait sur la table, car cette scène se passait dans la grande chambre, se précipita sur le Danois avec une telle impétuosité que je n'eus ni le temps de deviner son action ni celui de le retenir, et le jetant violemment par terre il lui mit son genou sur la poitrine :

– Un mot, un seul, et tu es mort! lui dit-il rapidement à voix basse. Ah! tu trembles et tu pâlis, misérable!... En effet, les traîtres sont toujours d'ignobles lâches!... Louis, continua le Breton, passe-moi ces serviettes qui sont sur la table, que j'attache et que je bâillonne ce gredin-là!

Je fis ainsi que le voulait Bertaud, et le Danois se trouva bien vite hors d'état de pousser un cri et de faire un mouvement.

– A présent, mon ami, me dit Bertaud, nous pouvons nous en aller.

– Quelle est ton intention? lui demandai-je en remontant sur le pont.

– Peux-tu m'adresser une question semblable? me répondit-il en s'arrêtant. Je vais me rejeter à la mer!... Mais toi?

– Moi! ma foi, Bertaud, je t'avouerai que les épreuves et les souffrances par lesquelles je viens de passer ont été trop fortes pour que, même au prix de ma liberté, je consente à les subir de nouveau. Moi, je reste ici et je me laisse ramener à bord du *Protée*.

– Au fait, tu as peut-être raison! Que veux-tu? Je fais probablement une bêtise, mais c'est plus fort que moi; je ne puis supporter la pensée de me retrouver de nouveau prisonnier des Anglais.

– Écoute-moi, mon cher Bertaud, lui dis-je en lui prenant les mains au moment où il allait ouvrir la porte de la cabine et mettre le pied sur le pont, écoute-moi, je t'en conjure...

– Voyons, dépêche-toi; que me veux-tu?

– Te supplier de renoncer à ton projet insensé... Réfléchis donc qu'il y a mille à parier contre un que tu ne réussiras pas... Attends encore un peu... En supposant, ce qui est chose encore bien incertaine, que tu atteignes la terre, comment feras-tu, nu, sans ressource, sans vivres, sans argent?

– Je dévaliserai le premier Anglais qui me tombera sous la main.

– Non, Bertaud, ne crois pas cela. Ce sera au contraire le premier Anglais qui te rencontrera qui s'emparera de toi; car tu seras si épuisé et si faible qu'il te sera impossible d'opposer la moindre résistance, même à un enfant! Tu hésites, tu réfléchis... Ah! merci, mon Dieu!... tu ne partiras pas!...

– Tu te trompes, me répondit Bertaud d'une voix ferme et assurée, quoique le froid fît claquer ses dents, et la preuve c'est que je pars.

Le Breton, poussant alors la porte de la cabine, apparut subitement sur le gaillard d'arrière, toujours armé de son couteau, aux yeux des matelots danois, épouvantés et surpris; puis, prenant son élan et franchissant les bastingages, il se précipita à la mer.

Un quart d'heure plus tard, le capitaine, délivré par mes soins, me faisait reconduire à bord du *Protée;* mais quelles que fussent mes supplications et mes prières, il se refusa obstinément à mettre une embarcation à la mer pour tâcher de reprendre Bertaud.

– Ce bandit m'a insulté, frappé, me dit-il, pourquoi iraisje à son secours?...

Il était près de quatre heures du matin lorsque le canot danois, après s'être fait reconnaître des sentinelles anglaises, me déposa à bord du ponton.

Ma rentrée sur *le Protée* fut cruelle. L'officier de quart

ordonna que l'on me mît au cachot dans l'état où je me trouvais, c'est-à-dire grelottant de froid et absolument privé de vêtements.

Jamais je n'oublierai les souffrances que j'endurai le reste de cette nuit. Par bonheur le cachot avait été réparé quelques jours auparavant, et les ouvriers y avaient laissé un grand tas de copeaux dans lequel je me hâtai de me blottir. Sans cet abri tout à fait providentiel et inattendu il est pour moi incontestable que je fusse mort avant le lendemain.

Ce ne fut que dans le courant de la journée que l'on me délivra et que l'on me permit de reprendre ma place dans la batterie; quant à me fournir de nouveaux effets, il n'en fut pas question. Sans la pitié de mes camarades d'infortune, qui, touchés de ma position et de la hardiesse que j'avais montrée dans cette évasion, me prêtèrent une vieille capote et un pantalon de toile, les Anglais m'eussent, quoique nous fussions alors dans la saison d'hiver, laissé complètement nu.

Je venais de me réveiller après un sommeil agité qui avait duré à peine une heure, lorsqu'il me sembla remarquer un mouvement inusité dans la batterie.

Les prisonniers couraient tous aux sabords de tribord et semblaient regarder avec anxiété quelque chose d'extraordinaire.

– Qu'y a-t-il donc? demandai-je en m'avançant.

– Il n'y a rien, me répondit avec embarras le prisonnier à qui je m'adressais.

– Alors, pourquoi cet empressement général?

– On regarde des corbeaux...

– Des corbeaux! plaisantez-vous? répondis-je en appuyant mon front contre les grilles d'un sabord.

Ah! quel horrible spectacle se présenta à ma vue; je ne sais comment, tant le serrement de cœur que j'éprouvai fut violent, je pus trouver assez de force pour le supporter sans me trouver mal.

J'aperçus, échoué sur les vases qui entouraient *le Protée*, et qui étaient alors à peine couvertes de quelques pouces d'eau, un cadavre complètement nu que le reflux venait d'y déposer.

– Bertaud! m'écriai-je en proie au plus violent désespoir. Ah! il n'est peut-être pas mort encore!...

Je me précipitai alors sur le pont, et m'adressant au *master* occupé à regarder avec sa lorgnette :

– Ah! monsieur! lui dis-je d'un ton suppliant, cet homme n'est peut-être pas encore mort... car vous savez que les noyés reviennent parfois, après quelques heures d'immersion, à la vie!... Je vous en supplie, au nom de tout ce qui vous est cher ici-bas, courez prévenir le capitaine!

– Je crois en effet qu'il remue! me répondit le master en étendant sa lorgnette dans la direction où se trouvait le cadavre du pauvre Breton. Nous irons nous en assurer à la marée basse.

Je voulus insister, mais l'Anglais me frappa d'un violent coup de sa longue-vue sur la tête, et m'avertit que si j'osais lui adresser encore la parole il me ferait mettre au cachot.

Ce que je souffris ce jour-là ne sortira jamais de ma mémoire; je crus un moment que je devenais fou, et cette pensée, tant je me trouvais malheureux, loin de m'épouvanter me fit au contraire plaisir : la folie n'est-elle pas l'oubli?

Ce ne fut que près de deux heures plus tard, lorsque la mer fut ce que l'on appelle *étale*, à son état le plus bas, que nous vîmes partir du ponton *le Vétéran* un canot qui se dirigea vers la dépouille mortelle du pauvre Breton.

Quoique nous n'eussions malheureusement plus de doutes sur sa mort, l'idée que l'on allait du moins soustraire le cadavre du malheureux à l'impure voracité des corbeaux atténuait notre douleur; hélas! il n'en fut rien!

Nous avions les yeux fixés sur les soldats et les matelots anglais qui, ayant échoué leur bateau sur les vases, se dirigeaient vers l'endroit où gisait le corps de notre infortuné camarade, et nous espérions les voir l'envelopper dans un linceul, lorsque, profanation sans nom! ils lui attachèrent à la jambe une longue corde et se mirent à le traîner à la remorque sur la vase.

Un cri d'horreur et de vengeance retentit de l'avant à l'arrière du *Protée* et les prisonniers commencèrent à murmurer de ces mots menaçants et à double sens qui précèdent d'ordinaire les révoltes.

Je suis persuadé que si quelque prisonnier eût voulu diriger l'effervescence qui régnait en ce moment à bord du *Protée,* une révolte eût éclaté sur-le-champ. Heureusement pour nous, car les Anglais n'eussent point manqué de profiter de cet acte de folie pour se livrer à une répression sanglante, que plusieurs officiers nous démontrèrent avec énergie la folie que nous allions commettre, et parvinrent sinon à modérer notre indignation, du moins à la contenir dans les bornes de la prudence.

Cette tâche ne leur fut point facile, car le spectacle affreux que nous avions devant les yeux devait parler et parlait plus haut en nous que la raison. En effet, le cadavre de Bertaud, traîné à la remorque par l'embarcation anglaise, venait d'arriver, horriblement défiguré, le long du ponton. Nous pensions qu'on allait le monter à bord et l'inhumer : il n'en fut rien; malgré mes représentations, malgré mes prières, il resta attaché dans l'eau le long du *Protée,* à la même corde qui avait servi à le remorquer, et on le laissa là jusqu'au lendemain matin où arriva l'ordre de le transporter au ponton hôpital *le Pégase,* pour de là être inhumé.

VI

Découragement
Un bonheur – Sacrifice – La peinture me console
Occupations diverses

La fin si tragique de mon pauvre ami m'avait jeté dans une sombre tristesse; de jour en jour je voyais ma santé s'altérer et le courage m'abandonner. Pour surcroît d'ennui, le prisonnier fabricant de nécessaires qui me fournissait un peu de travail fut libéré par un échange à la mer, et je me trouvai réduit, sans aucune ressource étrangère, à la simple ration; or, cette ration, on le sait, suffisante pour empêcher un homme de mourir de faim pendant deux ans, deux ans et demi au plus, ne l'était pas pour lui laisser sa force et son énergie.

J'étais alors tellement accablé par le malheur que je ne me sentais plus assez de courage pour songer à améliorer ma position. Au lieu de tâcher de m'industrier, d'occuper ou d'employer fructueusement mes loisirs, je passais mes journées et mes nuits plongé dans un continuel état de demi-somnolence maladive qui par moments me donnait à douter de ma raison.

Il est très probable que si le hasard ne se fût mêlé de mes affaires, j'eusse fini par succomber au dangereux découragement auquel je m'étais abandonné corps et âme;

heureusement que, comme dans la fable, la fortune me vint en dormant.

Je ne sais si j'ai déjà dit que l'introduction des journaux à bord du *Protée* était une chose sévèrement prohibée; par suite, les prisonniers ne désiraient rien tant que de posséder un journal. Un plan organisé avec beaucoup d'adresse et suivi avec une rare persévérance leur permit de corrompre la fidélité d'un gardien et de se procurer la feuille publique si ardemment désirée. Ce fut un grand triomphe que le jour où elle arriva à bord; son entrée dans nos logements produisit une véritable émotion; chacun voulait la voir et la toucher.

Malheureusement, une découverte bien simple vint bientôt modérer cette belle joie; le premier moment d'enthousiasme passé, on s'aperçut de deux choses : d'abord, c'est que le journal était écrit en anglais; ensuite, que personne ne possédait à bord assez la connaissance de cette langue pour pouvoir faire la lecture de ce journal en le traduisant couramment.

Que l'on juge du désappointement que produisit cette découverte. On avait triomphé de la surveillance et de la tyrannie des geôliers, on possédait enfin, après des peines et au prix de privations communes, un objet prohibé, et voilà que cet objet ne pouvait plus servir à rien!

Ce fut dans ces circonstances qu'un prisonnier qui m'avait entendu hacher un peu d'anglais et qui savait que j'avais longtemps séjourné dans l'Inde, songea que je pourrais peut-être bien remplir l'emploi de traducteur, et vint me trouver.

J'étais tellement abruti, c'est le mot, dans une si triste position morale, que je fus assez longtemps sans comprendre ce que l'on exigeait de moi; la répugnance que me causait tout travail d'esprit me porta d'abord à refuser. Cependant, vaincu à la fin par l'obstination des prisonniers qui me suppliaient, je finis par me rendre à leurs désirs, et je les suivis de l'air d'une victime que le bourreau conduit à la mort.

Mon arrivée au milieu de la batterie, lorsque l'on sut que je pouvais lire passablement l'anglais et que j'allais traduire à haute et intelligible voix le journal, produisit une assez vive émotion.

Je fus fêté, complimenté par tout le monde, et l'on décida séance tenante qu'il me serait alloué chaque jour une gratification de six sous; cette gratification devait m'être payée au moyen d'une retenue commune opérée sur les rations générales. J'entrai donc immédiatement en fonctions.

Je dois avouer ici au lecteur, et j'espère que mes anciens amis du *Protée* me pardonneront cet aveu si ces lignes leur tombent sous les yeux, que, quoique je comprisse assez bien l'anglais et qu'il me fût facile de soutenir en cette langue une conversation ordinaire, j'étais loin de la posséder assez à fond pour pouvoir traduire couramment un journal. N'importe. Ne voulant pas m'exposer aux moqueries de mes camarades, et voyant qu'il m'était impossible de reculer, je pris bravement mon parti, et je commençai à m'acquitter, sinon avec conscience, du moins avec aplomb, de la tâche que l'on m'avait pour ainsi dire forcé d'accepter.

Que ma traduction fût bien textuelle, que de temps en temps embarrassé par un texte trop difficile pour moi je ne me sois pas permis certaines licences et quelques inventions hardies, c'est ce dont je laisse le lecteur juge. Toujours est-il que pas une seule fois je ne restai court, et que la galerie qui m'écoutait fut enchantée de mon savoir.

A partir de ce jour, grâce aux six sous quotidiens que je touchais fort exactement, et qui me permirent d'augmenter un peu ma ration; grâce, surtout, je le crois, à la distraction que cette occupation m'apporta, je me remis peu à peu de la rude secousse que j'avais éprouvée, et je finis par me retrouver bientôt dans mon état normal.

Une idée fixe et constante qui me dominait était celle de me remettre à la peinture; seulement, comme je manquais de fonds pour me procurer le papier, les crayons et les couleurs dont j'avais besoin, je dus remettre l'accomplissement de ce projet à des temps meilleurs, c'est-à-dire jusqu'au moment où je me trouverais à même, par mes économies, de pouvoir disposer d'un petit capital.

A cet effet, sur mes six sous quotidiens, j'en dépensais quatre pour vivre, et je mettais soigneusement les deux autres de côté.

Dire la joie que je ressentis lorsque, trois mois après, je me trouvai à la tête d'une fortune de neuf francs, me serait chose impossible; mais cette joie fut bien faible encore en comparaison de l'ivresse, c'est le mot, que me causa l'arrivée d'une boîte de couleurs, accompagnée de plusieurs feuilles de papier à dessin, de pinceaux et de crayons, que m'apporta un beau jour un marchand anglais. La boîte me coûtait six francs et ses couleurs étaient certes bien mauvaises : n'importe, je ne me sentais pas de bonheur.

Le premier chef-d'œuvre que j'exécutai fut un portrait. Il y avait à bord du *Protée* un certain soldat anglais, type du grotesque absolu, dont la vue faisait mes délices. Je débutai par lui. Je manquais certes d'expérience, quoique depuis mes compositions des hauts faits de l'Hermite, je me fusse beaucoup perfectionné à Bourbon, chez M. Montalant; mais j'étais doué de l'heureuse faculté de saisir d'une façon frappante la ressemblance des figures. Le portrait de mon soldat anglais, encore plus laid si c'est possible que l'original, eut donc un succès prodigieux. Le fait est qu'il y avait de quoi.

– Parbleu, me dit un de mes camarades de plat, prête-moi donc ton dessin, Garneray, je veux le montrer à ce *goddam* pour voir s'il se reconnaîtra.

– Merci bien, pour que, dans un moment de colère, il le déchire; du tout. Lorsque je me serai servi du verso du papier, alors je te le donnerai si tu veux; d'ici là, je le garde.

– Bah! il ne le déchirera pas, le *goddam;* au contraire

il sera flatté! Et puis, après tout, s'il arrive malheur à ton dessin, je m'engage à te payer ta feuille de papier... Tu sais que je suis un honnête garçon et que je gagne assez bien ma vie avec ma fabrication de chapeaux de paille pour pouvoir tenir cette promesse... Voyons, donne-moi ton dessin.

– Si c'est comme cela, le voici. Tu réponds de la feuille de papier?

– Mais oui, mille fois oui, j'en réponds.

Cette conversation se passait pendant le déjeuner, devant tout le monde; aussi à peine notre misérable repas fut-il terminé que les prisonniers, qui connaissaient l'intention du fabricant de chapeaux, s'empressèrent de le suivre sur le pont pour jouir de la colère du soldat anglais.

Quel ne fut pas leur étonnement lorsque notre camarade ayant exposé devant le goddam, comme il l'appelait, l'horrible portrait, ils virent celui-ci pousser un cri de joie et d'admiration.

– Oh! oh! *my God,* dit l'Anglais, voilà, *indeed,* une belle chose : je n'aurais jamais cru qu'un Français fût capable de faire aussi bien. Combien vendez-vous ce portrait?

– Deux shillings, répondis-je en m'avançant.

– Deux shillings! *Indeed,* cela vaut beaucoup plus; mais, comme je n'ai pas d'argent, j'en offre six pence.

– Impossible! je ne puis me défaire de vous à un si bas prix.

L'Anglais réfléchit un moment.

– Voulez-vous ajouter à ce portrait le beau parapluie neuf que Betzy m'a donné dernièrement, et me mettre à la bouche ma magnifique pipe en écume de mer, et je vous donne, Dieu me bénisse, les deux shillings que vous désirez...

– Volontiers... Allez me chercher votre pipe et votre parapluie.

Ce qui fut dit fut fait. J'ajoutai au dessin le parapluie, un énorme riflard, et la pipe, un vrai calorifère, ce qui compléta dignement la caricature, et je reçus mes deux shillings.

Ce portrait eut un succès fou; les Anglais trouvèrent que j'avais si bien saisi la ressemblance de leur camarade qu'ils voulurent tous passer par mes pinceaux. Je commençai, grâce à cet heureux hasard, à faire de brillantes affaires.

Je prenais pour chaque portrait de six pence à un shilling : pour six pence je donnais une ressemblance de fantaisie; pour un shilling je la garantissais.

Or, comme il ne se passait guère de jour que je n'eusse trois ou quatre commandes, je commençai, après un mois, à me trouver à la tête d'un assez joli capital pour me permettre d'acheter une garde-robe très confortable, des couleurs à l'huile et des toiles : j'étais au comble du bonheur.

La fin de ma première année depuis que j'étais prisonnier se passa donc d'une façon beaucoup plus agréable pour moi que ne l'avait été le commencement; je songeais de jour en jour moins à ma liberté, et quoique mon sort, comparativement à celui des plus misérables hommes libres, fût encore affreux, je refusai sans hésiter d'entrer dans plusieurs combinaisons d'évasion qui eurent lieu. Je dois au reste ajouter que de tous ces projets, un seul réussit; encore le prisonnier fut-il rattrapé quelques jours plus tard à terre.

Mon temps passait d'une façon assez rapide. Afin d'éloigner de mon esprit toute pensée importune, je m'étais fait une loi de ne pas perdre un seul moment de ma journée.

L'étude des mathématiques, mon dessin et le sommeil m'occupaient alternativement; je prenais aussi, pour me briser le corps, des leçons de danse et d'escrime, et quoique les maîtres d'armes que nous possédions à bord du *Protée* n'eussent pas encore poussé leur art jusqu'aux limites que Grisier devait atteindre plus tard, il s'en trouvait cependant parmi eux de très forts, et ils firent de moi un assez bon élève.

VII

Un duel
Malheur – Salvation d'un homme par supercherie
Mes progrès en peinture

Je crois ne pouvoir mieux placer qu'ici où il est question d'escrime un événement fort tragique qui eut lieu à bord du *Protée*, au commencement de ma seconde année de captivité. Comme j'assistai au début et au dénouement de cet événement, je puis le raconter dans ses moindres détails.

Un jour, au dîner, une discussion s'éleva entre deux soldats français qui se trouvaient prisonniers par suite de la capitulation de Saint-Domingue, à propos de la possession d'une ration de viande. Le motif de la querelle, car, historien consciencieux, je ne puis altérer la vérité quelque triviale qu'elle soit, était, on le voit, bien futile; cependant il devait avoir des conséquences terribles.

Un des deux soldats, un nommé Kœller, Alsacien inoffensif mais têtu reçut de son adversaire, un Saintongeais dont le nom m'échappe, un vigoureux soufflet à la suite de cette discussion.

L'Alsacien, à cheval sur le point d'honneur, exigea qu'une réparation par les armes lui fût accordée de suite; ajoutant que si le Saintongeais s'y refusait il l'assassinerait sans plus tarder. Cette menace, faite du ton le plus flegmatique du monde, me parut cependant si sérieuse que j'en éprouvai une assez vive émotion.

Je ne sais si le Saintongeais la comprit ainsi, ou si, mû par quelque vieille rancune qui nous était inconnue, il ne fut pas fâché de se trouver en face de l'Alsacien les armes à la main : toujours est-il qu'il accepta le duel avec empressement.

En vain nous interposâmes-nous entre les deux adversaires, et leur fîmes-nous observer toute la folie et tout le danger de leur projet, car la loi anglaise qui punit les duellistes de la peine de mort était appliquée dans toute sa rigueur à bord du ponton; ni nos remontrances, ni nos prières ne purent rien sur la détermination des deux soldats, qui s'en furent aussitôt trouver un maître d'armes pour lui emprunter des fleurets.

Un moment cependant nous pûmes espérer que devant un obstacle auquel les deux adversaires n'avaient pas songé, et qui vint tout à coup entraver leur homicide intention, le duel deviendrait impossible.

Le maître d'armes auquel ils s'adressèrent leur fit observer qu'à moins d'être payé d'avance et au comptant, il ne pouvait se rendre à leur désir, car une fois les fleurets démouchetés ils lui devenaient inutiles, et que, comme il lui était très difficile de s'en procurer, cela lui causerait un énorme préjudice et pourrait même le contraindre à cesser ses leçons.

Le Saintongeais et l'Alsacien se fouillèrent aussitôt, chacun de son côté, sans rien dire, avec un semblable empressement; mais à eux deux, ils ne purent réunir que dix-sept sous; il est inutile d'ajouter que le maître d'armes refusa cette somme.

– C'est bon, dit l'Alsacien, nous allons nous adresser à un autre de vos confrères.

– Allez, camarades; mais je vous avertis d'avance que pas un ne vous accordera ce que vous demandez.

En effet, pas un seul maître d'armes ne voulut se contenter des dix-sept sous des deux adversaires.

Comme cette discussion et cette démarche avaient pris un certain temps, elles ne tardèrent pas à être connues dans la batterie et dans le faux pont; alors se passa un fait assez curieux au point de vue des études de mœurs.

Les rafalés du *Protée,* instruits du duel projeté et de l'impossibilité où se trouvaient les deux adversaires d'en venir aux mains, faute de fonds suffisants pour louer des fleurets; les rafalés, dis-je, affriandés par la perspective de ce combat qui devait leur fournir un spectacle intéressant, se cotisèrent entre eux pour venir en aide aux deux combattants.

Heureusement que tous leurs efforts n'aboutirent qu'à réunir une somme de trente sous. Or, comme le maître d'armes le moins exigeant demandait six francs pour la location de deux fleurets, le combat devenait de plus en plus impossible, et nous commençâmes à nous réjouir.

Hélas! nous comptions sans le génie inventif des rafalés, qui, suppléant à leur pauvreté par l'imagination, vinrent bientôt fournir aux adversaires le moyen de se couper la gorge, c'est-à-dire deux lames de rasoir emmanchées au bout de deux baguettes flexibles. Le combat commença aussitôt.

Je demanderai au lecteur la permission de ne pas décrire ce duel épouvantable; le souvenir m'en est encore pénible aujourd'hui.

Les deux adversaires, s'attaquant avec une fureur inouïe, ne tardèrent pas à se faire réciproquement d'affreuses blessures.

En vain voulûmes-nous nous interposer entre eux; la fureur qui les animait était si grande que nous ne pûmes donner suite à cette intention, car c'eût été nous exposer à un trop grand danger.

Enfin le malheureux Alsacien tomba blessé mortellement. Le rasoir de son adversaire lui avait coupé la veine carotide. Restait à écarter du Saintongeais la sévérité des lois anglaises; nous nous assemblâmes donc aussitôt en conseil.

Le premier avis que l'on ouvrit fut de faire croire aux Anglais que la mort de l'Alsacien avait été le fait d'un accident. Cet avis enleva d'abord tous les suffrages; seulement, après un moment de réflexion, on s'aperçut que l'exécution en était tout simplement impraticable. En effet, comment expliquer par un simple accident les nombreuses blessures qui couvraient le corps du malheureux défunt?

Un seul moyen pouvait sauver le Saintongeais : il fallait faire disparaître la pièce de conviction, c'est-à-dire le cadavre de Kœller; mais comment? Là était la grande difficulté. Plusieurs propositions aussi révoltantes qu'impraticables, et que je demanderai au lecteur la permission de ne pas rapporter, furent faites et repoussées aussitôt.

Ce fut un gabier de la frégate *la Belle-Poule* qui le premier sut aborder la question :

– Messieurs, nous dit-il, puisque nous ne pouvons ni dissimuler le gros Alsacien, ni donner à croire qu'il a été victime d'un accident, il s'agit tout bonnement de le faire mourir à nouveau devant les Anglais, et cela de façon que la mort que nous inventerons justifie les blessures qu'il a reçues...

– Oui, c'est cela, s'écrièrent plusieurs prisonniers; mais comment arriver à ce résultat?

– Mon Dieu! d'une façon très simple, reprit le gabier. Voici ce à quoi j'ai songé. Deux d'entre nous vont prendre le cadavre de Kœller par chaque bras, tandis que d'autres camarades le soutiendront par derrière; on le montera ainsi sur le pont, et de là on le conduira à la cuisine...

– Pour lui donner sa dernière soupe! cria un ignoble plaisant.

– Tout juste, continua le gabier, pour lui donner sa dernière soupe. Vous ne comprenez pas la farce? Il paraît qu'il n'y a pas ici beaucoup de malins... Je vais donc, puisqu'il le faut, vous mettre les points sur les i! Kœller est tombé faible d'inanition, et nous conduisons Kœller à la cuisine pour lui donner du bouillon. On nous laisse passer, bon...; mais voilà que l'Alsacien, remis par une assiettée de soupe, revient à lui avec un tel appétit, qu'il escalade la marmite du bord pour y plonger une gamelle; seulement, il met un tel empressement à accomplir cette action que le pied lui manque... il glisse et pique une tête...

– Dans la marmite? s'écrie un prisonnier.

– Et certes!... cela va sans dire. Alors donc, grande rumeur! nous poussons des cris désespérés, de vrais beuglements, le coq plonge de suite son croc dans le bouillon afin de repêcher l'Alsacien; mais il ne peut y parvenir avant cinq à six minutes; aussi, quand enfin il retire le cadavre, il l'a déjà tellement pris, repris, retourné avec son croc, qu'il est tout naturellement couvert de blessures... et enfoncés les Anglais!

L'expédient proposé par le gabier fut accueilli avec une véritable faveur, et il fut complimenté par tout le monde pour sa belle invention. Seulement le premier moment d'enthousiasme passé, quelques prisonniers firent observer avec raison que l'addition du cadavre de Kœller à notre ration quotidienne gâterait notre dîner, et nous forcerait de nous coucher à jeun. Cette réflexion produisit une grande impression sur la plupart des hommes de la batterie.

– Mais nous ne pouvons pas rester sans manger jusqu'à demain! s'écrièrent plusieurs prisonniers dont les visages hâves et amaigris disaient assez les souffrances.

– Mais si vous ne consentez pas à subir cette privation, reprit le gabier de *la Belle-Poule,* c'en est fait du Saintongeais... il sera pendu!

– Eh bien! qu'on le pende!... Après tout, ce n'est pas pour nous, mais bien pour son propre compte qu'il s'est battu!...

– Quoi! vous laisseriez exécuter un homme, lorsque vous pouvez le sauver en sacrifiant un mauvais repas?...

– Cela ne nous regarde pas; c'est son affaire. Ce que nous voulons, nous, c'est ne pas rester jusqu'à demain à jeun! Que le Saintongeais s'arrange comme bon lui semblera...

Je ne m'appesantirai pas sur cette scène, dont la simple indication montre suffisamment au lecteur jusqu'à quel degré d'abrutissement les privations et les souffrances avaient conduit les malheureux prisonniers des pontons, c'est-à-dire jusqu'à se refuser à sacrifier un misérable repas pour sauver la vie d'un camarade.

Je dois ajouter, toutefois, que les officiers ayant interposé dans ce débat leur autorité morale, la motion du gabier finit cependant par être adoptée; seulement, un nombre assez considérable de prisonniers se refusant toujours à la privation que l'on exigeait d'eux, nous fûmes forcés de faire une espèce de souscription ou de collecte, afin de pouvoir les indemniser en argent du tort causé à leur estomac.

Toutes les difficultés se trouvant, non sans peine, aplanies, nous passâmes à l'exécution de notre lugubre comédie, qui réussit à merveille : le Saintongeais ne fut pas pendu.

Si je voulais rapporter ici tous les événements à peu près semblables à celui que je viens de raconter et dont j'ai été témoin pendant ma longue captivité, ce récit prendrait des proportions colossales et remplirait des volumes; je préfère jeter un voile sur tous ces épisodes lugubres, et me contenter de retracer, à mesure qu'ils se présenteront sous ma plume, quelques faits singuliers et bizarres qui ne manqueront pas, je l'espère, d'un certain intérêt.

Ceci dit, je demande la permission au lecteur de sauter deux années et d'arriver à 1809. Ces deux années, remplies pour moi d'ennuis, de souffrances et d'études, virent cependant ma position s'améliorer d'une façon sensible. Mes rapides progrès dans la peinture à l'huile ayant fini par attirer l'attention des Anglais, le comptable du *Protée* obtint pour moi du lieutenant commandant le ponton la permission de travailler – car l'air vicié de la batterie corrompait et changeait le ton de mes couleurs en une seule nuit – dans une petite cabine située à bâbord dans la dunette, et dont la fenêtre donnait sur le gaillard d'arrière. Cette cabine appartenait au comptable. Toutefois, que l'on ne se figure pas que la générosité du commis anglais fut dénuée d'intérêt et sans une arrière-pensée. Loin de là : sur quatre tableaux que je lui remettais, et que les marchands de Portsmouth lui payaient, me disait-il, à raison d'une guinée pièce, il lui en revenait un pour son courtage.

VIII

Grand désappointement
Le capitaine R... – Son caractère – Le caporal cruel
Sa punition – Fâcheuse histoire d'un officier
Perfidie d'un employé du Transport-Board –
Évasion de l'officier – Commencement
des cruautés du capitaine R...
Duvert

J'étais donc aussi heureux qu'on peut l'être sur un ponton lorsque, sans me donner aucun motif, sans m'alléguer aucune raison pour motiver cette mesure, l'on vint m'annoncer un beau matin que je devais quitter *le Protée* dans une heure pour être transféré sur un autre ponton. Cette nouvelle me frappa comme un coup de foudre.

En vain je réclamai de vive voix et par écrit; l'on ne daigna répondre ni à mes lettres, ni à mes paroles, et je dus obéir.

J'appris bien longtemps plus tard, et je constate ici ce fait avec douleur, que je fus victime en cette circonstance de la jalousie de mes camarades d'infortune, qui, blessés par l'opulence et le bien-être relatifs dont je jouissais, me dénoncèrent comme un chef de conspiration mêlé à tous les projets d'évasion et les soutenant de ma bourse.

Toujours est-il qu'une heure après que l'on m'eut signifié l'ordre de faire mes paquets, un canot me conduisait, sous bonne escorte, à bord du ponton *la Couronne*, amarré sur notre avant. Je ne pouvais, hélas! plus mal tomber; le nom seul de cette affreuse prison me cause encore aujourd'hui une émotion mêlée d'indignation et de colère. Le lieutenant commandant *la Couronne*, que je veux bien, pour ne pas raviver des haines éteintes, ne désigner ici que par une initiale, le lieutenant R..., notre maître absolu après Dieu, était certes l'homme le plus épouvantable que l'on puisse imaginer.

Son apparence s'harmonisait admirablement avec son caractère bas, cruel, vindicatif et emporté. Qu'on se figure un petit homme haut d'environ quatre pieds dix pouces, d'une corpulence énorme, taillé comme un ours, et dont le cou large et monstrueux soutenait la plus hideuse tête carrée que l'on puisse imaginer. Des cheveux rouges, des yeux d'un gris bleu clair et douteux, un nez maigre et crochu, une bouche qui ne s'arrêtait qu'aux oreilles et dont les lèvres minces étaient sans cesse agitées par une espèce de tic ou de mouvement nerveux, enfin un teint d'une couleur d'acajou, et des joues outrageusement labourées par la petite vérole complétaient la figure du lieutenant R...

A tous ces avantages physiques se joignait encore pour notre affreux geôlier la perte de la main droite, dont on avait été obligé de lui faire l'amputation à la suite d'une blessure qu'il avait reçue dans un duel motivé par l'insupportable irascibilité de son caractère.

Éprouvant le plus profond mépris et la haine la plus forte pour la nation française, le lieutenant R... devait probablement à ces deux sentiments bien connus l'honneur d'avoir été appelé à commander un ponton.

Le premier grief que les prisonniers de *la Couronne* donnèrent contre eux à l'abominable lieutenant fut celui de l'appeler, ainsi que cela était l'usage pour tous les lieutenants de ponton, le *turnky* (geôlier).

– Ah! l'on m'appelle geôlier, dit l'Anglais, eh bien! je veux montrer à ces *rascals* jusqu'où va l'autorité d'un *turnky*.

Ce propos, qui fut rapporté aussitôt dans les différentes batteries de *la Couronne*, quoiqu'il parût d'un mauvais présage aux prisonniers, ne put cependant leur donner à prévoir le sort qui les attendait et les ignobles vexations dont ils devaient bientôt être les victimes.

Lorsque j'arrivai à bord, la persécution du lieutenant R... était dans toute sa vigueur.

Sous le prétexte que les Français confiés à sa surveillance avaient déjà commis plusieurs tentatives d'évasion, le lieutenant R... avait alors défendu toute communication entre *la Couronne* et la terre. Les bateaux-marchés qui fournissaient aux divers pontons les mille et un objets dont les prisonniers avaient besoin, tant pour leur commodité personnelle que pour leur commerce, furent impitoyablement éloignés.

Je n'étais pas depuis plus d'une heure à bord de *la Couronne* que l'on m'avait déjà mis au courant de tous ces événements. L'on m'apprit en outre que les Anglais étaient mis en *quarantaine*, c'est-à-dire qu'il avait été convenu entre les prisonniers que toutes relations entre eux et leurs gardiens cesseraient, qu'ils ne seraient plus soufferts dans nos logements, et que l'on ne devait même plus leur adresser la parole.

Depuis lors pas un seul des soldats anglais qui d'habitude fréquentaient nos entreponts pour y faire leurs acquisitions à vil prix n'osait s'aventurer parmi nous : la glace était rompue, les hostilités franchement déclarées. Je dois, avant de continuer ce récit, m'arrêter un instant pour présenter au lecteur un nouveau personnage, le caporal Barclay, le confident et l'intime du lieutenant R...

Ce caporal était certes le coquin le plus impudent que l'on puisse imaginer, d'une cruauté implacable envers les Français, afin de se mettre au mieux dans l'esprit de son chef et d'être nommé sergent; il ne daignait même pas cacher son jeu auprès de ses victimes.

– Je ne vous en veux pas et vous m'êtes tout à fait indifférents, disait-il parfois aux prisonniers, je ne vous tyrannise que parce que cela fait plaisir au lieutenant R...

et que je tiens à obtenir ses bonnes grâces; si je n'avais pas l'espoir fondé d'être avancé en grade, je vous laisserais parfaitement tranquilles. Je veux être sergent, voilà tout. Quant à vous, vous n'avez qu'à faire des vœux pour ma promotion, car une fois arrivé à mes fins, je ne m'occuperai plus de vous.

Le caporal Barclay n'était pas d'une moins grande franchise en affaires. Rien de révoltant comme de l'entendre traiter un marché avec un prisonnier.

– Je veux ceci à tel prix, disait-il, et il faudra bien que vous me le donniez. Je n'ignore pas que la somme que je vous offre est de beaucoup inférieure à la valeur de l'objet que je désire; mais comme au total vous avez besoin de me ménager, car je puis vous faire beaucoup de mal, ou du moins vous causer de graves ennuis, il faudra bien que vous cédiez...

Et en effet, comme on craignait la basse méchanceté de cet homme, on cédait. Après le capitaine R..., le caporal Barclay était donc, sans contredit, l'Anglais que les prisonniers de *la Couronne* détestaient le plus.

J'étais, le jour même de mon arrivée, occupé à marchander une place convenable pour tendre mon hamac, lorsque mon vendeur, ouvrant de grands yeux étonnés et poussant une exclamation de surprise, me montra un militaire anglais qui venait d'entrer dans la batterie.

– C'est le caporal Barclay, me dit-il, ça va être drôle.

L'impudent caporal, flatté, du moins sa démarche le donnait à supposer, de l'effet que produisit son entrée dans la batterie, s'avança d'un air orgueilleux et en se dandinant avec grâce vers un prisonnier occupé à tresser des bretelles.

– Combien voudriez-vous pour cette paire? lui demanda-t-il en s'emparant des bretelles les plus riches et les mieux confectionnées.

Le prisonnier, engagé par les lois de la quarantaine, ne répondit pas. Un nuage passa sur le front du caporal Barclay.

– Pourquoi gardez-vous le silence lorsque je veux bien vous interroger ? reprit-il bientôt.

Et après un moment de réflexion, d'un ton rogue :

– Vous devriez ne pas oublier que si je voulais me venger de votre malhonnêteté, cela me serait on ne peut plus facile. Je sais bien que vous me détestez, mais je vous crois assez intelligent pour faire céder cette haine à la crainte du cachot... Voyons, répondez à présent, combien ces bretelles ?

Aux sourcils contractés du prisonnier, à l'éclat de ses yeux, au gonflement de ses narines, il était facile de deviner qu'il lui fallait faire un grand effort sur lui-même pour ne pas laisser éclater la colère qui fermentait dans son sein ; toutefois il parvint à se maîtriser et continua de garder le silence.

Le teint pâle du caporal passa subitement au rouge foncé.

– Caporal, dit alors un matelot français qui sortit d'un groupe compact et serré de prisonniers qui s'était formé autour du soldat anglais, avez-vous donc besoin de bretelles ? En ce cas, suivez-moi, j'en ai de très belles à vous vendre. Seulement je désire que vous me les payiez comptant.

– Voilà au moins un garçon d'esprit qui ne laisse pas échapper les affaires ! s'écria Barclay ravi de voir que par son audace et par sa persévérance il avait fait tomber devant lui la loi de la quarantaine. Allons voir vos bretelles, mon garçon. Je ne vous en donnerai pas un prix bien élevé, parce que je n'aime pas à payer les choses ce qu'elles valent : car alors de quel avantage me serait votre captivité ? Du reste, je vous revaudrai ça autrement...

– Mais ce matelot va se faire assommer par ses camarades, pour avoir ainsi enfreint les lois de la quarantaine, dis-je au prisonnier avec qui j'étais en train de traiter pour la place de mon hamac.

– Oh ! ne craignez rien pour lui, camarade, me répondit-il ; c'est un bon et franc compagnon qui est incapable d'une tricherie. Il doit y avoir une frime là-dessous... Allons un peu voir!

En effet, je remarquai que cinq ou six Français placés en sentinelles au pied de l'escalier semblaient épier l'arrivée des Anglais, tandis que tous les autres prisonniers s'étaient réunis en une masse serrée et compacte au fond de la batterie.

Quant à Barclay, je ne l'apercevais plus.

Quel ne fut pas mon étonnement, j'allais presque dire ma joie, lorsqu'en me mêlant à cette foule je vis, dépouillé de ses habits et les pieds liés ensemble par une corde d'un quart d'aune de long, le tyrannique et insolent caporal que l'on était en train de juger.

L'audience de ces assises improvisées ne fut pas longue. Une voix ayant crié : « La savate! » ce mot vola bientôt de bouche en bouche et devint un verdict.

– Caporal, dit alors un prisonnier en s'adressant à l'Anglais, qui, pâle, abattu, se tenait humblement à genoux et sollicitait, dans les termes les plus flatteurs pour notre amour-propre et les plus vils pour sa dignité, son pardon; vous êtes condamné, à l'unanimité des suffrages, à faire un tour de valse avec accompagnement de souliers pour orchestre. Cléments jusqu'à la faiblesse, nous n'exigeons pas même de vous que vous alliez en mesure... Vous allez peut-être prétendre que vous ne savez pas valser. Mon Dieu! point de fausse modestie. Entre amis on ne se gêne pas... nous serons indulgents...

– Mes amis, mes bons amis!... nobles et généreux Français!... grâce! je ne vous tourmenterai plus jamais... car je vous apprécie, je vous aime!... je... grâce! grâce!... criait le caporal en proie à une de ces frayeurs sans nom, comme les lâches, cruels et fanfarons savent seuls en éprouver.

Vaines prières! inutiles bassesses! la sentence était prononcée, et quatre cents farceurs attendaient le passage de la victime.

On porta d'abord l'habit du caporal à la porte de la

batterie, pour qu'il pût le reprendre en sortant, puis les prisonniers s'étant armés de règles, de minces bâtons, de souliers, de tous les objets enfin dont un coup ne pouvait causer la mort, se rangèrent en deux haies tout le long de la batterie.

– Lâchez le dogue! cria une voix.

Aussitôt une grêle de horions tomba sur le dos du caporal qui, poussant un vrai mugissement de douleur, se précipita vers la porte : seulement, comme le misérable avait les pieds liés assez court, ce qui ne lui permettait pas d'écarter les jambes à son aise, et qu'il devait sauter pour courir, il tomba plusieurs fois pendant le trajet grâce à son trop d'empressement, ce qui lui valut une augmentation notable d'étrivières.

Enfin, parvenu à la porte de la batterie, il essuya son front, remit ses habits, et ne monta sur le pont qu'après avoir, autant que possible, fait disparaître les traces de l'exécution qu'il venait de subir. Le fait est que ses compagnons, qui ne l'aimaient pas, loin de le plaindre, s'ils l'avaient su victime de cet accident, se fussent égayés sur son compte.

Comme dans la scène de violence, assez motivée, au reste, qui venait de se passer, il y avait eu un certain cachet de bouffonnerie, et qu'au total il ne s'en était suivi ni mort ni blessures, je ne pus m'empêcher de rire de bon cœur et d'éprouver une assez vive satisfaction à la vue du châtiment si lestement infligé au caporal Barclay qui le méritait si bien.

– Je trouve que l'on a eu tort de laisser ce gredin vivant! me dit un prisonnier. Il nous était si facile de le tuer d'abord, et de le couper ensuite en morceaux pour le faire disparaître...

A ce regret sauvage, si brutalement exprimé, je me retournai avec une espèce de mouvement d'horreur, pour voir quel homme pouvait parler ainsi.

Que l'on juge de mon étonnement, lorsque j'aperçus une belle et noble figure de jeune homme. Je crus m'être trompé.

– Vous n'approuvez pas, je le vois, mes paroles, me dit le jeune homme en souriant tristement, et je vous cause presque de l'horreur. Ah! camarade, si, officier de marine comme moi, vous aviez passé par les humiliations et par les souffrances que j'ai déjà endurées, il ne vous resterait plus qu'un implacable sentiment de vengeance dans le cœur! Tel que vous me voyez ici, c'est-à-dire misérable habitant d'un ponton, j'ai déjà été échangé quatre fois à la mer...

– Mais cela est impossible. Il y aurait là de la part des Anglais une déloyauté inqualifiable...

– Ce que je vous dis n'est pourtant que l'exacte vérité, vous pouvez en croire ma parole...

– La parole de qui? demandai-je.

– La parole de l'enseigne de vaisseau R***, me répondit le prisonnier en se redressant de toute la hauteur de sa belle taille et en jetant sur moi un regard où la franchise se mêlait à la fierté.

Je m'inclinai devant l'officier avec respect, car son nom, qui a brillé un moment d'un vif éclat, m'était parfaitement connu.

– Puis-je, monsieur, lui dis-je, vous demander comment il peut se faire qu'après avoir été échangé quatre fois en mer, vous vous trouviez encore à bord d'un ponton?

– C'est une triste histoire, me répondit-il, qui ne fait guère d'honneur à la loyauté anglaise. Écoutez-moi.

Nous nous assîmes, l'enseigne de vaisseau R*** et moi, sur le banc placé devant mon sabord, et le jeune homme reprit ainsi :

– Vous savez, me dit-il, la perfidie avec laquelle les Anglais ont exécuté les clauses de la capitulation de Saint-Domingue; je suis une des nombreuses victimes de ce manque inouï de bonne foi. Il avait été stipulé que les forces françaises qui capitulaient à Saint-Domingue seraient transportées en Europe; or les Anglais nous ont conduits, contre tous les droits des gens, sur leurs affreux pontons. A nos réclamations, à nos plaintes, ils se sont toujours contentés de répondre que l'Angleterre, et par conséquent les pontons, se trouvant en Europe, ils avaient accompli leur promesse, et qu'ils ne comprenaient rien à notre demande.

« Quant à moi, je fus pris à bord de *l'Égyptienne*, que commandait alors le brave amiral Barré de Saint-Leu. Mais ce n'est point de cette ignoble escobarderie de toute une nation que j'ai à me plaindre : quelque injuste que soit ma détention, je la subirais avec résignation si je me trouvais dans la loi commune, c'est-à-dire sur le pied de l'égalité avec mes compagnons d'infortune!... Mais hélas! il n'en est malheureusement pas ainsi pour moi.

« Une fois tombé sous le pouvoir des Anglais je fus, en ma qualité d'officier, dirigé sur le cautionnement de Bishop-Watham. Vous savez que ces cautionnements situés à terre se composent d'une circonférence limitée et restreinte que les prisonniers ont le droit de parcourir. Toutefois exige-t-on auparavant d'eux leur parole d'honneur qu'ils n'essaieront pas de s'enfuir.

« Je pris un logement dans la famille d'un ministre protestant qui, je me plais à le reconnaître, se montra assez bienveillant pour moi. Ce ministre avait une jeune fille de seize ans, spirituelle comme un démon et belle comme un ange qui, probablement attendrie par mes malheurs, me montra bientôt une douce préférence. Je vivais ma foi heureux, oubliant presque la France, lorsque ma mauvaise étoile conduisit dans la maison du ministre un des employés du *Transport-Board*, un nommé Paterson, qui s'éprit de la beauté de la jeune Olivia, c'était le nom de la fille du ministre, et me prit par suite en une haine profonde.

« Je ne vous ferai pas le récit de notre rivalité : qu'il vous suffise de savoir que, voyant ses hommages repoussés,

Paterson conçut contre moi une haine violente qui ne tarda pas à se montrer dans ses actes et dans ses propos.

« Profitant de ma position, car je dépendais entièrement de lui, il crut un jour pouvoir me traiter avec la dernière insolence devant miss Olivia. Ma patience était épuisée, ma colère fut terrible. Je contraignis le misérable commis à se mettre à genoux devant moi, en la présence d'Olivia, et à m'adresser d'humbles excuses.

« Le lâche ne recula pas devant cette abominable humiliation, et lorsque m'offrant ensuite sa main, je le repoussai du pied avec dégoût, comme une bête immonde, il ne répondit à mon mépris que par un triste sourire : dès lors je compris que j'étais perdu, car un homme capable de s'abaisser ainsi devait être implacable dans sa vengeance.

« En effet, huit jours plus tard, accusé d'avoir voulu m'évader, je fus brutalement saisi par la police qui s'empara de mon argent et de mes effets et me jeta nu et dépouillé à bord de ce ponton.

« Depuis lors, trois années se sont écoulées ; or, pendant ce long martyre, quatre fois Paterson m'a envoyé un de ses agents pour m'apprendre que je venais d'être échangé à la mer, que j'avais droit à ma liberté, mais que comme j'avais été assez maladroit pour l'insulter, il me retenait prisonnier et s'opposait à mon départ.

« Chaque fois, pour bien me prouver qu'il ne m'en imposait pas, Paterson m'a fait représenter la lettre qui contenait la nouvelle de mon échange. Vous comprendrez sans doute, à présent, monsieur, ajouta en terminant l'enseigne R***, la haine que je porte aux Anglais, et vous vous expliquerez les cruelles paroles que vous m'avez entendu prononcer tout à l'heure.

– Ah ! monsieur, m'écriai-je, ce que vous venez de me raconter là me semble une chose tellement abominable que si le récit m'en eût été fait par toute autre personne que vous, je n'eusse jamais voulu y ajouter foi... Mais permettez-moi une question : pourquoi n'avez-vous pas porté plainte auprès du gouvernement anglais au sujet de la conduite de cet infâme Paterson?

– Cette pensée, vous devez bien le supposer, m'est venue mille fois, et vingt fois j'ai essayé de la mettre à exécution; mais j'étais spécialement recommandé, et pas une seule de mes lettres n'a jamais pu sortir du ponton! Croiriez-vous que la police du *Transport-Board* ne m'a jamais rendu non plus mon argent et mes effets, sous le prétexte qu'ils avaient servi à couvrir mes frais d'arrestation!

« Ce vol m'a été d'autant plus pénible que condamné, selon l'usage, pour cette prétendue tentative d'évasion à laquelle je n'avais jamais songé, à une amende de dix guinées, amende que l'on me retenait en prélevant chaque jour le tiers de ma ration, estimé cinq sous, j'ai dû, puisque c'est là une coutume établie par les prisonniers des pontons, et que nul ne peut enfreindre, faire supporter cette privation à toute la pontonnée, au prorata des vivres de chacun. Oh! que d'humiliations et de souffrances!

L'enseigne R***, après avoir prononcé ces dernières paroles, laissa tomber sa tête dans ses mains, et resta pendant quelques instants plongé dans ses réflexions...

– Que Dieu me prête vie, finit-il par dire les yeux brillants d'un feu sombre, et je me vengerai!... Oh! que je comprends bien à présent le sentiment de la vengeance!

– Mais, pardon, monsieur : êtes-vous donc sans aucune ressource? Ne recevez-vous pas quelque argent de France?

– Oui, monsieur, je suis sans ressource; tous les divers envois de fonds que m'a faits ma famille ont toujours été interceptés, et sans la générosité et la confiance d'un prisonnier qui connaissant ma fortune privée me fait des avances, je me trouverais réduit à la simple et insuffisante ration que nous accordent les Anglais... Mais tenez, voici justement mon banquier, ajouta l'enseigne en adressant un sourire amical à un homme âgé de trente-huit à quarante ans qui, le corps enveloppé dans une chaude et belle robe de chambre et les pieds dans de magnifiques pantoufles fourrées, passa près de nous d'un air grave et pensif.

– Diable, m'écriai-je, voici la première toilette que je vois depuis trois ans. A bord du *Protée*, l'on ne connaissait pas les robes de chambre en molleton! Il faut que cet homme soit un grand capitaliste pour pouvoir se permettre un tel luxe...

– C'est un simple canonnier nommé Duvert.

– Un simple canonnier, dites-vous?

– Oui! seulement depuis son entrée dans les pontons, il lui est survenu un héritage inattendu de vingt-cinq à trente mille livres de rente!... Or comme Duvert, grâce à ses revenus qu'il dépense en entier, a su se mettre au mieux avec nos geôliers, il est le roi du ponton!... Je vous conseille de faire sa connaissance.

Après que l'enseigne R*** m'eut quitté, je terminai le marché pour la place de mon hamac puis, ayant installé mes effets, je montai sur le pont.

Pendant que je me promenais de long en large, je fis la rencontre de plusieurs marins qui avaient servi soit sous mes ordres sur *la Confiance* [1], soit en même temps que moi dans l'Inde; je les retrouvai, quoique je ne fusse lié avec aucun d'eux intimement, avec beaucoup de plaisir. Le soir venu, nous allions nous retirer lorsqu'un frère la Côte me suivant à l'écart :

– Je regrette bien, Louis, me dit-il, que tu ne fasses pas partie de notre faux pont. Tâche donc, en passant par la trappe de communication, de te faufiler avec nous pour cette nuit.

– Pourquoi pour cette nuit?

– Parce que nous devons nous évader au nombre de six et que tu ferais le septième...

1. Cf. le premier volume des aventures maritimes de Garneray : *Corsaire de la République*, éd. Phébus.

– Oh! merci, cher ami; j'en ai assez pour le moment, des évasions.

– Oui, j'ai entendu en effet parler de ton escapade avec le pauvre Bertaud que j'ai beaucoup connu. Tu as montré du toupet et c'est justement pour cela que je voudrais te voir être des nôtres.

– Bien obligé!... Je suis guéri de cette envie.

– Tu as tort! Que l'on ne s'expose pas sans avoir devant soi une grande chance de succès, je le conçois; mais que lorsque, après des privations et des travaux sans nombre, on est arrivé à se créer des intelligences au-dehors, et que l'on possède la presque certitude de réussir... je dis qu'il faudrait être fou pour ne pas tenter l'aventure! Crois-moi, ce n'est pas une mince faveur que je te fais en t'offrant de te joindre à nous. Si l'un des nôtres, gravement malade, ne se trouvait pas dans l'impossibilité absolue de nous suivre, je ne t'aurais même pas parlé de cela, mais il nous reste une place vacante et dont nous pouvons disposer.

– Eh bien, pourquoi ne l'offres-tu pas à un de tes amis?

– Parce que je ne suis sûr de personne. Le fait est que si je connaissais un homme solide et sur lequel on pût compter...

– Parbleu, je parie que j'ai ton affaire. Connais-tu l'enseigne de vaisseau R*** ?

– Très bien; merci, tu viens de me donner une idée. Enfin, une fois, deux fois, trois fois, tu refuses?

– Oui, je refuse; mais je ne t'en suis pas moins reconnaissant de ta bonne intention.

– Alors je m'en vais trouver l'enseigne R***. Inutile, je pense, de te recommander le secret?

– Comme tu le dis; c'est parfaitement inutile.

Le frère la Côte me serra alors fortement la main et s'éloigna à grands pas. Quelques secondes plus tard, je l'aperçus en conférence avec l'enseigne R***, dont la pâleur du visage annonçait qu'il était en proie à une vive émotion. L'on nous fit alors descendre dans la batterie.

J'avais déjà été si souvent témoin de projets d'évasion qui n'avaient pas même eu un commencement d'exécution, que j'oubliai promptement la proposition qui m'avait été faite par le frère la Côte; je m'endormis d'un profond sommeil.

Le lendemain, à mon réveil, je ne pensais plus du tout à ma conversation de la veille lorsque je montai sur le pont. Mon regard qui chercha en vain l'enseigne R*** me la remit en mémoire; je m'informai auprès d'un des prisonniers du faux pont où devait s'opérer l'évasion.

– Silence! me répondit-il en mettant un doigt sur sa bouche et en baissant la voix; l'affaire est faite : ils ont filé leur câble...

Cette nouvelle, pourquoi ne pas avouer une faiblesse trop bien motivée par l'affreuse vie que je menais, me causa un vif mouvement de jalousie, presque de haine. Je me reprochai alors amèrement mon refus de la veille et je m'accusai de lâcheté.

– Êtes-vous bien sûr de ce que vous dites? demandai-je au prisonnier.

Celui-ci allait me répondre, lorsque la vue du capitaine R... qui apparut sur le pont entouré de son état-major arrêta notre conversation. Le capitaine, ou le *turnky* comme on l'appelait, était ce matin plus hideux que de coutume car une violente colère qu'il ressentait intérieurement et qu'il ne pouvait parvenir à dissimuler, malgré tous ses efforts, l'enlaidissait encore en donnant à ses traits une expression de férocité infernale.

– Parbleu! me dit le prisonnier avec qui j'étais en train de causer, les espions s'y sont pris heureusement cette fois trop tard.

– Quoi! croyez-vous qu'une délation ait eu lieu?

– La figure du *turnky* répond suffisamment à cette question. A présent connaît-il le projet d'évasion ou l'évasion elle-même, c'est ce que j'ignore...

– Je ne croirai jamais qu'après les supplices quotidiens

que nous fait subir ce bourreau, il se soit trouvé un Français assez... ma foi, je ne trouve pas de mot pour qualifier une pareille action, assez infâme si vous voulez, pour lui servir d'espion.

– Vous oubliez qu'il y a à bord de *la Couronne* des gens qui meurent de faim...

– Ça ne fait rien; cela ne peut être!...

En ce moment le capitaine R..., comme s'il eût tenu à me donner un démenti, ordonna à ses hommes de nous parquer étroitement sur le pont, puis de nous compter.

IX

Comptage – On embrouille les comptes
Fureur du geôlier – Malice d'un charpentier
Un ordre imprévu
Continuation de fureur
Arrestation de Duvert comme faussaire
Ses promesses – Ses dépositions – Continuation
de mécomptes – Promenades en témoignage
Fin malheureuse du comptage

– Eh bien! me dit le prisonnier en souriant d'un air goguenard, que pensez-vous de cette mesure? Ne vous semble-t-elle pas tant soit peu justifier mes soupçons?

J'avoue que je ne sus que répondre.

L'ordre du geôlier R..., donné d'un ton rauque et farouche, ne tarda pas à être exécuté avec la plus grande brutalité. Les soldats anglais se jetaient sur nous avec fureur, et, nous frappant à coups redoublés de crosse de fusil, nous eurent bientôt resserré dans un espace tellement étroit que des cris de douleur et de détresse se firent entendre de tous les côtés. Nous fûmes bientôt obligés de soulever quelques prisonniers qui, à moitié étranglés et asphyxiés par cette pression trop forte fussent morts si nous ne fussions venus à leur secours.

L'opération du comptage commença sans plus tarder.

La masse confuse et compacte que nous composions offrait une double difficulté aux Anglais dans leur travail : aussi ne doit-on pas s'étonner si leur première opération ne réussit pas à merveille.

Ils trouvèrent que douze prisonniers manquaient.

Il me serait difficile, sinon impossible, de peindre la fureur que le capitaine R... ressentit à cette nouvelle.

– Douze hommes de moins, dit-il en accompagnant ces paroles d'un effroyable et grossier jurement; cela ne peut être, cela est impossible, recommencez l'opération.

Le capitaine R... avait tellement hâte de retrouver son nombre de prisonniers intact qu'il se mit à presser ce nouveau comptage, en gourmandant les sergents qui en étaient chargés et en leur distribuant même quelques gros jurons d'encouragement.

Les malheureux sergents ainsi ahuris mirent, on le concevra sans peine, une telle précipitation à nous compter, pour se débarrasser des encouragements de leur chef, que leur erreur, au lieu d'être cette fois de douze hommes, atteignit le chiffre de dix-sept absents...

– *God bless me!* s'écria le capitaine R... ivre de fureur et en jetant violemment son chapeau sur le pont, ces brutes de subordonnés ne sont bons qu'à embrouiller les choses; quand on veut être bien servi, le mieux est de se servir soi-même! Allons, messieurs, continua-t-il en se retournant vers le lieutenant en second et vers le master, chargeons-nous de cette besogne!

– Mais capitaine, observa le second lieutenant, voilà trois heures que nous pataugeons à jeun, au froid et les pieds dans la neige. Ne voudriez-vous pas nous accorder un quart d'heure pour déjeuner?

– Vous êtes une brute avec votre nourriture, King! s'écria le capitaine; allez-vous-en à tous les diables!

L'aimable R... après avoir fait cette réponse se disposait à commencer la nouvelle opération de comptage, lorsque se ravisant :

– Au fait, King, dit-il à son lieutenant, je ne vois pas, en effet, pourquoi nous retarderions l'heure de notre repas pour ces chiens de Français. Allons déjeuner, au contraire; pendant que nous serons à table, nous aurons la joie de penser que ces *rascals* se morfondent au froid.

A peine l'insolent et inhumain capitaine eut-il quitté le pont que nous tînmes conseil. En effet, la position était critique et le moment solennel, car il s'agissait de gagner du temps à tout prix pour permettre à nos camarades évadés de se mettre en sûreté, et pour cela il nous fallait, chose qui nous semblait impossible, tromper l'Anglais et lui faire retrouver son nombre exact de prisonniers.

– Messieurs, nous dit un maître charpentier, j'ai une idée; la voici : d'abord, il faut que nous puissions communiquer avec la batterie de 18.

– Mais c'est impossible, dirent plusieurs voix.

– Silence donc! reprit le maître charpentier. Ce que je propose peut s'exécuter. D'abord je suis muni de vrilles, ce qui est un grand point. Écoutez-moi donc. Pour parvenir à la batterie de 18, je vais percer un trou dans ce tillac-ci, au-dessus de la soute aux ustensiles, endroit où les Anglais ne vont pas une fois par mois; alors de la batterie de 18 nous passerons dans celle de 36, puis de là enfin dans le faux pont.

« De cette façon, lorsqu'on nous comptera en descendant, les premiers arrivés dans nos logements remonteront sur le tillac par la trappe et compléteront aux yeux des Anglais le nombre des prisonniers qui leur manque. Si plus tard, une fois nos amis hors de danger, il nous plaît de jouer une niche aux Anglais, nous jouerons avec eux à cache-cache, de façon à les faire damner.

Cette explication que nous donna le savant et ingénieux maître charpentier fut accueillie avec enthousiasme, et l'on résolut de passer sans plus tarder de la théorie à l'action.

Bientôt, au milieu du parc étroit qui nous renfermait et où nous pouvions à peine, tant nous étions serrés les uns contre les autres, nous tenir en équilibre, se forma, je constate ce fait sans me charger de l'expliquer, un vide à l'endroit que se mirent à creuser les travailleurs. Seulement je ne puis répondre que parmi les prisonniers quelques-uns ne perdirent pas connaissance.

D'abord les vrilles agirent de concert en attaquant le pont en biais, puis bientôt, grâce à une égovine empruntée à un cercle de baril, on détacha en biseau un morceau de bordage du milieu du pont.

Le trou se trouvant alors assez grand pour donner passage à un homme, les charpentiers s'y glissèrent sans plus tarder, et parvinrent bientôt dans la soute de la batterie de 18.

Restait à ouvrir une autre communication entre cette batterie et celle de 36; c'était là le moment critique, car la porte de la resserre donnait dans un passage, et le moindre bruit pouvait appeler l'attention des Anglais.

Heureusement que, la neige continuant à tomber et le froid devenant de plus en plus vif, nous pouvions sans éveiller les soupçons de nos ennemis battre la semelle sur le tillac avec un bruit qui eût défié celui du canon.

Le travail le plus difficile restait à faire à nos charpentiers, c'est-à-dire percer des bordages bien autrement durs et épais que ceux du pont supérieur; nous étions persuadés qu'ils n'y pourraient parvenir avant le retour du capitaine R... et cette pensée nous désespérait.

Heureusement, je parle au point de vue de la liberté de nos camarades évadés, l'aimable commandant de *la Couronne*, jouissant intérieurement sans doute de penser que nous étions à jeun, exposés à la neige et à la grêle qui tombaient alternativement avec violence et sans interruption, tandis que lui se trouvait confortablement assis devant une bonne table abondamment servie, prolongea outre mesure son repas et ne parut sur le gaillard d'arrière que quatre heures plus tard. Dire notre position serait une trop triste peinture : la plupart des prisonniers à moitié gelés et mourant de faim ne pouvaient plus ni bouger ni parler; quelques-uns avaient perdu connaissance.

Il était donc quatre heures de l'après-midi lorsque le capitaine R... nous apparut : au premier coup d'œil qu'il jeta sur nous, nous le vîmes sourire d'un air joyeux. Le fait est que notre position était aussi déplorable que possible et que la haine qu'il ressentait pour les Français dut être agréablement chatouillée par la vue de nos souffrances.

– Allons, dit-il, à présent que j'ai bien déjeuné, car j'ai admirablement déjeuné, nous pouvons nous occuper, lieutenant King, de ces messieurs les Français qui ont bien voulu être assez bons pour nous attendre. Commençons.

Quelque ironique et impertinente que fût cette phrase, elle nous fit cependant éprouver un grand plaisir, car elle nous annonçait la fin de nos maux de la journée. Aussi nous empressâmes-nous de descendre vivement pour activer l'opération.

Le capitaine R... comptait à haute voix, en les touchant du doigt, les prisonniers qui défilaient devant lui, lorsque son second le lieutenant King vint l'interrompre dans son contrôle, en l'avertissant qu'un élève du bord de l'amiral demandait à lui parler.

– Que le diable vous torde le cou, King, et qu'il emporte tous les élèves de marine! s'écria R... furieux d'être dérangé, car la neige ne cessait de tomber, et il lui tardait d'être débarrassé de la corvée qu'il s'était imposée.

– Mais, capitaine, c'est pour affaire urgente...

– Je m'en moque pas mal... l'affaire la plus urgente pour un *turnky* comme moi, reprit le capitaine R... en appuyant avec affectation et ironie sur ce mot de *tourne-clefs*, c'est de compter les prisonniers... Dites à l'élève qu'il retourne à son école...

– Je vous demande pardon d'insister, capitaine... C'est au nom de l'amiral de l'escadre bleue que cet élève se présente.

– Enfer et furies, voilà que vous venez de me faire perdre le chiffre de ces gueux de Français! s'écria R... Eh bien! dites à cet élève, puisqu'il se présente au nom de l'amiral, qu'il se dépêche de remplir la commission dont il est chargé, et qu'il me laisse la paix.

Quelques secondes plus tard nous vîmes l'élève annoncé

s'avancer en compagnie d'un monsieur bien mis et d'un gros petit homme fort mal vêtu, dont l'apparition causa une certaine curiosité aux Français.

– Quel est donc cet homme? demandai-je à un prisonnier.

– C'est un marchand de pommes de terre qui, avant que notre bourreau eût défendu l'approche de *la Couronne* aux bateaux, nous vendait des provisions, et faisait avec nous du commerce et du brocantage.

– Alors je crois deviner ce dont il s'agit, dis-je. Il est probable que le marchand de pommes de terre, trafiquant et brocanteur, aura trouvé un protecteur dans l'amiral, et qu'il vient se faire réintégrer dans ses fonctions.

– En effet, cela me semble assez probable.

Pendant que j'échangeais ces quelques mots, l'élève, le monsieur et le marchand étaient arrivés devant le capitaine R... Le premier toucha humblement du bout du doigt le bord de son chapeau, et présenta ensuite à son supérieur une espèce de pli ministériel scellé d'un grand cachet.

L'aimable R..., toujours jurant, déchira l'enveloppe et lut tout haut ce qui suit :

« *Royal navy Portsmouth port*, vaisseau de Sa Majesté la reine Charlotte.

» M. le lieutenant R..., commandant le vaisseau-prison de Sa Majesté Britannique *la Couronne*, stationnant actuellement dans la rivière de Portchester, fera passer sous les yeux de l'agent de police et de l'élève, porteur de ce présent ordre, tous ses prisonniers à tour de rôle. L'homme qui accompagne ces deux messieurs devra assister également à cette revue.

» Cet acte accompli, le lieutenant R... remettra sous bonne escorte à l'élève et à l'agent de police déjà désignés le ou les prisonniers que celui-ci indiquera, pour être conduits à terre. »

– Que signifie cet ordre, monsieur? s'écria le capitaine R... dont le visage devint tellement cramoisi que nous eûmes un moment la douce espérance de le voir frappé d'un coup de sang.

– Je l'ignore, commandant, répondit l'élève.

– Un crime aurait-il été commis par un de ces chiens de Français que Sa Majesté a bien voulu soumettre à ma surveillance?

– Je ne puis que vous répéter ce que je vous ai déjà dit, commandant : je l'ignore!

– Très bien, monsieur; il ne me reste qu'à me conformer aux ordres de l'amiral.

– C'est inutile, capitaine, s'écria en ce moment le marchand de pommes de terre, qui jusqu'alors n'avait pas prononcé un seul mot, voici mon affaire.

Le marchand en parlant ainsi s'avança vers un prisonnier français qui, chaudement enveloppé dans une magnifique robe de chambre, semblait indifférent à la scène qui se passait sur le pont.

– Est-ce cet homme que je dois emmener? demanda l'agent de police.

– Oui, monsieur, c'est cet homme.

– Alors suivez-moi, reprit l'élève en s'adressant au prisonnier à la belle robe de chambre, qui n'était autre que le canonnier Duvert, celui-là même que l'enseigne R... m'avait désigné la veille comme ayant hérité depuis peu d'une fortune inattendue de trente à quarante mille livres de rente.

Duvert, sur qui tous les yeux étaient fixés en ce moment, changeant de couleur, devint livide. Quoiqu'il voulût affecter une contenance calme et tranquille, on devinait sans peine à ses yeux hagards, à un léger tremblement convulsif qui agitait son corps et à la contraction de ses sourcils et de ses lèvres qu'il était en proie à une émotion violente.

– Me permettez-vous, monsieur, demanda-t-il d'une voix étranglée en s'adressant à l'élève, de changer de vêtements?

– Faites, je ne vois pas d'inconvénient à cela.

Duvert entra aussitôt dans une petite cabine construite

sur le pont, qu'on lui permettait d'habiter contrairement aux règlements, j'ai déjà dit que le canonnier, grâce à ses folles dépenses, avait tous nos gardiens à ses genoux.

Tous les yeux fixés sur la porte de la cabine attendaient avec impatience la sortie du riche prisonnier, lorsque nous vîmes passer à travers les claies de la porte de la cabine un épais nuage de fumée.

– *God bless me!* le *rascal* veut incendier le ponton! s'écria le commandant R... qui se précipita furieux pour ouvrir la porte de la cabine.

Vains efforts; la porte résista au manchot : elle était fermée en dedans!

Il y avait quelque chose de si imprévu et de si mystérieux dans l'arrestation, l'effroi et la conduite de Duvert, que nous oubliâmes un instant et le jeûne forcé, et la neige, et l'état d'épuisement dans lequel nous nous trouvions.

Nous sentions instinctivement que quelque chose de grave et d'important s'accomplissait; que nous étions à la veille d'une grande découverte, d'une révélation inattendue.

– Soldats, enfoncez cette porte! s'écria bientôt le capitaine R... ivre de fureur.

Cinq ou six soldats se précipitèrent, à cet ordre, contre la cabine où était renfermé Duvert, et levant les crosses de leurs fusils, les firent retomber avec force contre la porte qui céda à moitié : la fumée avait presque cessé, quelques fragments impalpables de papier brûlé s'envolaient à travers la claie. Les Anglais allaient redoubler d'efforts lorsque la porte s'ouvrit : Duvert, vêtu dans le dernier goût, apparut sur le seuil. A ses mains d'un beau noir on pouvait deviner sans peine qu'il avait dû froisser et réduire en poudre les papiers consumés dont quelques fragments tachaient la neige qui couvrait le pont.

Une métamorphose s'était aussi opérée non seulement dans la toilette, mais encore dans la physionomie de Duvert. La pâleur livide de son visage avait disparu ainsi que son air d'abattement et de crainte pour faire place à une contenance moqueuse et assurée. Le capitaine R... heureux de trouver un prétexte plausible pour outrager un Français commença, avant d'entrer en discussion, par agonir Duvert d'imprécations abominables.

– Lâche, lui dit le canonnier d'un ton de souverain mépris, lâche qui injurie un prisonnier sans défense!

– *God bless me!* que venez-vous de brûler? misérable! s'écria l'Anglais, dont cette réponse si bien méritée augmenta encore la rage.

– Les lettres de ma maîtresse... la femme d'un lord anglais, mon doux et aimable *turnky*, répondit Duvert en riant! Que diable, on ne peut cependant pas compromettre une haute et puissante lady! une pairesse! Cela serait du plus mauvais goût et indigne de la loyauté française...

– Vous mentez, dit alors en se mêlant à la conversation, si toutefois cela pouvait s'appeler une conversation, le marchand de pommes de terre; ce ne sont point les lettres d'une maîtresse, que vous n'avez jamais eue, mais les fausses bank-notes dont vous inondez la ville de Portsmouth, que vous venez de détruire...

– Moi, un faussaire! répéta Duvert du ton du plus profond étonnement. Pardieu! voilà une accusation à laquelle je ne me serais jamais attendu et qui fait le plus grand honneur à l'imagination et à la méchanceté anglaises!... Ma foi, je suis heureux de m'être défait des lettres de ma sensible lady, car j'aurais été capable, devant une pareille accusation, d'obéir au sentiment de la vengeance et de forfaire aux lois de l'honneur en compromettant la pauvre femme.

– Comment, vous êtes un faussaire? Vous, brigand, que je croyais riche! Comment! on a fabriqué des bank-notes à bord de *la Couronne!...* Mais alors je suis un homme perdu!... Mon Dieu! que dira l'amiral? s'écria le commandant R... d'un ton désespéré qui nous fit le plus grand plaisir... Soldats, continua-t-il avec violence, emmenez cet homme... Sa vue me fait mal, et j'éprouve une envie irrésistible de le... Emmenez-le, et dépêchez-vous!...

– Mes amis, nous dit Duvert en se tournant vers nous tandis qu'on l'entraînait, je vous ferai paraître en témoignage devant la justice... vous comprenez...

– Oui, oui, c'est cela, faites-nous comparaître! lui répondîmes-nous avec enthousiasme, car l'idée de descendre à terre nous enivrait de joie.

Lorsque l'élève de marine, Duvert, le policeman et le marchand de pommes de terre abandonnèrent le pont de *la Couronne*, la nuit commençait à tomber, et le capitaine R... dut remettre au lendemain sa laborieuse opération de contrôle : on nous permit enfin de descendre, mourant de froid et de faim, dans nos batteries.

Quant à nous, quoique cette journée nous eût été bien pénible, nous étions loin cependant de nous en plaindre : le capitaine R... malheureux! vingt-quatre heures de gagnées pour nos camarades évadés! et la perspective d'aller bientôt à terre! Je le répète, la journée avait été bonne pour nous!

Un dernier ennui, ou, pour être plus exact, une dernière douleur, nous attendait encore avant notre sommeil.

Les fournisseurs du ponton *la Couronne*, profitant des hostilités déclarées entre le capitaine R... et ses prisonniers, ne nous livraient plus depuis quelque temps que des provisions abominables, que sans la faim cruelle que nous éprouvions il nous eût été impossible de consommer; ce soir-là ils renchérirent encore sur la mauvaise qualité de leurs denrées. La viande était gâtée, les légumes, ignobles débris jetés sans doute dans les rues par les cuisinières de Portsmouth, n'avaient pas de nom; le pain bis, d'une couleur roussâtre, était tellement pâteux et gluant qu'il fallait renoncer à le couper. S'efforçait-on d'en séparer un morceau en deux, il se formait entre les parties disjointes des fils pareils à ceux que présente la poix échauffée tirée en sens contraire.

Quelque impérieuse et cruelle que fût la faim qui ce

soir-là me brûlait la poitrine, je ne pus parvenir à avaler plus de cinq ou six bouchées de cette affreuse nourriture : un quart d'heure plus tard j'étais pris, ainsi que mes compagnons de captivité qui m'avaient imité, de vomissements violents.

Je n'insisterai pas, car ce serait-là un détail qui reviendrait par trop souvent sous ma plume, sur l'épouvantable et triste nuit que je passai; je dirai seulement que le lendemain matin, dès huit heures, l'on nous faisait monter sur le pont pour reprendre l'opération du comptage si malencontreusement interrompue la veille par l'arrestation de Duvert.

Une neige abondante accompagnée de givre tombait toujours; si nous n'eussions pas été soutenus par deux puissants mobiles : d'abord par celui d'aider à assurer l'évasion de nos amis, ensuite par l'idée délicieuse de pouvoir contrarier notre geôlier, je suis persuadé que la plupart d'entre nous seraient tombés en faiblesse.

Tout l'équipage était rassemblé sur le pont; les soldats les armes chargées, les maîtres étaient prêts à nous compter, lorsqu'une embarcation, se détachant du vaisseau commandant de la flotte pontonnière, aborda notre ponton.

– Encore quelque diablerie! s'écria notre geôlier furieux.

En effet, cette embarcation venait chercher dix prisonniers dénoncés ou cités par Duvert comme étant ses complices.

A cette nouvelle, la rage de R... ne connut plus de bornes.

– Ah! les misérables! s'écriait-il en nous menaçant du poing, ils ont fait de *la Couronne* un vaste atelier de faux, et je vais être destitué par leur faute... Que ne m'est-il permis de les mitrailler tous jusqu'au dernier!

Nos dix camarades partis, l'opération du comptage continua.

Il nous eût été facile, grâce aux trous secrets si hardiment et si habilement pratiqués la veille par nos charpentiers, de faire retrouver à notre bourreau son nombre exact de victimes; en agissant ainsi il nous eût été permis de regagner nos batteries et d'éviter le froid intense qui nous torturait sur le pont; mais nous avions soif de vengeance, et mettant au-dessus de nos souffrances la joie de pouvoir exaspérer l'odieux R..., nous résolûmes de pousser la plaisanterie aussi loin que possible.

A la première tournée ce ne fut plus, comme la veille, une différence de dix ou douze prisonniers, mais bien une de cinquante que nos compteurs eurent à constater.

A la seconde, changeant de système, nous nous trouvâmes soixante-deux hommes de trop!

R..., doutant s'il était éveillé et s'il ne subissait pas un cauchemar, se démenait comme un diable sur le pont. Jurant après son équipage, le frappant, le harcelant, il ne savait plus où donner de la tête. Nous ne tardâmes pas à augmenter encore ses émotions en le jetant dans un doute cruel. Le fait est qu'il y avait pour lui de quoi douter de sa raison. Laissant exprès faire le compte juste dans la batterie de trente-six, nous avions soin de produire un énorme mécompte dans le faux-pont, et vice versa. C'était à devenir fou.

Quant à nous, à chaque nouvelle mystification qui nous réussissait, nous éclations en cris, en bravos et en sifflets! Un moment nous espérâmes donner une attaque d'apoplexie foudroyante à notre geôlier abhorré, et, ma foi, cela ne tint qu'à peu de chose. Il est incontestable que si la nuit ne fût pas venue nous l'arracher, nous eussions fini par réussir. Le soir de ce second jour ne nous présenta pas une nourriture plus substantielle que celle de la veille : nous nous couchâmes encore pour ainsi dire à jeun.

Le lendemain, c'est-à-dire le troisième jour depuis l'évasion de nos camarades, nous nous attendions à être appelés de bonne heure sur le pont; et déjà nous réunissions toutes nos forces pour endurer ces nouvelles souffrances, mais il n'en fut rien.

Les portes de nos logements restèrent fermées, et nous

entendîmes jusque vers le midi un grand bruit sur le pont : on eût dit que l'on dressait des échafaudages. Nous étions inquiets et intrigués, lorsque vers une heure l'on vint nous ordonner de monter. Un singulier spectacle se présenta à notre vue.

Ce spectacle nous étonna d'autant plus, que, depuis la veille, les Anglais avaient laissé les mantelets de nos sabords fermés, et que, par conséquent, nous n'avions rien pu apercevoir de ce qui s'était passé au dehors.

En arrivant sur le pont, nous vîmes que *la Couronne* était entourée par une flottille composée de tous les canots des autres pontons : une double rangée d'officiers anglais, se tenant droits et immobiles sur le pont supérieur, nous attendaient. Sur le gaillard d'arrière trônait, assis dans un vaste fauteuil d'honneur placé au sommet d'un échafaudage dressé exprès, le commodore de la Flotte-Pontonnière-Bleue. Près de cet important personnage, à sa gauche, se voyait un capitaine de vaisseau, nommé Woodriff, qui n'était autre que l'agent général du dépôt, et qui avait bien voulu, vu la gravité des circonstances, et quoique cela ne le regardât pas personnellement, abandonner sa résidence de Forton pour se rendre à bord de *la Couronne.*

Enfin le pont était recouvert par un labyrinthe de barrières étroites, tout à fait semblables à celles que l'on établit aux abords des théâtres fréquentés pour contenir la foule; ce fut dans ces étroits espaces que l'on nous parqua.

Ainsi renfermés, l'on eut soin, avant de nous faire descendre, de nous compter d'avance, plusieurs fois, par escouade de dix hommes.

Heureusement que pendant cette opération les prisonniers placés près de notre trappe purent mettre à profit cette heureuse invention; aussi le premier résultat obtenu donna-t-il un chiffre tellement bizarre que les Anglais poussèrent des exclamations d'étonnement et de colère.

On eut beau recommencer, s'y prendre de toutes les façons, notre bienheureuse trappe ne cessa pas de fonctionner, et chaque opération nouvelle apporta un mécompte monstrueux aux Anglais.

La nuit venue, nos tyrans, plongés dans une espèce de crainte superstitieuse, durent nous laisser regagner nos logements : je suis intimement convaincu que la plupart des Anglais croyaient à l'intervention en notre faveur d'un pouvoir surnaturel.

Le troisième jour, comme le commodore se trouvait à notre bord et que l'envie eût pu lui prendre de descendre faire une tournée dans les batteries ou dans l'entrepont, nos fournisseurs nous livrèrent de la viande saine et fraîche, des légumes véritables et du pain qui était réellement, chose de laquelle nous étions depuis bien longtemps déshabitués, du vrai pain.

Je laisse à penser si nous dévorâmes avec avidité notre dîner, et si nous nous applaudîmes de notre persévérance. Le fait est que nous étions dans l'enchantement en songeant que par notre fermeté nous assurions la fuite de nos camarades et nous molestions des Anglais. Aussi fut-il convenu à l'unanimité que nous continuerions notre système de mystification.

Malheureusement, le lendemain matin, au point du jour, nous fûmes réveillés par une compagnie de soldats anglais qui pénétra dans nos logements, nous fit lever à coups de crosse et nous ordonna de monter de suite sur le pont. Nous espérions que nous allions subir un nouveau comptage, mais notre espoir fut déçu. On nous fit descendre immédiatement dans des embarcations rangées le long du ponton, et, escortés par des forces considérables, nous fûmes transbordés sur le vaisseau-ponton espagnol le *San Antonio*, notre voisin de l'avant.

Dès lors, tout moyen de ruse nous étant retiré, nous ne pûmes empêcher les Anglais d'opérer ensuite notre recensement, et de découvrir que les six prisonniers manquant à l'appel s'étaient évadés.

Heureusement que pendant les quatre jours que nous

avions tenu nos geôliers en échec, nos camarades n'avaient pas perdu leur temps et étaient parvenus, grâce aux intelligences qu'ils possédaient au dehors, à s'embarquer pour la France où ils arrivèrent sains et saufs, comme nous l'apprîmes plus tard.

X

R... toujours furieux
Infamies d'un nouveau genre
Un gardien de Terre-Neuve – Meurtres
La justice aux abois – Exigences ridicules
Aspersions glacées – Révolte – Audace – Victoire passagère
Repas mémorable

Le lendemain, dans la journée, l'on nous réintégra dans notre ponton *la Couronne*. Hélas! Je ne me rappelle encore aujourd'hui qu'avec un frémissement d'indignation et de colère le triste spectacle qui frappa notre vue lorsque, pénétrant dans la batterie et dans le faux pont, nous aperçûmes, gisant sur le plancher, les débris pulvérisés de nos outils de travail et de nos ustensiles de ménage, que le capitaine R..., vengeance ignoble et que je ne sais comment qualifier, avait fait briser pendant notre absence.

Quant à moi personnellement, je retrouvai mes vessies de couleurs écrasées par terre à coups de talon de botte, mes pinceaux en dérive et mes toiles déchirées en lambeaux; les livres que nous possédions, réduits en fragments, couvraient le sol comme d'une légère couche de neige.

Quel immense cri de douleur et de vengeance retentit alors! Que de grincements de dents, que de larmes! La plupart d'entre nous, accablés par cette grande infortune, pleuraient comme des enfants! Quelle joie devait éprouver le capitaine R...!

Le soir même de ce fatal désastre arriva à bord du ponton un énorme chien de Terre-Neuve que notre geôlier avait trouvé à propos de s'adjoindre comme surveillant. A cette vue de l'animal installé dans la galerie extérieure qui entourait *la Couronne*, juste au pied de l'escalier, l'explosion de notre colère éclata comme un cratère de volcan. Des cris de mort partirent de toutes les bouches, et nous nous précipitâmes vers les portes de nos logements pour les briser et pour envahir le pont; peu soucieux des balles anglaises et dominés par le seul sentiment de la vengeance, nous étions déterminés à tuer le misérable R..., quitte à payer plus tard de notre vie cet acte sanglant de justice!

Je ne sais si le misérable eut peur pour sa personne, ou s'il craignit que l'enquête qui viendrait après la révolte, en dévoilant ses cruautés à notre égard, ne soulevât contre lui l'opinion publique et ne lui fît perdre sa place : toujours est-il qu'il ne voulut ni n'osa profiter de l'occasion que nous lui offrions de nous faire fusiller. Il se contenta de nous laisser vociférer tout à notre aise.

Pendant les trois ou quatre jours qui suivirent la barbare destruction de nos livres et de nos outils, nous restâmes plongés dans une espèce de torpeur qui tenait presque de la folie. Ne sachant à quoi employer notre temps et ne pouvant plus travailler à améliorer notre position, nous gardions, la plus grande partie de la journée, un morne silence. Le peu de paroles que nous échangions étaient pour nous communiquer nos projets de vengeance.

L'adjonction du chien de Terre-Neuve à nos geôliers habituels avait, je l'ai déjà dit, excité au plus haut point notre indignation et notre colère. Nous tournâmes donc toutes nos idées vers la mort du vigilant et féroce animal. Après bien des tentatives inutiles nous parvînmes, le troisième jour de son arrivée, à lui faire avaler un morceau de viande empoisonnée, et nous le vîmes mourir quelques heures plus tard après une douloureuse agonie. Ce jour fut le premier où, depuis notre réintégration à bord de *la Couronne*, quelques chants joyeux retentirent dans nos logements.

– Ah! misérables!... s'écria le capitaine R... en nous menaçant du poing, vous payerez ce crime plus cher que vous ne le croyez! Vous verrez si je sais me souvenir d'une injure.

Un infernal charivari de sifflets accueillit ces paroles de notre geôlier qui s'éloigna furieux.

A partir de ce moment, les hostilités déclarées déjà depuis longtemps entre les Anglais et nous redoublèrent d'intensité et atteignirent jusqu'aux dernières limites de la haine.

Deux prisonniers furent tués ou, pour mieux dire, assassinés par les soldats anglais : le premier, un jeune novice bordelais nommé Dulaure, s'étant retourné et ayant levé la main sur un soldat qui le poussait brutalement à coups de crosse pour le faire rentrer, reçut une balle qui lui cassa l'épine dorsale; il mourut presque à l'instant; le second, dont le nom m'échappe, passant du faux pont dans la batterie pour se réunir à un assaut de danse, fut percé d'un coup de baïonnette et tiré par derrière; la balle ressortit par l'estomac, et il succomba sur-le-champ. Les deux assassins furent nommés caporaux : que l'on juge de l'état d'exaspération dans lequel nous nous trouvions!

Heureusement survint un événement qui nous apporta un peu de distraction; je veux parler du procès du canonnier Duvert, qui s'instruisit devant le jury d'examen ou le *coroner*.

Duvert, fidèle à sa parole, dénonça deux cents prisonniers d'entre nous, c'est-à-dire tous ceux dont le nom lui revenait à la mémoire, comme étant ses complices. Chaque matin c'était une procession et un va-et-vient perpétuel d'embarcations qui venaient nous chercher pour nous conduire à terre.

La joie de ceux qui étaient ainsi appelés devant la justice était immodérée : l'idée de quitter pendant quelques jours le ponton, de toucher du pied la terre, l'espoir qu'une occasion de s'évader se présenterait peut-être, leur faisaient oublier tous leurs maux présents et rêver un autre avenir.

J'avoue que quand, sur un billet que j'avais fait passer à Duvert par un prisonnier, et où je me recommandais auprès de lui de l'enseigne R..., on appela un matin mon nom, j'en éprouvai un plaisir extrême.

Rien de bizarre, au reste, comme ce procès, qui fit grand bruit dans le temps en Angleterre.

Duvert, impassible depuis qu'il avait détruit les pièces à conviction qui eussent pu le perdre, se montrait d'une rare adresse et mystifiait ses juges avec un aplomb merveilleux. Semblant, par moments, sur le point de tout avouer, il entrait dans une demi-voie de révélation et captivait toute l'attention du coroner pendant des heures entières, sans se livrer lui-même le moins du monde. Ensuite il jouait la frayeur, il nous regardait avec des yeux effarés, et laissait entrevoir qu'une formidable et mystérieuse association, formée entre nous, et dont il craignait de devenir la victime, retenait les aveux prêts à lui échapper.

Enfin, Duvert, dans la dernière séance de ce mémorable procès, fit atteindre à sa mystification les limites du sublime. Pressé de questions par le chef des juges, il feignit d'abord de réfléchir profondément, puis semblant prendre tout à coup son parti comme un homme que le remords accable :

– Messieurs, dit-il en se levant brusquement, il faut enfin que la clarté se fasse! Je sais que je me voue, en parlant, à une mort certaine, mais je ne reculerai pas!...

– Ne craignez rien, accusé, interrompit le coroner, entre vous et vos ennemis il y aura toujours la puissante main de l'Angleterre. Quant à votre franchise, soyez persuadé qu'au lieu de vous nuire, elle ne pourra que vous valoir l'intérêt et l'indulgence du jury, devant lequel nous vous renverrons.

– Oh! monsieur, s'écria alors Duvert d'un air de mélancolie et de tristesse profondes, ne parlons pas de moi. Mon sort est décidé, et toute la puissance anglaise n'est pas capable de l'empêcher de s'accomplir. Si vous saviez... mais non...

– Parlez, accusé, dit le coroner avec empressement.

– Non, c'est inutile!... Cela est en dehors de la question. Revenons à l'affaire qui nous occupe : à cette fabrique mystérieuse de bank-notes, à cette association formidable de faussaires, que moi seul puis faire découvrir!... D'abord, et avant tout, je dois vous déclarer que je suis personnellement étranger à ce complot... Je n'en suis que la victime.

Le coroner s'empressa de faire un geste qui pouvait se traduire par :

« Oh! cher ami, quant à vous, vous n'avez rien à craindre. » Et Duvert continua.

– Oui, messieurs, je puis dévoiler cette trame ténébreuse et inouïe dont la révélation vous frappera comme d'un coup de foudre; mais avant tout, je veux que vous me promettiez de ne reculer, après mes révélations, devant aucunes considérations, aucunes dépenses, pour arriver à constater la vérité.

– L'Angleterre est juste, puissante et riche, dit un des juges d'un air plein de dignité; elle ne recule jamais; parlez sans crainte.

Duvert resta plongé pendant quelques minutes dans de profondes réflexions; puis, relevant bientôt son front incliné sous le poids de ses prétendues préoccupations :

– Voilà, reprit-il, la marche la plus simple à suivre. Vous allez me faire conduire à bord de tous les pontons, et nous arrêterons tous les coupables : car la fabrication de la fausse monnaie a des ramifications dans tous les pontons; le nombre de ces coupables s'élève à environ deux mille...

A cette révélation, faite avec un sang-froid admirable et un sérieux parfait, le coroner éprouva un ébahissement comique, qui ne fit rien perdre à Duvert de sa gravité.

– Mais cette association doit avoir un chef, dit le magistrat; le connaissez-vous?

– Oui, certainement; on ne peut mieux.

– Alors nommez-le sans plus tarder. Une fois ce chef en notre pouvoir, notre tâche nous deviendra plus facile.

– Je ne demande pas mieux, messieurs; seulement permettez-moi, avant de me rendre à votre désir, de vous adresser une simple question, car étant fort ignorant des lois anglaises, je ne voudrais pas aggraver ma position en les enfreignant.

– Faites cette question, accusé; il y sera répondu.

– Je vous ai dit que je connaissais le chef de l'association des faussaires, mais je dois avouer que jamais je n'ai eu de rapports directs avec lui, que jamais je ne l'ai vu fabriquer de bank-notes; qu'enfin, il me serait impossible de rien préciser à sa charge. Cinq cents de ses complices me l'ont désigné comme leur chef; mais voilà tout. A présent, n'ai-je pas à craindre que si je dénonce cet homme, il ne m'attaque plus tard, en supposant que la justice ne puisse le convaincre de son crime, en calomnie, et qu'il me fasse condamner?

– Nullement, soyez tranquille à cet égard.

– Eh bien! messieurs, l'homme que plus de cinq cents de mes camarades, que vous pouvez faire assigner, m'ont déclaré être le chef de la fabrique des fausses bank-notes, est le lieutenant de vaisseau R..., commandant actuellement le vaisseau-prison de Sa Majesté Britannique *la Couronne*, s'écria Duvert d'une voix éclatante.

Cette révélation si inattendue produisit un coup de théâtre merveilleux. Le coroner comprit enfin qu'il était mystifié; nous éclatâmes d'un rire homérique, et beaucoup de gens du public, chose incroyable, prirent la déclaration du canonnier au sérieux.

Après n'avoir abouti qu'à produire un tel scandale, l'enquête ne pouvait être continuée, elle était tuée. Duvert sortit donc à son honneur de la critique position dans laquelle il se trouvait et qui eût pu tout simplement le conduire, sans sa présence d'esprit et sans son aplomb, à l'échafaud!

Je laisse à présent à deviner au lecteur l'incroyable colère que dut ressentir et que ressentit en effet notre geôlier lorsqu'il apprit, quelques heures plus tard, la façon dont son nom avait été prononcé à l'audience. Il jura de se venger de cette infamie, et il ne tint que trop bien, comme on le verra tout à l'heure, sa parole.

Ce ridicule procès eut du moins un bon résultat pour nous, car il nous permit, quoique nous eussions été très surveillés pendant notre séjour à terre, de nous créer de nouvelles intelligences et de nous procurer quelques ustensiles de ménage et quelques outils. Trois prisonniers, je n'ai jamais su de quelle façon ils s'y prirent, profitèrent aussi de cette occasion pour s'évader.

Revenons maintenant à bord de notre tombeau flottant *la Couronne.*

La *quarantaine* ne suffisant plus à la haine que depuis l'assassinat de nos deux camarades, le pauvre Dulaure et le novice, nous éprouvions contre l'infâme R..., nous étions convenus que chaque fois que nous l'apercevrions, nous le sifflerions à outrance.

Qui l'eût cru? cette gaminerie, car c'est le vrai mot, toucha plus sensiblement notre geôlier que n'eût pu le faire une tentative de révolte. Ces maudits sifflets lui prenaient horriblement sur les nerfs, et lui donnaient des accès de rage furieuse qui nous charmaient. N'osant plus ni sortir de sa cabine pour se promener sur le pont, ni recevoir des visites, car il craignait d'être humilié devant elles, ni abandonner son bord pour se rendre à terre, car il lui fallait passer devant nos sabords et subir notre bordée, notre geôlier avait fini par devenir le prisonnier de ses prisonniers!

Nous jouissions délicieusement de ce triomphe si inattendu, lorsqu'un matin le capitaine R... apparut tout à coup sur le gaillard d'arrière de son vaisseau, séparé, comme on sait, de notre parc par une haute barrière, et fit appeler un prisonnier français qui remplissait à bord du ponton les fonctions d'interprète. Inutile d'ajouter que les siffleurs s'en donnaient à cœur joie. Cependant bientôt un grand silence se fit, lorsque nous vîmes l'interprète, après avoir eu une assez longue conférence avec le capitaine, se diriger vers nous : nous l'entourâmes aussitôt.

– Camarades, nous dit-il, si mes fonctions d'interprète me forcent à vous traduire les paroles que je suis chargé de vous transmettre, elles ne me contraignent pas à les approuver. Voici la chose : le capitaine demande d'abord à faire la paix avec vous. Seulement quoique ce soit lui qui sollicite la cessation des hostilités, il nous impose les conditions suivantes.

Un grand silence s'établit aussitôt dans notre parc, et l'interprète, après avoir fait une légère pause, afin de donner plus de solennité à la communication qu'il avait à nous soumettre, reprit :

– Voici, messieurs, nous dit-il, les propositions que le capitaine R... désire nous voir accepter, s'engageant, dans le cas d'une soumission complète de notre part, à vivre avec nous en bonne intelligence :

1° Nous nous engagerons sur l'honneur à ne plus essayer aucune tentative d'évasion.

2° Nous cesserons de donner toute marque d'improbation à la vue du capitaine.

3° Nous continuerons à laver le pont.

4° Nous entretiendrons en bon état et nettoierons chaque matin cette petite cabane réservée, que je ne veux pas désigner par son vrai nom.

L'interprète allait continuer, mais à ces dernières paroles un cri d'indignation et de rage, poussé spontanément par tous les détenus, lui coupa la parole. Cette insulte éminemment anglaise envers des prisonniers de guerre nous parut si basse et si lâche, nous exaspéra à un tel point, que les soldats de garde crurent prudent de se placer entre le capitaine R... et nous en croisant la baïonnette.

– Je vote pour un concert de sifflets avec accompagnement de grosse caisse! s'écria un de nos camarades.

A l'instant même des sifflets furieux et des bravos ironiques s'élevèrent bruyants d'un bout à l'autre du ponton.

– Faites rentrer ces chiens dans leurs chenils, balbutia notre bourreau d'une voix étranglée par la rage en s'adressant à ses soldats.

Heureux d'un pareil ordre, ces derniers s'empressèrent de se jeter sur nous, et ce ne fut pas sans recevoir auparavant une grêle de coups que nous pûmes regagner nos logements.

Notre exaspération était alors si profonde, que ces idées de révolte que l'épouvantable tyrannie du capitaine R... nous donnait à chaque instant nous reprirent avec plus de force que jamais.

– Mes amis, prenez garde, nous disaient nos officiers, vous allez tomber dans le piège qui vous est tendu! Ne voyez-vous pas que cet infâme R... ne désire rien tant que de pouvoir motiver sa cruauté par vos violences? Il est vrai que nous sommes si malheureux que la mort n'a rien qui puisse nous effrayer, mais enfin réfléchissez que si d'être fusillés nous est une chose indifférente, rien ne pourrait causer une plus grande joie à nos bourreaux que d'avoir un prétexte pour nous mitrailler! Ne leur donnons pas cette joie! Au lieu de leur laisser voir par notre fureur que nous sommes sensibles à leurs persécutions et à leurs outrages, restons au contraire, du moins en apparence, de joyeux compagnons! Moquons-nous et rions d'eux à leur barbe, mais ne nous plaignons pas; que la gaieté française l'emporte sur la cruauté anglaise : sifflons et chantons, ne pleurons pas!

Pendant que nos officiers nous adressaient ces sages exhortations que nous écoutions avec respect et que nous prenions en considération, le capitaine R..., ivre de vengeance, s'occupait à nous punir de ce que nous n'avions pas voulu nous laisser avilir.

Bientôt nous vîmes, sans rien comprendre à cette manœuvre, embarquer la pompe à incendie dans la chaloupe que suivirent deux canots, l'un placé à son avant, et l'autre à son arrière.

– Voilà qui est étrange! disions-nous. Pourquoi choisir un jour de froid et de neige comme celui d'aujourd'hui pour approprier l'extérieur du ponton?

Hélas! notre illusion fut de bien courte durée. A peine la chaloupe, aidée des deux canots, se fut-elle éloignée de quelques brasses de *la Couronne* que le capitaine R..., orientant lui-même la pompe contre nous, ordonna à ses hommes de la mettre en mouvement.

Aussitôt une trombe d'eau s'engouffrant à travers les sabords de la batterie et les hublots du faux pont s'abattit sur nous et nous enveloppa de son étreinte glacée. Comment décrire notre stupéfaction et notre désespoir! En vain essayions-nous de nous réfugier dans les angles de la batterie et de mettre nos effets à l'abri, l'eau glacée nous poursuivait et nous atteignait partout!

Enfin, peu à peu, nous parvînmes à organiser une résistance. Les tables, les bancs, tous les meubles que nous possédions furent placés contre les sabords et les hublots, et notre adresse aidant, nous ne tardâmes pas à nous trouver à l'abri. R..., exaspéré de voir que nous ne subissions pas de bonne grâce ses douches, ordonna aux soldats placés sur le pont d'envahir notre batterie et de détruire nos barricades!

Ma foi! notre patience était à bout : et nous opposâmes la force à la force; nous dressâmes des barricades. Armés de couteaux emmanchés au bout de longs bâtons, et à l'abri derrière nos bancs, nous attendîmes les soldats anglais de pied ferme et bien décidés à ne pas reculer d'une semelle.

– En joue! commanda un sergent qui n'osant se mettre à la tête de ses hommes pour nous charger trouva bien plus commode et moins dangereux de nous faire fusiller à distance.

Les Anglais levaient leurs fusils et n'attendaient plus que le mot « Feu! » lorsqu'un de nos camarades, un capitaine de corsaire, abandonnant une encoignure où il s'était abrité, se jeta entre eux et nous :

– Soldats ! leur dit-il en se retournant de leur côté et en entr'ouvrant par un geste rapide et plein d'énergie la grossière veste de toile qui couvrait sa poitrine, si vous êtes des assassins, accomplissez votre œuvre de sang !... Si vous êtes de braves soldats, bas les armes !

Les Anglais intimidés et surpris par la fière énergie du corsaire semblèrent hésiter et se retournèrent vers leur sergent ; mais celui-ci, les yeux baissés, paraissait fort embarrassé lui-même.

Le corsaire comprenant que l'avantage était de son côté avança alors lentement de quelques pas en fixant les Anglais d'un de ces regards froids et impérieux à la fascination desquels les natures ordinaires ne peuvent se soustraire, puis touchant du bout du doigt d'un air de commandement et de dédain le canon d'un fusil qui s'appuyait presque déjà sur sa poitrine :

– Bas les armes, soldats ! répète-t-il d'une voix vibrante, qui retentit claire et sonore jusqu'à l'extrémité de la batterie.

Les Anglais obéirent.

– Mais monsieur, dit alors le sergent, nous avons reçu l'ordre de détruire les barricades que vous avez élevées contre les sabords pour vous garantir de l'eau, et nous devons obéir.

– Obéir ! s'écria le corsaire. Quoi ! vous, des soldats, vous consentiriez à remplir l'office de valets de bourreau... car cette eau glacée dont on nous inonde est pour nous mortelle... vous le savez... Non, jamais je ne vous croirai capables de souiller ainsi votre uniforme.

– Je ne dis pas que le capitaine n'ait point tort et qu'il n'aille pas un peu trop loin, interrompit le sergent, cela ne nous regarde pas !... l'obéissance avant tout... Ainsi, retirez-vous, ou sinon...

– Sinon vous nous ferez fusiller!... n'est-ce pas? Eh bien, je vous en défie, moi! s'écria l'intrépide corsaire.

– Ah! prenez garde! prisonniers...

– Mes amis, nous dit le corsaire en se retournant vers nous, jetez bas vos armes, sortez de vos cachettes, et mettez-vous hardiment, la poitrine découverte, devant ces soldats!... Nous verrons s'ils osent déshonorer l'armée anglaise.

Nous nous empressâmes d'obéir à cette invitation, et nous vînmes nous placer, désarmés et dans une attitude inoffensive, à quelques pas des Anglais.

– A présent, reprit le corsaire en s'adressant à ces derniers, je vous avertis que mes camarades ne vous laisseront pas arriver jusqu'aux sabords... à moins, toutefois, qu'usant de vos armes, vous ne nous massacriez tous! Or, comme nous sommes ici près de quatre cents, que nous tomberons tous sans essayer de nous défendre, et que, par conséquent, pas un seul d'entre vous ne sera frappé, il deviendra manifeste pour l'univers entier, en supposant même que pas un d'entre nous ne survive pour témoigner contre votre monstrueux assassinat; il sera évident, dis-je, que nous ne nous sommes pas révoltés et que vous nous aurez égorgés pour le seul plaisir de répandre notre sang!... qui sait? par la peur probablement de vous retrouver plus tard face à face avec nous sur quelque champ de bataille!... Osez tirer! je vous en défie...

Ce petit discours, que je crois bien rapporter textuellement ici, car il fit sur moi, dans le moment, une profonde impression et se grava de suite dans ma mémoire, déconcerta complètement le sergent anglais.

– Vous êtes tous des entêtés et des rascals! s'écria-t-il, et vous ne valez pas la peine que l'on cause avec vous. Arrangez-vous comme bon vous semblera! J'espère que le capitaine R... saura vous faire repentir de l'empêchement que vous mettez à l'exécution de ses ordres.

Le sergent, après avoir prononcé ces paroles, s'éloigna en emmenant ses hommes avec lui, et nous restâmes maîtres du champ de bataille. Nous nous croyions sauvés et nous songions déjà à réparer les avaries causées par la pompe du capitaine R...; mais nous comptions sans notre hôte. Un autre détachement de soldats et de matelots armés, envahissant de nouveau la batterie et le faux pont, nous fit bientôt monter sur le tillac.

Alors, les gens qui montaient les deux canots placés en avant et en arrière de la chaloupe, nageant vers le ponton, brisèrent à coups de gaffe les obstacles que nous avions placés devant les sabords, et le jeu de la pompe recommença, dirigeant alternativement son jet d'eau dans la batterie et dans le pont, de façon à atteindre et nous et nos effets.

Ici se place un épisode burlesque. Exaspéré par les cris de joie et par les bravades du capitaine R..., un de nos camarades, saisissant une pomme de terre cuite dans un énorme tas de ces légumes qui se trouvait sur le pont, la trempa dans un baquet de goudron et la lança avec tant d'adresse qu'elle frappa en plein le visage de notre persécuteur.

La gaieté est d'essence française; aussi, à peine le projectile eut-il atteint la laide figure du capitaine R... qu'un éclat de rire immense, accompagné de bravos frénétiques, s'éleva jusqu'aux cieux. Oubliant aussitôt et nos souffrances et les pertes que nous venions d'éprouver, nous nous précipitâmes vers le tas de pommes de terre, et renversant dessus le baquet de goudron, nous commençâmes, armés de ces projectiles de nouvelle espèce, à assaillir notre geôlier, dont le corps, en moins de deux minutes, ne présenta bientôt plus qu'une belle couche de goudron.

Cruellement contusionné, aveuglé et ne pouvant parler, le capitaine R... fut sublime dans sa résistance. Dix fois le tuyau de la pompe tomba d'entre ses mains, et dix fois il ramassa et essaya de le diriger contre nous.

Enfin vaincu, hors de combat, il fit signe à ses matelots

qu'ils eussent à regagner le ponton, où il aborda quelques secondes plus tard.

Je laisse à se figurer au lecteur le charivari monstrueux qui accueillit notre geôlier lorsqu'il mit le pied sur le pont : on eût dit un chœur dirigé par Éole et exécuté par ses enfants. Je suis persuadé que si R... eût osé nous faire fusiller en ce moment, pas un seul d'entre nous n'eût trouvé grâce devant sa colère; il est vrai qu'à la rigueur il eût pu se passer la fantaisie de nous faire envoyer quelques balles, car le gouvernement anglais se montrait fort tolérant pour ces sortes de choses; mais il craignit sans doute que l'enquête soulevée par cet événement, quelque bienveillante et peu sévère qu'elle pût être, ne jetât encore une trop vive lumière sur le passé et n'entraînât sa destitution; cette crainte nous sauva de sa sanglante vengeance.

Nous pensions que notre victoire allait nous permettre de retourner dans nos logements, mais nous nous trompions. Le capitaine R... n'était pas un homme à abandonner ainsi la partie : il tenait à avoir la seconde manche.

Il pouvait être alors environ trois heures de l'après-midi : une neige épaisse tombant avec violence nous aveuglait et nous engourdissait tout à la fois; plusieurs prisonniers, à peine recouverts par de misérables haillons et minés par la fièvre, grelottaient de froid et n'avaient même plus la force de se tenir debout, lorsque nous vîmes placer des sentinelles devant les étroites issues qui conduisaient aux batteries et au faux pont : nous comprîmes que notre séjour en plein vent devait se prolonger, et nous nous encourageâmes mutuellement à la patience. Hélas! nous ne devinions pas jusqu'où devait s'étendre la colère de notre vindicatif *turnky!*

Comment dépeindre le désespoir que nous ressentîmes lorsque nous vîmes des soldats et des matelots anglais descendus dans nos logements remonter bientôt, pliant sous le poids de nos lits, de nos effets d'habillement et des nouveaux ustensiles de travail et de ménage que nous étions parvenus à nous procurer pendant notre séjour à terre, lors du procès de Duvert, jeter sur le tillac de la dunette, dans un affreux pêle-mêle, et exposer à la neige et à la pluie ces lits, ces effets et ces ustensiles! Cette fois, accablés par cette barbarie et vaincus par la nécessité, nous demandâmes grâce.

Un prisonnier fut dépêché pour traiter avec le capitaine, mais son retour nous ôta bientôt tout espoir.

R..., toujours impitoyable, exigeait, avant d'entrer en pourparlers avec nous, que nous commencions d'abord par accepter les conditions qu'il nous avait déjà fait faire par l'interprète, c'est-à-dire que nous nous engagions sur l'honneur à ne plus déserter, et à aider les Anglais à laver et approprier le navire.

Ces exigences, au lieu de nous accabler, nous rendirent toute notre indignation et tout notre courage; nous résolûmes, à l'unanimité, de ne pas céder, et nous commençâmes à nous organiser du mieux que nous pûmes pour résister aux souffrances qui nous attendaient. Les prisonniers les plus chaudement couverts se dépouillèrent d'une partie de leurs vêtements en faveur des malades, puis, ayant balayé la neige qui encombrait le pont, nous nous couchâmes en nous serrant, à l'exemple des rafalés, les uns contre les autres, afin de pouvoir résister au froid qui commençait à nous gagner avec une telle force qu'il nous devenait impossible de conserver la liberté de nos mouvements et de nous servir de nos membres.

La vue de nos effets que les Anglais continuaient à amonceler en forme de pyramide sur la poupe nous causait une poignante douleur; mais déterminés à ne pas donner à nos tourmenteurs la joie de nos souffrances, nous affections devant ce spectacle qui nous navrait l'âme une profonde indifférence, hélas! bien loin de nos cœurs.

A plusieurs reprises, nous entonnâmes même en chœur la *Marseillaise*. La plupart des matelots anglais, touchés de notre affreuse position et de notre courage, ne se cachaient pas pour nous laisser voir toute la part qu'ils prenaient à notre malheur; ils étaient indignés de la conduite de leur capitaine.

A quatre heures, car les journées sont courtes l'hiver en Angleterre, la nuit commença à nous envelopper de son ombre; la distribution des vivres n'avait pas encore eu lieu, et nous étions, sauf un semblant de déjeuner qu'on ne pouvait raisonnablement compter pour un repas, à jeun depuis la veille.

Je passerai sous silence, car il est des tableaux qui sont aussi pénibles à retracer qu'à voir, le laps de temps qui s'écoula jusqu'au moment où l'on vint nous avertir que la soupe allait nous être distribuée. Minuit sonnait alors : et il y avait, par conséquent, quatorze heures que nous étions exposés sur le pont à toutes les rigueurs de l'hiver.

Nous étions tellement faibles et engourdis que, malgré la faim qui nous rongeait les entrailles, on dut nous forcer de nous lever pour aller prendre, dans la batterie et dans le faux pont, notre repas.

La plupart d'entre nous ayant été trempés des pieds à la tête par l'eau de la pompe, avaient leurs vêtements complètement gelés, et éprouvaient la plus grande difficulté à se tenir debout.

Enfin, une fois que nous eûmes secoué notre torpeur, la nature reprit ses droits et nous nous précipitâmes, en nous bousculant, vers nos logements, où notre souper nous attendait! Ici se place un détail banal, presque grotesque à première vue, surtout pour les gens qui n'ont jamais manqué de rien, qui compléta dignement notre série de souffrances, c'est-à-dire que nous ne possédions plus une seule cuiller, les Anglais nous ayant tout enlevé ou brisé. Or l'espèce de soupe que l'on nous servait étant brûlante, nous ne savions comment la manger.

L'obscurité profonde qui enveloppait nos logements ne contribuait pas peu non plus à augmenter notre confusion, et nous empêchait d'organiser nos *platées*. De tous les côtés on s'appelait et on se cherchait, c'était des bidons ou des gamelles renversées, des cris, des imprécations et des coups!

Quel spectacle pour nos amis de France, s'ils eussent pu nous voir, semblables à des animaux, nous jeter à plat ventre par terre, dévorer, dans l'obscurité, les contenus souillés de nos plats! Hélas! c'était affreux.

Enfin, après avoir apaisé les plus impérieuses exigences de notre faim, nous nous couchâmes sur le plancher mouillé de la batterie et de l'entrepont, et nous essayâmes de nous endormir.

Cette fois nos officiers, poussés à bout par tant de cruauté, partageaient notre indignation, et loin de s'opposer à nos projets de révolte, nous excitaient, au contraire, à la résistance.

Je compris que si un événement imprévu ne venait se placer entre l'infâme R... et nous, j'assisterais bientôt à quelque éminente et sanglante catastrophe.

Hélas! j'étais tellement dégoûté de la vie que, j'avoue ici ce sentiment avec peine, la pensée de pouvoir tuer des Anglais était la seule qui apportât, en ce moment, quelque soulagement à mes souffrances!

Il y a eu dans ma captivité des heures terribles dont le souvenir me poursuit, et que j'éprouve une invincible répugnance à dérouler aux yeux du lecteur. Je demanderai donc la permission de ne pas m'appesantir sur les sept jours qui suivirent.

Je dois toutefois rapporter que pendant cette semaine, nos effets restèrent exposés sur la dunette, à la pluie et à la neige qui continuèrent de tomber sans interruption, et que lorsque le capitaine R... nous permit de les reprendre, ils étaient tous tellement avariés que nous fûmes obligés d'en jeter la plus grande partie à la mer.

Les idées de révolte dont j'ai parlé ne s'étaient pas endormies en nous, bien au contraire; réunis la plupart du temps en conseil, nous délibérions sur les mesures à prendre pour mener à bonne fin notre dangereuse entreprise, et nous concertions notre plan de façon que si la chance se déclarait contre nous, ce qui était malheureusement trop possible, au moins notre défaite coutât cher aux Anglais. Ce que nous appelions avant tout, de nos vœux les plus ardents, n'était pas tant l'heure de la délivrance que celle de la vengeance.

Nos mesures étaient à peu près prises, et nous n'attendions plus qu'une occasion favorable pour frapper le grand coup, quand un événement qui, au premier abord, semblait ne devoir nous regarder en rien, vint nous arrêter sur le bord de l'abîme. Voici le fait.

XI

Changement subit
Humanité de R... – Perfidie de Duvert
Assassinat – Désertion manquée
Je suis nommé interprète

Le capitaine R... ayant eu une discussion d'intérêt avec nos fournisseurs qui, à ce qu'il paraît, s'étaient refusés à acquiescer à certaines exigences que notre geôlier voulait, depuis que l'on nous traitait si mal, voir porter plus haut; le capitaine R..., dis-je, se retourna tout d'un coup de notre côté, et jouant l'indignation la plus profonde, feignit d'être révolté de la façon barbare dont on agissait avec nous.

Ce changement de conduite, dont nous ne connûmes la vraie cause que longtemps après, suffit pour nous faire renoncer à notre projet. En effet, après les souffrances sans nom que nous avions eu à endurer jusqu'alors, la nouvelle vie qui s'offrait à nous nous paraissait le bonheur.

Les bateaux marchands revinrent à bord de *la Couronne;* on nous permit de travailler même aux chapeaux de paille, ce qui était prohibé, et on nous laissa renouer nos relations avec la terre. Nous ne revenions pas de notre étonnement. Le capitaine R..., pousant plus loin la bonté, fit venir une dizaine d'entre nous près de lui et leur demanda si nous étions satisfaits de nos vivres. On conçoit sans peine quelle fut notre réponse.

– Eh bien, mes amis, nous dit de l'air le plus affable le capitaine R..., adressez une plainte signée par vous tous au *Transport-Office;* racontez toutes les infamies de ces voleurs de fournisseurs; entrez dans les plus grands détails sur la façon scandaleuse dont ils agissent envers vous; dressez, en un mot, un long procès-verbal des faits que vous avez à leur reprocher, et apportez-moi ensuite ce mémoire : je me charge de le faire parvenir à qui de droit.

Enchantés de cette proposition, nous délibérâmes aussitôt sur la manière dont nous devions nous y prendre pour en tirer tout le parti possible.

Cette délibération nous conduisit à inventer un stratagème dont la réussite devait nous venger, et du capitaine R... et des fournisseurs.

D'abord, et avant tout, nous nous empressâmes de nous conformer aux désirs de notre ancien ennemi et nouvel allié; nous relatâmes dans un rapport fort détaillé tous les sujets de plainte que nos fournisseurs nous avaient donnés : le lecteur doit penser s'ils étaient nombreux.

Cette longue énumération de nos souffrances se terminait par un éloge pompeux de la façon dont le capitaine R..., commandant le vaisseau-prison de S.M.B. *la Couronne,* se conduisait envers les prisonniers confiés à sa sollicitude et à sa surveillance.

Cet éloge, je dois l'avouer, nous coûta beaucoup à écrire; à chaque mot que nous tracions, le souvenir d'un acte arbitraire ou d'une cruauté nous faisait tomber la plume des mains; toutefois, comme nous avions devant nous la perspective d'une vengeance, nous parvînmes à le terminer tant bien que mal.

Une fois que ce rapport fut bien et dûment revêtu de nos signatures, nous passâmes à une seconde rédaction bien autrement agréable pour nous, c'est-à-dire au récit des cruautés et des infamies sans nombre que nous avions eu à endurer de la part de notre maître R... Rien ne fut oublié, et notre indignation aidant, le style de ce rapport se trouva à la hauteur de notre infortune.

Choisissant alors, et ce choix ne nous fut que trop facile, un pain détestable parmi ceux que l'on nous avait distribués le matin, nous en retirâmes une partie de la mie et nous y glissâmes le rapport accusateur, puis le pain fut bien rajusté et mis dans une petite caisse non fermée que nous portâmes au capitaine R...

Notre geôlier, après avoir pris lecture du rapport concernant les fournisseurs, rapport qu'il approuva hautement, jeta un coup d'œil sur l'échantillon de pain que nous y joignions, et dont la vue lui arracha un énergique juron contre les gredins qui exploitaient avec tant d'impudeur la misère des pauvres prisonniers français; puis, faisant clouer la caisse devant nous, il nous congédia en nous promettant qu'avant une heure et le rapport et la caisse partiraient pour leur destination.

Que l'on juge de la joie que nous éprouvâmes lorsque nous vîmes son propre canot quitter bientôt notre ponton emportant avec lui nos deux dénonciations.

Pendant les deux ou trois jours qui suivirent, la bonté de notre geôlier à notre égard loin de se démentir ne fit que s'accroître. Les communications avec la terre nous furent permises, et nous jouissions, relativement à notre état passé, d'une excessive liberté.

Le capitaine R... attendait pour prendre sa revanche de cette bonté qui lui pesait, et pour revenir à son ancienne sévérité, que l'enquête que devait provoquer notre pétition contre les fournisseurs fût terminée.

– Mes amis, nous dit le canonnier Duvert, qui depuis son procès jouissait d'une grande considération à bord du ponton, il ne faut pas nous laisser endormir par les manières patelines et hypocrites du *turnky;* je crois que nous ferions mieux d'en profiter. Écoutez-moi bien. Grâce aux facilités que nous avons de communiquer en ce moment avec la terre, je me suis créé certaines relations et certaines intelligences dont nous pourrions tirer parti.

« Mais, avant de poursuivre, je voudrais bien que quelques hommes se tinssent de garde à la porte de la batterie, pour nous garantir de l'espionnage des Anglais et nous avertir de leur présence...

Deux matelots se détachèrent aussitôt de l'auditoire, furent se placer en sentinelle, et Duvert reprit :

– Mes amis, nous dit-il, vous allez peut-être trouver mon projet insensé. Mais souvenez-vous bien que dans les positions désespérées il ne faut avoir jamais recours qu'aux grands moyens... autrement on se perd sans ressource; les moyens ordinaires employés pour s'évader étant connus, il faut donc que nous cherchions quelque chose de neuf et d'imprévu. Voici, quant à moi, ce que je propose.

« Nous allons achever de creuser tous les trous qui sont en voie d'exécution, et depuis les gentillesses de R... ces trous se sont de beaucoup multipliés, car chacun ne songeait plus qu'à se soustraire à sa tyrannie puis, lorsque dans cinq ou six jours au plus cette besogne sera terminée, nous nous évaderons tous en masse.

– Comment cela en masse? demanda un prisonnier.

– Eh oui donc, en masse; c'est-à-dire qu'au lieu de nous glisser furtivement à l'eau, en ayant bien soin d'éviter l'attention des sentinelles, nous piquerons tous notre plongeon, sans plus nous inquiéter des Anglais que s'ils n'existaient pas. Que diable voulez-vous que fassent les factionnaires en voyant pleuvoir des hommes dru comme grêle? Ils seront tellement surpris par ce phénomène qu'ils croiront rêver, et avant qu'ils aient eu le temps de se remettre, nous serons déjà hors de leur portée. A présent, supposons encore qu'ils nous envoient quelques coups de fusil : eh bien, où serait le grand mal à cela? Deux ou trois tués et blessés, le reste sauvé. C'est une affaire magnifique...

– Je ne dis pas que cette invention-là soit à mépriser, monsieur Duvert, interrompit un matelot; seulement, je voudrais bien vous poser une question. Une fois à l'eau, que deviendrons-nous? Ne serons-nous pas repincés incontinent par les embarcations que l'on enverra à notre poursuite?...

– Certainement, si grâce à ces intelligences que je possède à terre, et dont je vous ai parlé, quatre yoles ne nous attendaient pas à quelques brasses du ponton pendant toute la nuit choisie pour notre évasion...

– Ah! si quatre yoles nous attendent... alors c'est tout différent. M'est avis qu'il ne nous reste plus qu'à terminer au plus vite nos trous...

Tous les prisonniers, surtout ceux qui savaient nager, s'empressèrent de donner leur adhésion à ce projet, et l'on convint de se mettre de suite à l'ouvrage. Cette conversation, ou si l'on aime mieux ce complot, se passait vers les quatre heures du soir; pour ne pas donner l'éveil à nos geôliers, nous remontâmes, quoiqu'il fît un temps détestable, sur le pont.

– Ne vous couchez-vous pas? dis-je une heure plus tard à un matelot, mon voisin de lit, lorsque le moment prescrit par le règlement pour rentrer dans nos logements fut arrivé.

– Mon camarade, me répondit ce matelot, qui se nommait Duboscq, je reste.

– Êtes-vous donc de faction cette nuit pour protéger nos travaux?

– Pas le moins du monde; j'attends que maître Barclay vienne m'ouvrir la porte, car nous avons, lui et moi, une petite affaire de marchandises à traiter ensemble, et nous sommes convenus d'un rendez-vous pour cette nuit...

– Voilà qui est étrange : avec la liberté dont nous jouissons actuellement, qui vous empêchait de terminer votre affaire avec le caporal pendant la journée?

– Oh! c'est que ce gredin de Barclay est malin. Il sait que quoique notre *turnky* ait l'air de nous porter dans son cœur, il ne nous en déteste pas moins pour cela, plus encore qu'auparavant peut-être, et qu'il prend note en lui-même de ceux de ses hommes qui traitent avec nous en nous montrant de la pitié, afin de pouvoir leur faire payer ça plus tard.

« Or, comme Barclay veut être nommé sergent, et qu'il lui faut, pour obtenir ce grade, rester dans les bonnes grâces de son supérieur, il affecte toujours de déployer la plus grande sévérité à notre égard, et ne traite d'affaires avec nous qu'en cachette et à la sourdine.

– A présent, je comprends votre rendez-vous de ce soir!... Mais j'y pense! N'est-ce pas vous qui avez attiré ce Barclay maudit, en lui proposant de lui vendre des bretelles, dans le piège où il est tombé et qui lui a valu si belle correction?

– Moi-même! Avouez qu'il avait bien mérité les honneurs de la savate.

– Il avait mérité la potence! Mais ne craignez-vous pas qu'il vous garde rancune de cette correction, et que son rendez-vous de cette nuit ne soit une revanche qu'il veuille prendre sur vous?

– Où voyez-vous là une revanche? Je ne vous comprends pas.

– C'est fort simple; qui vous dit que Barclay ne compte pas vous faire surprendre en contravention? ce qui vous vaudra huit jours de cachot.

– Et lui qui est mon complice... il se dénoncerait donc aussi?

– Je ne songeais pas à cela; vous avez raison. N'importe, à votre place je n'aurais aucune relation avec cet homme, qui ne peut avoir oublié l'injure que vous lui avez fait subir... Croyez-moi, d'une façon ou d'une autre, il trouvera le moyen de vous être désagréable...

– Au fait, peut-être avez-vous raison... Oui, en y réfléchissant, il vaut mieux que je rompe tout à fait avec lui... Seulement, comme il est mon débiteur pour une somme de cinq shillings, je le verrai encore ce soir, mais ce sera la dernière fois...

– Mon cher Duboscq, je suis ravi de vous voir suivre mon conseil; bonne chance!

Sans me préoccuper davantage de cette affaire, je gagnai mon hamac et me couchai.

Il pouvait y avoir deux heures que je dormais d'un profond sommeil, lorsqu'une forte détonation me réveilla en sursaut. Je me jetai en bas de mon hamac.

Presque aussitôt un cri de douleur appela mon attention.

– Qui donc a été blessé? qu'est-ce qu'il y a? qui a tiré ce coup de fusil? demandaient de tous les côtés les prisonniers en se bousculant dans l'obscurité.

La réponse sollicitée par ces questions ne se fit pas longtemps attendre. Des gémissements étant partis du fronton de la rambarde de l'arrière de la batterie, nous nous dirigeâmes de ce côté, où gisait l'infortuné Duboscq baigné dans son sang et ne donnant presque plus signe de vie.

Nous allions essayer d'étancher le sang qui coulait à gros bouillons d'une affreuse blessure qu'il avait reçue en pleine poitrine lorsque les Anglais, munis de lanternes sourdes et ayant leurs armes prêtes à faire feu, entrèrent en foule dans la batterie et s'emparèrent de lui.

– Mes amis, nous dit Duboscq d'une voix éteinte, vengez-moi... mon assassin est Barclay...

Le lecteur se rendra facilement compte de l'émotion que cet événement tragique nous causa : le reste de la nuit se passa pour nous sans sommeil.

Le lendemain matin notre geôlier, l'infâme R..., nous apprit que notre pauvre camarade était mort, et il nous réprimanda ensuite avec une douceur à laquelle il ne nous avait pas habitués, et qui dut lui coûter beaucoup, sur nos tentatives réitérées d'évasion.

En vain lui répondîmes-nous que Duboscq n'avait jamais eu une pareille pensée; que sa mort constituait non pas une répression, mais bien un horrible assassinat, et que nous étions en mesure de prouver cette assertion; en vain lui demandâmes-nous de faire arrêter l'infâme Barclay, il resta sourd à nos accusations et à nos prières et se contenta de nous conseiller de renoncer à nos projets de fuite.

Voyant nos plaintes ainsi repoussées, nous jurâmes de venger notre malheureux ami sur la personne de son assassin.

Quatre jours plus tard, les préparatifs de la grande évasion que nous projetions se trouvant terminés, il fut convenu qu'à la nuit suivante nous tenterions notre périlleuse aventure.

Je ne puis dire le désespoir qu'éprouvaient les prisonniers qui ne savaient pas nager, en songeant qu'il leur était impossible de partager nos dangers et nos espérances; je dois également avouer que beaucoup de nos camarades, effrayés de l'audace de notre entreprise, nous déclarèrent franchement qu'ils ne voulaient pas s'y associer. Tous, au reste, nous suppliaient, si nous avions le bonheur d'atteindre la France, de ne pas les oublier, de tâcher de leur faire passer quelques secours et d'obtenir leur échange.

Enfin l'on entendit et l'on vit pendant toute la journée, à bord de *la Couronne*, des conversations animées et des visages émus. Je ne comprenais pas, quant à moi, que cette animation inusitée pût échapper à la vigilance et à l'observation de nos gardiens, et il me tardait d'entendre sonner l'heure fixée pour notre fuite : cette heure était celle de minuit.

Ah! combien je regrettais en ce moment d'avoir refusé de m'associer à l'évasion du frère la Côte, qui avait si bien réussi! Combien j'en voulais à l'enseigne R*** de se trouver libre! Car, me disais-je, qui sait? si cet officier n'eût point accepté la place que l'on m'offrait, peut-être bien eussé-je fini par me décider!

Rendu injuste par la souffrance, je maudissais aussi la mémoire de ce bon et intrépide Bertaud, dont la fin tragique, en m'impressionnant vivement, m'avait fait perdre toute mon ardeur. Au total, j'étais bien décidé cette fois à ne pas rester en arrière, et à ne reculer devant aucun obstacle et aucun danger.

Vers le milieu de cette mémorable journée qui devait décider de notre sort, nous vîmes apparaître sur le pont l'infâme Barclay revêtu des insignes du grade de sergent. Je ne puis dire la colère que cette vue produisit sur nous; cette récompense d'un si noble sang si lâchement et si perfidement versé nous indigna au-delà de toute expression et augmenta encore, si cela était possible, avec notre haine pour les Anglais, l'envie que nous éprouvions de nous soustraire à leur odieuse tyrannie.

Enfin sonna l'heure du couvre-feu : nous regagnâmes nos hamacs et nous nous déshabillâmes; un profond silence, à peine troublé par quelques chuchotements furtifs, régna bientôt dans la batterie et dans le faux pont; mais que de cœurs battaient à se rompre!

Chaque minute qui nous rapprochait du moment solennel redoublait notre émotion; le temps s'écoulait pour nous trop lent et trop rapide, c'est-à-dire que nous eussions ardemment souhaité tantôt d'avoir encore vingt-quatre heures devant nous, tantôt que le signal de la fuite se fît entendre sans plus tarder.

Quant à Duvert, l'âme et le chef de notre complot, se glissant en rampant de hamac en hamac il allait porter partout ses exhortations et donner ses ordres.

Ce fut dans l'alternative d'une espérance folle et d'un découragement complet que se passa pour moi le temps qui nous séparait de l'exécution de notre projet. Enfin, les Anglais piquèrent minuit à la cloche placée sur le pont, et nous nous levâmes tous comme un seul homme. Je me rappelle encore, comme si cela ne datait que d'hier, l'émotion que j'éprouvai alors : chaque coup de la cloche me retentit au cœur.

Encore quelques secondes, et notre sort, bon ou mauvais, allait être accompli, lorsque voilà tout à coup la porte du faux pont qui s'ouvre, et le capitaine R... qui apparaît à la tête d'un très fort détachement de soldats.

– Que personne ne bouge, nous crie-t-il en entrant, ou je vous fais fusiller tous!

On conçoit le découragement et la terreur qui s'emparèrent de nous à cette vue et à ces paroles; frappés de stupéfaction et d'épouvante, nous perdîmes tout à fait la tête, et nous nous hâtâmes, malgré la défense qui nous en était faite, de nous réfugier dans nos hamacs, ou, pour être plus véridique, dans les premiers hamacs qui se trouvèrent à notre portée.

– Français! s'écria bientôt le capitaine R... au milieu d'un profond silence, vous abusez de mes bontés; cela est mal. Quoi! je vous traite plutôt en frère et en ami qu'en chef, et au lieu de me tenir compte de mes bontés par une conduite exemplaire, vous essayez de vous dérober à ma surveillance et de vous évader! Je serais certes en droit de vous punir sévèrement, je le devrais même pour obéir au devoir; mais en songeant d'un autre côté à l'exaspération que vous fait éprouver journellement la façon indigne dont agissent envers vous les fournisseurs, je vous prends en pitié, je vous plains, et je me sens tout disposé au pardon!

Le capitaine R..., après avoir prononcé ce beau discours dont la modération dut lui occasionner une colère rentrée, se tut un moment, puis reprenant bientôt d'une voix menaçante :

– Ce sont vos fournisseurs, n'est-ce pas, dont les indignes traitements vous ont conduits à tramer le vaste complot qui devait aboutir cette nuit? Répondez?

Comme tout le monde comprit que le capitaine R... attachait un grand prix à cette réponse, chacun s'empressa de crier : Oui! car il s'agissait avant tout d'éviter les peines dont nous nous étions rendus passibles.

– Alors, reprit le capitaine, je vous pardonne. Toutefois, vous allez me déclarer par un acte signé de vous tous que votre seul motif, en formant votre vaste projet d'évasion, était de vous soustraire à la cruauté de vos fournisseurs : que sans cela, et si votre nourriture eût continué d'être ce qu'elle était par le passé, c'est-à-dire saine et du poids voulu, jamais vous n'eussiez songé à cette évasion ? Consentez-vous à signer cette déclaration ?

Trop contents d'en être quittes à si bon marché, nous nous empressâmes de déclarer que non seulement nous consentions à signer cette déclaration, mais que nous remerciions encore le capitaine de nous fournir cette occasion de constater la vérité.

Il paraît que les Anglais avaient été bien renseignés et que le traître qui nous avait vendus ne s'était pas contenté de faire des demi-révélations, car nos geôliers connaissaient l'existence de tous les trous que nous avions pratiqués.

Ils passèrent le reste de la nuit jusqu'au lendemain matin à réparer et à boucher nos travaux, et ils ne nous quittèrent qu'après s'être assurés qu'il ne nous restait aucun moyen de nous dérober à leur surveillance.

Je ne saurais dire si le désespoir que nous fit éprouver l'avortement de notre projet atteignit à la hauteur de la colère que nous causa la trahison dont nous venions d'être victimes.

Dans la batterie et dans le faux pont une seule et même pensée absorbait tous les prisonniers; celle de découvrir le coupable et de lui infliger le châtiment qu'il méritait si bien. Cette découverte, qui semblait impossible, devait cependant avoir lieu plus tard, comme on le verra par la suite de ce récit.

Triste et découragé, je me promenais solitaire et pensif sur le pont, le lendemain de notre échec, lorsqu'on vint me prévenir que le capitaine désirait me parler. Aussi surpris que contrarié, car je détestais tellement R... que sa vue seule me faisait mal, je dus me rendre à son ordre.

– Monsieur, me dit-il, lorsque les soldats chargés de m'amener auprès de lui m'eurent conduit jusqu'à sa cabine, mes surveillants m'ont appris que vous êtes de tous les Français celui qui comprenez et parlez le mieux l'anglais, et comme mon interprète est en ce moment à l'hôpital, je vous prierai de le remplacer par intérim. Cet intérim vous vaudra une gratification de douze sous par jour.

Ma première idée fut de refuser; mais comme au total cette place d'interprète était une espèce de position neutre et qu'elle me permettait de rendre quelques services à mes camarades, je me ravisai et j'acceptai.

Mes amis me félicitèrent sur cette bonne fortune et j'entrai de suite en fonctions. J'avais repris ma promenade sur le pont, lorsque mon attention fut appelée par l'arrivée d'un canot à bord. Ce canot portait un officier anglais en grand uniforme et un nègre recouvert d'une magnifique livrée.

XII

R..., un colonel et son nègre
Impudence et cruauté – Robert et ses pays
Marché conclu – Divertissement projeté

Nous étions depuis si longtemps privés de toute distraction que le moindre événement suffisait pour exciter notre curiosité; aussi, lorsque l'officier anglais, un colonel, mit le pied sur la galerie du passavant, tous les yeux étaient fixés sur lui.

Cependant, à peine nos regards se furent-ils portés sur le domestique nègre qui l'accompagnait que nous ne nous occupâmes plus que de ce dernier. En effet, ce nègre méritait certes bien plus que son maître d'éveiller toute notre attention.

D'une taille gigantesque, il pouvait bien avoir six pieds mesure anglaise; il était doué d'une conformation herculéenne et qui dénotait une vigueur surhumaine. Sa tête, grosse comme celle d'un taureau, était affreuse de laideur : quant à son visage, profondément labouré par quelque maladie cutanée, il présentait un air de férocité et d'insolence réunies que je ne saurais rendre sans le secours d'un pinceau...

Stationnant sur le gaillard d'arrière et nous fixant avec une effronterie pleine de provocation, le colossal nègre ne tarda pas à s'attirer notre animadversion et à éveiller notre colère. Des interpellations et des sifflets se firent entendre de toutes parts, et le geste de souverain mépris par lequel il y répondit ne tarda pas à changer les interpellations en cris furieux.

Semblant ravi de nous avoir mis dans cet état, le noir partit bientôt d'un immense et retentissant éclat de rire qu'il accompagna d'un mouvement d'épaules des plus significatifs et des plus méprisants.

Le capitaine R... m'ayant fait appeler dans ce moment, je dus abandonner le pont et renoncer à assister à la scène qui ne pouvait manquer d'avoir lieu, pour me rendre à ses ordres.

Je le trouvai, en entrant dans la grande chambre, attablé avec le colonel anglais, devant une table couverte de bouteilles de différentes grandeurs. Les deux officiers semblaient en gaieté. Deux mots sur le colonel.

D'une des plus grandes familles d'Angleterre, ce dernier, dont le nom est fort connu, jouissait, dit-on, à cette époque, d'une fortune que l'on évaluait déjà à un million de francs de rente, et tenait, on le conçoit, une haute place dans la *fashion*. Célèbre pour ses paris, ses chevaux, son luxe et ses excentricités, il employait ses immenses richesses à remplacer l'esprit qui lui manquait. Un simple coup d'œil suffisait pour le juger et pour deviner que chez cet homme un amour-propre et une fatuité immenses remplaçaient tous les autres sentiments et étaient les seuls mobiles de ses actions.

– Garçon, me dit-il en jouant avec sa canne de jonc à pomme d'or, accompagnement obligé et presque réglementaire de son grade, j'ai à vous charger d'une commission. Il y aura quelque chose pour vous si vous réussissez à l'accomplir avec un peu d'intelligence.

Je sentis la rougeur de l'indignation me monter au visage.

– Colonel, lui répondis-je, je suis un marin français, prisonnier de guerre, et non un domestique; par conséquent, je n'ai ni ordre ni salaire à recevoir de vous.

L'Anglais haussa les épaules d'un air impertinent, et se renversant à moitié sur sa chaise :

– Vous me semblez bien gueux pour montrer tant de fierté, me répondit-il; les guenilles qui vous couvrent prouvent assez que quelques shillings ne seraient pas à dédaigner pour vous!... N'importe, vous vous croyez, en votre qualité de Français, obligé de me répondre avec arrogance... Vous êtes un imbécile, mon garçon!

Ah! combien ne regrettai-je pas, à cette insulte grossière, de me sentir prisonnier! Avec quelle joie, sur le moment, n'eussé-je pas donné quelques années de ma vie pour une heure de liberté!... Hélas! que pouvais-je dire et faire? Rien! j'étais sans moyen de me venger.

Ne voulant plus cependant m'exposer à subir une nouvelle humiliation, j'allais me retirer lorsque le capitaine R... me retint.

– Restez, monsieur, me dit-il, j'ai à vous parler.

Puis se retournant vers le colonel, qu'il semblait traiter avec une profonde déférence, R... ajouta :

– Ne vous offensez pas, milord, de l'attitude de ce prisonnier : elle s'explique par les souffrances que ces pauvres malheureux ont eu à subir depuis quelque temps de la part des fournisseurs. Je m'en vais m'acquitter de votre commission.

Notre geôlier but alors un verre de grog, et m'adressant de nouveau la parole :

– Vous étiez tout à l'heure sur le pont? me demanda-t-il.

– Oui, capitaine, j'y étais.

– Alors, vous avez dû voir un magnifique nègre qui accompagnait Sa Grâce lorsqu'elle nous a fait l'honneur de monter à bord?

– Un nègre à qui je casserais volontiers les os. Oui, capitaine.

– Vous casseriez les os à mon nègre? s'écria le colonel en éclatant de rire. Ah! *by God!* j'avoue que je voudrais bien voir cela... d'autant plus que je ne suis venu visiter votre ponton qu'avec cette intention...

– Je ne vous comprends pas, colonel; si vous voulez dire que vous souhaitez vous défaire de votre noir, rien de plus facile... Envoyez-le dans la batterie ou dans le faux pont, et je vous promets qu'il n'en sortira pas vivant!

– Ah bah!... Et pourquoi donc?

– Parce que depuis que cet animal se trouve à bord, il n'a cessé d'insulter mes camarades, et que ceux-ci, s'ils n'étaient retenus par la présence des soldats, l'eussent depuis longtemps jeté à l'eau.

– Vous êtes un ignorant et un homme sans éducation, me répondit froidement le colonel, sans cela vous sauriez que la laideur, la force et l'insolence de Petit-Blanc, c'est le nom de mon nègre, en font un sujet d'un prix inestimable. Mais à quoi bon vous parler de pareilles choses, qui sont au-dessus de votre intelligence et que vous ne pouvez comprendre? Il s'agit tout bonnement, interprète, que vous vous acquittiez de la commission dont veut vous charger le capitaine R..., rien de plus.

Le *turnky* s'adressant alors de nouveau à moi :

– Monsieur, me dit-il, voici le fait : l'honorable colonel s'amuse en ce moment à faire une tournée sur les pontons pour chercher des adversaires à son nègre. Demandez à vos camarades s'il se trouve parmi eux des amateurs de boxe qui consentent à se mesurer avec le glorieux Petit-Blanc. Sa Grâce, ici présente, remettra au champion qui se présentera une somme de vingt livres sterling, qui lui restera, quelle que soit l'issue du combat. Si le Français est tué, cette somme sera laissée à ses héritiers.

Indigné d'une pareille proposition, j'allais refuser avec hauteur de m'en rendre l'interprète, lorsque l'idée me vint que peut-être parmi nos fort-à-bras et nos lutteurs se trouverait un vengeur de cette insulte adressée à la France, et je changeai d'avis.

– Je m'en vais remplir votre commission, capitaine, répondis-je donc en m'en allant.

En arrivant sur le pont, je trouvai le colossal nègre fort occupé à tirer la langue aux prisonniers, dont l'exaspération avait atteint le comble.

– Je réclame le silence, mes amis, leur dis-je, j'ai une grave et importante communication à vous faire.

Les vociférations cessèrent aussitôt, et je racontai à haute voix la conversation que je sortais d'avoir avec le colonel. Un cri d'indignation et de fureur accueillit la fin de mon récit quand on entendit le nègre s'écrier, en son mauvais patois, que son maître était bien bon de se donner la peine de lui chercher un adversaire auprès des Français, ceux-ci étant trop lâches pour accepter.

Je suis persuadé que pas un seul prisonnier n'eût refusé de se mesurer avec Petit-Blanc à n'importe quelle arme, y compris le couteau et la hache, mais l'apparence athlétique de l'Africain annonçait une force si extraordinaire, si invincible, que pas un seul Français ne se présenta pour relever le gant.

– Allons, répondis-je avec un soupir, je m'en vais retourner dire au colonel que les Français, ne voulant ni se donner en spectacle ni concourir à ses plaisirs, refusent.

– Attendez un moment, camarade, me dit en ce moment un matelot dont le visage carré, les épaules larges et voûtées, la petite taille et les longs cheveux trahissaient clairement l'origine armoricaine, peut-être bien si vous vouliez venir avec moi, trouveriez-vous votre affaire.

Je m'empressai de me rendre au désir du matelot, et je le suivis sur l'arrière du faux pont auprès de la rambade percée de meurtrières qui se trouvait à bord du ponton et qui servait de rempart aux soldats anglais.

Tels étaient les hommes parmi lesquels venait de me conduire le matelot breton.

Lorsque j'arrivai au *carré armoricain*, je trouvai ses hôtes, les uns fumant leur pipe, les autres couchés ou assis sur des bancs étroits qu'ils s'étaient fabriqués eux-mêmes, tous parfaitement calmes et tranquilles.

– Robert Lange, dit mon introducteur en s'adressant à un jeune homme de vingt-sept à trente ans, qui, les bras croisés et la pipe à la bouche, se promenait de long en large sans prononcer un mot, les Anglais disent que nous sommes des lâches.

– Les Anglais savent bien qu'ils mentent en parlant ainsi, répondit tranquillement celui que l'on venait de nommer Robert Lange. Nous les avons tapés assez souvent et assez dru pour qu'ils sachent à quoi s'en tenir là-dessus.

– Camarade, me dit alors le matelot breton, pourriez-vous raconter un peu aux pays ce que vous venez de dégoiser tout à l'heure à l'équipage?

– Volontiers, camarade, répondis-je, et je m'empressai de rapporter la proposition du colonel anglais.

– Eh bien! Robert, dit enfin un des amis du jeune homme, que penses-tu de cela?

– Je pense que les gens riches ont des façons de s'amuser qui ne me font pas envier leurs richesses.

– Ça, c'est vrai; mais par rapport au nègre, hein?

– Quoi, par rapport au nègre?

– Est-ce que tu nous laisseras comme ça blaguer par un moricaud, toi, le plus fameux gars qui ait jamais assisté à un *pardon?* Faut soutenir l'honneur de la paroisse, camarade, et ficher une danse à l'Africain!... Ça fera plaisir aux amis de là-bas, quand nous leur raconterons la chose.

Cette proposition sembla surprendre beaucoup le jeune Breton.

– Mais je n'ai jamais vu ce nègre, répondit-il, pourquoi donc lui ferais-je du mal?

– Ma foi, si vous l'aviez vu, camarade, lui dis-je, vous n'éprouveriez pas une semblable crainte... Il est taillé de façon à pouvoir vous briser sur son genou...

A cette réponse, tous les Bretons présents se mirent à rire.

– Ah! briser Robert Lange! c'est pas possible, ça!

– Eh bien, Robert, continuai-je, réfléchissez; mais songez que le capitaine m'attend, et moi j'attends votre réponse.

– Dites à *turnky* qu'il me fiche la paix, voilà tout.

Je m'éloignais content que le Breton n'eût pas accepté le défi du nègre, car Robert, quoique ses camarades eussent l'air de le considérer comme un athlète redoutable, ne me paraissait nullement taillé de façon à pouvoir résister à l'Africain, lorsque je me sentis arrêté par le bras : je me retournai, et je vis Robert.

– Quoi, mon ami, lui dis-je, vous seriez-vous ravisé?

– Ce n'est pas moi, me répondit-il, ce sont mes pays qui prétendent que l'honneur de la Bretagne est compromis si on laisse partir ce négrillon et qui veulent que je lutte avec lui...

– Mais, vous, acceptez-vous?

– Puisque les pays le veulent, il faut bien que ça soit.

– Alors, venez avec moi chez le capitaine...

– Capitaine, dis-je une minute après en me présentant devant notre geôlier avec Robert, voici un homme qui accepte le défi porté par le colonel.

Le colonel, à cette nouvelle, ne put dissimuler un sourire de contentement et de triomphe, et il se mit à examiner avec la minutieuse attention d'un connaisseur le champion qui se présentait pour combattre avec son Petit-Blanc. Un mouvement d'épaules presque imperceptible me prouva que cet examen n'était pas en faveur de Robert.

– Avez-vous vu mon nègre? demanda le colonel au Breton.

– Ma foi non, colonel, mais ça m'est égal.

– Du tout, il faut que vous fassiez connaissance. Suivez-moi.

Nous passâmes alors de la dunette sur le gaillard d'arrière, où notre apparition produisit un vrai coup de théâtre.

– Tenez mon garçon, dit le colonel en présentant le

colossal Africain à Robert Lange, voici votre adversaire... Comment le trouvez-vous?

– Je le trouve bien laid! répondit simplement le Breton en le regardant d'un air de profonde indifférence.

– La laideur est sa beauté; mais je parle de son apparence, de la façon dont il est taillé. Qu'en dites-vous?

– Je dis qu'il est bien gros, répondit le Breton toujours avec la même tranquillité.

– Et vous l'acceptez pour adversaire?

– Il le faut bien, puisque les pays le veulent; mais, après tout, je ne vois pas pourquoi l'on fait tant de grimaces pour une simple lutte...

– Une lutte!... Quoi! vous croyez lutter? Détrompez-vous, il s'agit d'une boxe en règle!

– Ah! il s'agit d'une boxe, colonel?

– Certainement. Ne connaîtriez-vous donc pas cet exercice?

– Ma foi, je ne crois pas; je n'ai jamais essayé... Mais boxer ou lutter c'est à peu près la même chose, ça n'est pas la mort d'un homme.

– Vous croyez ça, s'écria le colonel d'un air radieux, eh bien, vous êtes dans l'erreur; Petit-Blanc a déjà tué trois Français.

– Ah bah! vraiment? s'écria Robert, dont les joues se teignirent d'une légère rougeur. Ah! ce nègre a déjà tué trois Français? Mais, ce nègre et vous, vous êtes donc deux canailles?... Alors, oui, j'accepte la boxe et tout le tremblement. Les pays avaient raison, l'honneur est ici en jeu.

Quoique Robert Lange eût prononcé ces paroles avec assez de modération et d'un ton calme, je compris au feu de ses yeux et aux battements de sa poitrine qu'il était vivement ému et en proie à une colère véritable.

– Et quand voulez-vous boxer? lui demanda le colonel : car, à vrai dire, vous me semblez en ce moment bien maigre et bien affaibli pour pouvoir tenir tête à Petit-Blanc, et je ne voudrais pas profiter de cet avantage.

– Je suis tout prêt, colonel! Votre nègre, qui tue à coups de poing et pour s'amuser des Français, me déplaît assez pour que l'indignation me rende les forces que les privations d'une captivité de cinq ans m'ont fait perdre, répondit Robert Lange.

– Non, mon garçon, ce combat ne peut avoir lieu aujourd'hui. Tenez, voici deux guinées que je vous avance sur les vingt que je dois vous remettre : restaurez-vous pendant huit jours, afin de vous trouver en état de figurer convenablement au moment fatal venu.

Le colonel remit en effet les deux pièces d'or annoncées à Robert Lange, qui les prit sans le remercier, et les mettant dans sa poche, murmura d'un air joyeux :

– Ça sera pour les pays.

– Capitaine, dit le colonel en prenant congé de notre geôlier, d'aujourd'hui en huit je vous amènerai, si vous le permettez, les plus jolies femmes de Portsmouth, et nous donnerons une grande solennité au combat.

– Comment donc, milord, ce jour sera pour moi et pour l'Angleterre, car je ne puis mettre en doute la victoire de votre Petit-Blanc, un véritable triomphe. Vous trouverez le pont orné, préparé et disposé pour la lutte, lorsque vous reviendrez.

Après avoir échangé plusieurs plaisanteries sur la défaite présumée du pauvre Robert Lange, les deux Anglais se séparèrent en se donnant rendez-vous pour le huitième jour suivant.

L'acceptation du défi du terrible Petit-Blanc par Robert Lange me causait à la fois et du plaisir et de la crainte. D'un côté, j'étais heureux en songeant qu'il restait à l'honneur français, si insolemment provoqué, une chance pour prendre sa revanche; de l'autre, je craignais que les Bretons ne se fussent fait illusion sur les mérites de leur camarade et que la trop bonne opinion qu'ils avaient de lui n'aboutît à lui faire éprouver un honteux échec.

Préoccupé par ces pensées et désirant étudier davantage

le Breton, je saisis le premier prétexte venu pour me rendre auprès de lui.

– Dites-moi donc, Robert Lange, lui demandai-je après quelques minutes d'une conversation insignifiante et, pour ainsi dire, mono-syllabique, car Robert était peu parleur et répondait assez volontiers par un simple oui ou non aux questions qu'on lui adressait, est-il vrai que vous avez eu dans votre pays de grands succès aux assemblées ou pardons?

A ce mot de pardon qui lui rappelait son Armorique, une légère rougeur colora les joues hâves et blêmes du Breton.

– Ah! oui, me répondit-il avec un soupir, c'est vrai que je me suis bien amusé dans ma jeunesse!... J'étais alors un bon gars...

– Et, de plus, le premier lutteur de votre paroisse, n'est-ce pas?

– Le fait est que j'aimais bien à lutter...

– Vous remportiez probablement toujours le prix?

– Oui, j'y étais forcé... vous comprenez, il s'agissait de l'honneur de la paroisse...

– Comme il s'agit aujourd'hui de celui du ponton *la Couronne*... je conçois... Faut-il vous avouer une chose, Robert?

– Ne vous gênez pas, camarade, je suis un bon garçon, pas vaniteux du tout, et qui sait entendre la vérité.

– Eh bien! je crains que ce colossal Africain ne soit doué d'une force tellement supérieure à la vôtre que vous ne puissiez lui résister.

– Je crois que vous vous trompez, camarade, me répondit-il. Ce Petit-Blanc est un gros plein de soupe, impertinent, qui m'a l'air de faire plus de bruit que de besogne. Seulement il sait boxer, et moi je ne connais rien à cette farce-là...

– Hélas! c'est vrai! encore une raison de plus...

– Oui, mais il a tué lâchement trois Français, continua

le Breton en m'interrompant, tandis que moi je suis un honnête homme qui n'a jamais fait exprès de mal à personne... Or, comme le bon Dieu ne doit pas protéger les canailles, je ne vois pas pourquoi je ne flanquerais pas une pile au moricaud...

– J'aime vous voir cette confiance, Robert, mais enfin, raisonnons. Si vous ne savez pas boxer, vous recevrez de Petit-Blanc vingt coups de poing contre un seul que vous lui donnerez...

– Je ne demande pas autre chose! Que je parvienne à lui administrer un seul atout, et j'espère, Dieu aidant, qu'il en aura assez, le brigand!...

– Vous êtes donc bien fort! m'écriai-je en examinant avec plus d'attention que je ne l'avais fait encore la personne du Breton.

– On le disait dans ma paroisse! me répondit-il d'un air plein de bonhomie, je n'y ai jamais pris bien garde; je crois pourtant que ce doit être.

Quoique doublement prévenu en faveur de Robert Lange, d'abord par suite de l'intérêt national que je lui portais, ensuite à cause de sa modestie, je ne pus cependant, malgré tout mon désir et toute ma bonne volonté, rien trouver dans son apparence qui justifiât une force surnaturelle.

Robert avait à peu près cinq pieds cinq pouces : ses épaules un peu voûtées étaient larges, il est vrai, mais ses membres ne présentaient aucun développement extraordinaire; quant à ses mains, maigres et osseuses, elles étaient plutôt petites que grandes.

– Je ne prétends pas, Robert, repris-je après mon examen, que vous n'ayez aucune chance pour vous. Seulement je crois que vous feriez bien, car à la pâleur de votre visage, à votre air maladif, on devine aisément que les privations et la captivité ont cruellement pesé sur vous; vous feriez bien, dis-je, d'employer les deux guinées que vous a remises le colonel anglais à vous procurer une meilleure nourriture...

– Le fait est que notre ordinaire est assez médiocre, camarade; mais, voyez-vous, ce n'est pas là ce qui me rend malade... Si je pouvais seulement respirer pendant une heure l'air du pays...

– Oui, mais puisque cela n'est pas possible...

– Eh bien je songerai au moment de la lutte que Petit-Blanc a tué trois Français, et que parmi ces Français se trouvait peut-être un Breton, et ça reviendra pour moi au même.

– Allons, comme vous voudrez, au revoir et bonne chance, camarade! n'oubliez pas qu'en qualité d'interprète, je suis à même de pouvoir vous rendre quelques petits services, et que vous me trouverez toujours à vos ordres.

Le Breton me remercia affectueusement, et nous nous séparâmes.

XIII

Affaire désagréable du sergent Barclay
Dénonciation – Duvert convaincu de trahison
Médiation – Supplice perpétuel
Catastrophe

Je venais de quitter à peine Robert Lange quand un prisonnier, avec qui j'étais assez lié, s'avança vivement à ma rencontre :

– Je vous cherchais partout, Garneray, dit-il; venez vite, on a besoin de vous!

– Qui cela *on?* lui demandai-je.

– Mais, les amis du faux pont, dépêchez-vous.

Le prisonnier semblait fort ému; j'allais l'interroger, il ne m'en donna pas le temps et se dirigea avec un tel empressement vers le faux pont que je dus le suivre et remettre mes questions à plus tard. Notre entrée dans le faux pont produisit une assez grande agitation; d'où je conclus que j'étais attendu, comme me l'avait bien dit le prisonnier, avec impatience. Que se passait-il donc d'extraordinaire? Je ne fus pas longtemps sans le savoir.

– Interprète, me dirent plusieurs camarades en m'entourant, le sergent Barclay, l'assassin du pauvre Duboscq, a eu l'imprudence de descendre ici; nous nous sommes jetés sur lui, nous l'avons solidement attaché, et nous vous attendons pour lui faire passer son interrogatoire. Notre envie d'en finir avec ce brigand est tellement grande, que si vous eussiez tardé davantage vous n'auriez plus trouvé qu'un cadavre!...

– Mais, mes amis!... m'écriai-je tout ému à cette nouvelle.

– Oh! pas de réflexions, me répondit un prisonnier, notre parti est irrévocablement pris et rien ne pourrait nous en faire changer. Il s'agit tout simplement de savoir si, oui ou non, vous voulez servir d'interprète au sergent pour l'aider à présenter sa défense.

– Je suis à votre disposition. Conduisez-moi vers lui.

C'était dans un des coins les plus obscurs du faux pont que se tenait, ou, pour être plus exact, que l'on tenait le sergent Barclay solidement garrotté à un barreau.

– Dites-lui, interprète, que nous allons lui retirer son bâillon et procéder à son interrogatoire, mais que s'il essaie de profiter de cela pour crier, il recevra aussitôt dix coups de poignard en pleine poitrine, me dit un prisonnier, dépêchez-vous.

Je me hâtai de traduire cette phrase au sergent, quoiqu'à vrai dire la pantomime d'un matelot placé près de lui, une lime affilée à la main, et prêt à le frapper s'il voulait tenter d'appeler à son secours, fût tout aussi claire et tout aussi expressive qu'un discours.

Cette précaution prise, on détacha le morceau de grosse toile qui servait de bâillon à Barclay; et l'interrogatoire commença.

– Avoues-tu que tu es l'auteur de l'infâme assassinat commis sur la personne du nommé Duboscq.

– Oui, je l'avoue; c'est la vérité.

– N'as-tu pas, pour pouvoir le frapper avec impunité, fait tomber auparavant ta victime dans un guet-apens?

– Je conviens que j'ai été adroit...

– Ne devais-tu pas cinq shillings à Duboscq, et n'est-ce pas sous le prétexte de lui payer cette somme que tu as attiré ce malheureux dans ton piège?

– Je n'ai jamais eu l'intention de payer ces cinq shillings.

– Est-ce à la suite d'une discussion avec Duboscq, ou bien sans qu'il t'ait donné même un prétexte pour te mettre en colère, que tu l'as frappé?

– Je pourrais ne pas répondre à cette question, mais comme je ne vous crains pas, et que je sais parfaitement que vous ne me ferez aucun mal, je veux bien convenir que j'ai tiré sur Duboscq avant qu'il ait eu le temps de prononcer une seule parole!

Cette impudence et ce cynisme du sergent Barclay soulevèrent un long murmure d'indignation parmi l'auditoire; je jugeai qu'il était un homme perdu.

– N'as-tu plus rien à ajouter pour ta défense? poursuivit le prisonnier qui remplissait les fonctions de président de ce tribunal improvisé et secret.

– Je ne puis rien avoir à ajouter à ma défense, puisque je ne suis pas défendu, répondit tranquillement Barclay; seulement, avant de me condamner, écoutez-moi un peu. D'abord, je dois vous faire remarquer que vous choisissez on ne peut plus mal votre moment pour vous défaire de moi : si vous m'eussiez tué lorsque, simple caporal, je vous martyrisais pour gagner mes galons de sergent, j'aurais compris cela; mais m'assassiner à présent que, parvenu au but de mes désirs, je n'ai plus intérêt à vous faire souffrir cela n'est pas intelligent...

– Tout ce que tu dis là est étranger à ta cause, interrompit le président, je vais prononcer ta sentence.

– Attendez, cher ami, s'écria Barclay, qui pâlit alors; attendez, je vous prie; car vous pourriez avoir à vous repentir de votre précipitation. Oui, j'avoue que j'ai assassiné votre camarade, que je l'ai assassiné pour me venger de lui; que je l'ai attiré dans un guet-apens, et que j'ai gardé les cinq shillings que je lui devais... J'avoue tout ce que vous voudrez. Seulement j'ajoute que si vous me poignardez vous ne saurez jamais le nom de celui d'entre vous qui vous a trahis dernièrement, et a empêché ainsi votre grande évasion de s'effectuer, car ce nom est connu seulement de deux personnes, du capitaine R... et de moi. Or, une fois que je ne serai plus, je doute que le capitaine R... vous instruise de cette particularité.

Cette réponse de Barclay produisit une vive émotion sur l'auditoire et sur le président lui-même. La pensée que nous pourrions enfin connaître le traître qui nous avait vendus, et qui, se trouvant toujours parmi nous, restait en position de recommencer encore, était une chose trop tentante pour qu'on eût le courage de la refuser.

– Nous promets-tu, si nous te faisons grâce, reprit le président en s'adressant à Barclay après avoir rapidement recueilli les opinions de l'auditoire, de nous révéler le nom du traître ?

– Je vous le jure ! répondit le sergent.

– Et qui nous prouvera que tu ne nous trompes pas ?

– La confusion du coupable...

– Tu consens donc à ce que l'espion soit confronté avec toi ?

– Si vous devez le tuer ensuite, oui ; sinon, non : car alors il me nuirait auprès du capitaine. Mais vous, me jurez-vous, au nom de l'honneur de la France, que dès que je vous aurai déclaré le nom du traître, vous me laisserez alors en liberté sans me faire aucun mal ?...

– Oui, nous le jurons ! nous écriâmes-nous en chœur.

– Que jamais par la suite vous ne me poursuivrez au sujet de la mort de votre camarade... que vous ne tenterez plus rien contre moi ?...

– Nous le jurons ! Voyons, parle !...

Le sergent Barclay réfléchit un moment, puis reprit :

– Que vous me vendrez vos marchandises aux mêmes prix que par le passé ?...

– Certes !... Mais parle vite !...

Le sergent Barclay parcourut nos rangs d'un regard inquiet et effaré ; puis baissant la voix :

– Le traître qui vous a vendus n'est autre que le canonnier Duvert... nous dit-il enfin...

A cette révélation si inattendue, un murmure d'indignation et d'étonnement s'éleva parmi nous : nous ne pouvions en croire nos oreilles.

Duvert, notre chef, l'âme et l'auteur du complot; Duvert, en qui nous avions une confiance si illimitée; Duvert qui, pendant son mémorable procès, nous avait rendu de si grands services; Duvert, un traître! non, cela était impossible. Évidemment, Barclay nous en imposait et voulait nous tromper! Cependant, d'un autre côté, si le canonnier n'était pas coupable, quel avantage devait retirer Barclay de sa dénonciation? Aucun. Une simple confrontation suffisait pour le confondre.

– Moi, mes amis, nous dit un matelot normand nommé Millet, qui se trouvait depuis cinq ans à bord de *la Couronne* et était assez lié avec Duvert, je ne suis pas éloigné de croire à la déclaration de l'Anglais. Je connais Duvert plus que personne, je l'ai beaucoup fréquenté, eh bien! jamais je n'ai pu arriver à me former une opinion arrêtée sur son compte... Il a l'air d'un bon garçon, mais au fond je le soupçonne d'être un pas grand-chose... En tout cas, il n'y a pas une minute à perdre, car nous ne pouvons retenir ce gredin de Barclay plus longtemps ici sans attirer les soupçons : faisons comparaître Duvert devant nous.

La proposition du matelot Millet fut accueillie à l'unanimité, et un prisonnier fut aussitôt dépêché pour aller chercher Duvert alors sur le tillac.

Deux minutes plus tard, le canonnier faisait son entrée dans le faux pont.

Duvert voyant tous les yeux se tourner vers lui dut se douter, quoique nous eussions pris le soin de cacher le sergent anglais, qu'il allait jouer un rôle important, et il se mit à nous sourire de la façon la plus agréable du monde.

– Qu'y a-t-il, camarades? nous dit-il d'un air protecteur, car le canonnier jouissait, je le répète, d'une grande considération à bord depuis son procès. Le capitaine R... recommence-t-il ses plaisanteries? Projette-t-on une nouvelle évasion? Parlez, je suis tout à vous!

– Duvert, dit Millet en sortant du cercle qui s'était formé autour de l'accusé, tu es un traître et un infâme, tu nous as vendus et nous voulons te tuer! Pas de grimaces, ce serait inutile. Tu vois que je te parle en homme sûr de son fait! Qu'as-tu à répondre?

A cette accusation si énergiquement formulée et à laquelle il était si éloigné de s'attendre, Duvert pâlit comme s'il allait perdre connaissance; et, baissant la tête, il garda le silence.

– Ta confusion me prouve que tu n'es pas aussi canaille que je le croyais, reprit le matelot Millet, car enfin il y a des traîtres assez effrontés pour oser se défendre! Toi, tu sais que tu as mérité la mort, et tu l'attends avec résignation... C'est mieux... Nous ne te ferons pas longtemps attendre.

En effet, un murmure significatif qui courait dans la foule des prisonniers laissait assez deviner et notre indignation furieuse et nos projets de vengeance. Duvert était déjà, avant d'avoir prononcé une seule parole, irrévocablement condamné : je compris que rien ne pouvait sauver le misérable.

Alors eut lieu à demi-voix une délibération affreuse, horrible, dont le souvenir me poursuit encore aujourd'hui, quoique je n'y aie pas pris part : on discuta la façon dont on devait tuer Duvert sans attirer les soupçons de l'autorité.

Quelques prisonniers proposèrent de le poignarder, puis de couper son corps en morceaux afin de pouvoir le jeter à la mer; d'autres demandèrent qu'on l'étouffât entre deux matelas, ce qui permettrait d'attribuer sa mort à une attaque d'apoplexie foudroyante.

Un maître tailleur d'infanterie, que la violation de la capitulation de Saint-Domingue avait conduit sur les pontons, fut celui de tous les prisonniers qui ouvrit dans ce conciliabule épouvantable l'avis qui réunit tous les suffrages.

– Camarades, s'écria-t-il, il faut que nous donnions à Duvert le moyen de se réhabiliter un peu à nos yeux. Qu'il écrive que, ne se sentant plus le courage de supporter les mauvais traitements des Anglais, et dégoûté profondément de la vie, il se pend de sa pleine et entière volonté. De cette façon il n'y aura aucune enquête, sans compter que cette lettre publiée dans les journaux pourra servir peut-être à faire améliorer notre sort.

– Je n'écrirai jamais cette lettre! s'écria Duvert, qui jusqu'alors n'avait pas prononcé une seule parole. Quoi! vous voulez que je sois le propre instrument de ma perte! Mais vous êtes fous?...

– Nous te jugeons, misérable canaille, meilleur que tu ne l'es, voilà tout, dit le maître tailleur. Puisque tu refuses de profiter de l'occasion que nous sommes assez bons de t'offrir pour te relever un peu à nos yeux, eh bien! tant pis pour toi, ton supplice n'en sera que plus terrible, et tu regretteras bientôt la corde qui t'eût délivré de ta lâche existence sans trop de souffrance...

– Mes camarades, mes bons amis! dit alors Duvert, qui, ayant à peu près recouvré son sang-froid, n'en comprenait que davantage toute l'horreur de sa position; est-ce donc une raison, parce que, vaincu et brisé par une trop longue captivité, j'ai eu recours, pour obtenir ma liberté, à un moyen équivoque, pour que vous vous décidiez à descendre jusqu'au meurtre, à devenir des assassins? Au total, à qui ma révélation a-t-elle fait tort? A personne, pas un de vous n'a été poursuivi...

– Silence, le traître! s'écria une voix interrompant le malheureux Duvert.

– Oui, à mort! à mort! hurlèrent les prisonniers.

Duvert voyant qu'on était décidé à ne pas le laisser poursuivre, qu'il ne lui restait aucune chance de salut dans notre pitié, réunit toutes ses forces, et au moment où nous

nous y attendions le moins, il se jeta sur nous, la tête basse, afin de se frayer un passage à travers la foule, et se mit à crier au secours.

Cette action brutale le perdit tout à fait : le lecteur sait avec quelle force sauvage et irrésistible une multitude exaspérée se livre à toute sa fureur, lorsque le premier acte de violence a lieu; alors rien ne la retient plus; la limite qui sépare l'homme de la bête franchie, chaque individu de la foule devient un tigre altéré de sang; ce fut ce qui arriva pour Duvert.

A peine avait-il poussé son premier cri de détresse que vingt bras crispés par la colère s'abattaient sur lui, et qu'il roulait ensanglanté sur le plancher du faux pont.

Alors, spectacle horrible, et que je demanderai la permission de ne pas rapporter dans ses affreux détails, ce fut un tohu-bohu général, une mêlée hideuse; chacun voulut frapper le traître, et chacun le frappa!

Rien ne répugne à ma nature et à mon organisation comme les scènes de violence; aussi ne pouvant supporter plus longtemps la vue du malheureux canonnier étendu par terre, immobile comme un cadavre et en butte à la sauvage brutalité de chacun, je m'empressai de m'enfuir : un prisonnier me retint.

– Où allez-vous comme cela, camarade? me demanda-t-il.

– Je vais respirer l'air sur le pont, car ici j'étouffe.

– C'est possible, mais vous ne sortirez du faux pont qu'après la punition de l'espion.

– Et qui m'empêchera de sortir? m'écriai-je sentant la colère me monter au cerveau.

– Moi! tout le monde! Je ne prétends pas que vous ne soyez pas franc du collier... je ne vous soupçonne pas, et vous me faites l'effet d'un honnête garçon... mais comme par le temps de trahison qui court on ne peut plus se fier à personne et qu'il faut que Duvert meure, vous ne sortirez pas, je vous le répète, du faux pont avant que le canonnier ait rendu l'âme...

Ma discussion avec le prisonnier ayant attiré l'attention de plusieurs personnes qui s'empressèrent de se ranger à son avis, je dus renoncer, quelle que fût mon envie, à mon projet, et rester spectateur forcé de ce drame dont le dénouement, que je ne pressentais, hélas! que trop, ne pouvait tarder à avoir lieu et devait être terrible!

L'état d'insensibilité dans lequel Duvert était tombé avait au moins pour lui cet avantage qu'il l'empêchait d'entendre discuter plus longtemps la façon dont on devait le mettre à mort.

Les prisonniers, excités par la scène de violence qui venait de se passer, avaient perdu tout sentiment d'humanité et toute mesure : les propositions les plus abominables et les plus cruelles, loin de soulever le dégoût, étaient au contraire applaudies avec fureur. Il ne s'agissait plus alors de trouver un moyen qui permît d'assassiner l'infortuné Duvert sans être atteints plus tard par les sévérités de la justice, mais seulement de le faire souffrir le plus possible! On eût dit une troupe de cannibales en délire.

Avec quelle joie j'eusse consenti en ce moment au sacrifice de toutes mes petites économies pour ne pas être témoin du dénouement sanglant et inévitable qui se préparait! mais, hélas! des prisonniers armés de limes et de tronçons de fleuret aiguisés gardaient la porte de sortie, et c'eût été m'exposer à une mort certaine que de vouloir enfreindre leur consigne pour monter sur le pont.

Je voulus alors fermer les yeux et me boucher les oreilles, mais une fatale et invincible curiosité, plus forte que ma volonté, dominant mon émotion et mon dégoût, m'empêcha d'accomplir ce projet; je restai, la poitrine oppressée et ne respirant plus qu'avec peine, aux derniers rangs des spectateurs.

L'odieuse délibération eut bientôt un terme : il fut décidé à l'unanimité que Duvert mourrait sous le bâton.

Déjà on venait, après l'avoir dépouillé de ses vêtements, de l'attacher solidement à un épontille; déjà ses exécuteurs improvisés n'attendaient plus, leurs bâtons levés, qu'un signal, lorsqu'un prisonnier qui s'était jusqu'alors signalé par l'atrocité de ses motions sortit de la foule et vint suspendre l'exécution.

– Camarades, s'écria-t-il, lorsque Duvert nous a trahis il jouissait de toute son intelligence et de toute sa raison, tandis que notre châtiment ne s'adresse à présent, pour ainsi dire, qu'à un cadavre. Il faut, pour que justice soit faite, que la punition égale le crime! Avant de frapper l'espion faisons-le donc revenir à la vie, rendons-lui toute sa connaissance.

Ce raffinement de cruauté enleva la presque unanimité des suffrages, et ces mêmes hommes, qui naguère se ruaient avec un acharnement de bête brute sur Duvert, s'empressèrent aussitôt de le combler de soins. Hélas! ces soins ne réussirent que trop bien!

Étirant d'abord avec peine ses bras meurtris et soulevant péniblement ses paupières gonflées, l'infortuné nous regarda pendant quelques instants d'un air hébété et hagard; peu à peu la mémoire lui revint, et poussant un cri terrible d'effroi, car on lui avait ôté son bâillon, il se couvrit vivement les yeux avec les mains.

– Grâce, mes amis, nous dit-il d'une voix suppliante, grâce!... Au nom de votre honneur... ne soyez pas des assassins...

– On n'assassine pas un traître, on le punit! s'écria un prisonnier.

– Oui, mes amis, reprit Duvert en proie à une terreur qui tenait du délire, je sais que je suis un misérable, un traître, un lâche... que je ne suis plus digne de toucher votre main... que je mérite la mort!... Eh bien! accordez-moi un répit et je me ferai justice moi-même... je me tuerai plus tard... je vous le promets... je vous le jure... mais avant, voyez-vous, je voudrais pouvoir écrire à ma pauvre vieille mère, la préparer à la nouvelle de ma mort!...

– Une mère ne peut regretter son fils, quand ce fils est devenu un espion! répondit un prisonnier.

– Duvert veut nous en imposer, camarades, interrompit le matelot Millet, en invoquant le nom de sa mère qui est morte depuis dix ans!

A cette révélation, un hurlement de rage retentit d'un bout à l'autre du faux pont; et je sentis un frisson courir le long de mon corps, car ce hurlement sauvage et spontané ne me laissait plus aucun espoir.

– Eh bien oui, mes amis, je vous mentais... je n'ai plus de mère, reprit Duvert en se hâtant de reprendre la parole pour gagner du temps; que voulez-vous? j'ai peur...

Ce fut un effroyable concert d'injures : les mots les plus méprisants et les plus ignobles se croisèrent de tous les côtés.

Comment expliquer ou comprendre ce phénomène ou ce mystère moral? Duvert, qui jusqu'alors écrasé par un indicible effroi avait courbé honteusement la tête, sembla retrouver tout à coup et son énergie et sa dignité.

– Messieurs, nous dit-il en nous fixant d'un regard assuré et en changeant complètement et comme par enchantement de contenance, j'ai eu tort et je me repens amèrement d'être descendu jusqu'à la prière... Oui, je suis un traître... Oui, l'amour de la liberté m'a fait oublier tous mes devoirs... Mais je ne suis pas un lâche!... Plusieurs de mes anciens camarades, prisonniers ici en ce moment comme moi, m'ont vu devant l'ennemi et savent que je n'ai jamais été indigne de l'uniforme que je portais; que, devant le feu, je n'ai jamais ni fermé les yeux, ni courbé la tête; que, quand le point d'honneur m'a mis l'épée à la main, je n'ai jamais reculé d'une semelle, et suis sorti vainqueur de tous mes duels! Prenez l'homme le plus brave, le plus intrépide, et mettez-le face à face, au moment où il s'y attend le moins, avec cinq cents furieux qui tous demandent à grands cris sa mort, vous verrez que cet homme faiblira comme j'ai faibli!... Ne vous impatientez pas... Je finis... Un dernier mot. Vous avez une vengeance à accomplir et un exemple à donner, soit; je me soumets à votre justice... Seulement je trouve que lorsque cinq cents hommes s'acharnent contre un seul, ils deviennent des lâches et restent des assassins! Ne vous déshonorez donc pas en voulant tous me frapper! Vous m'avez condamné avec raison, ne gâtez pas votre cause : que l'un de vous me poignarde, et tout sera dit.

Duvert, après avoir prononcé ces paroles avec une énergie et, ma foi, je dois l'avouer, une dignité singulières, se croisa les bras et relevant la tête :

– J'attends, je suis prêt, messieurs, nous dit-il d'une voix calme et assurée.

Un grand silence régnait alors dans le faux pont... Le changement si inattendu et si extraordinaire qui s'était opéré chez Duvert avait causé une telle impression à la foule qu'un moment j'espérai que son audace le sauverait.

– Que pensez-vous, Garneray, de ce misérable? me demanda un lieutement de vaisseau, M. S..., qui se trouvait près de moi.

– Je pense, monsieur, lui répondis-je, que ce n'est pas un homme ordinaire.

– Je partage votre opinion : il y avait en lui beaucoup d'étoffe! une seule chose lui manquait : la droiture. Avec de la moralité, il eût pu aller très loin... Pauvre diable! je lui en veux de la fermeté qu'il vient de montrer, car, en grandissant à mes yeux, il va me rendre plus pénible encore le spectacle de sa mort!

– Ne pourriez-vous pas le sauver, lieutenant? dis-je vivement à M. S...

– Moi! êtes-vous fou, Garneray?

– Mais, lieutenant, que voyez-vous donc d'impossible à cela? Votre grade et l'estime générale dont vous jouissez à bord de *la Couronne* vous mettent plus à même que qui que ce soit d'obtenir ce résultat! Je ne prétends pas que vous réussirez dans cette tentative, seulement je crois que personne ne se trouve plus en position que vous de la mener à bonne fin!... Et puis, voyez, le moment est on ne peut mieux choisi!... Les cris ont cessé, nos compagnons de captivité paraissent plus honteux que colères... Duvert agenouillé prie, sans que personne songe à l'interrompre!... Lieutenant, je vous en conjure, essayez...

– C'est justement ce calme de nos compagnons qui m'épouvante pour Duvert, me répondit M. S..., car il me montre, bien plus que leurs vociférations de tout à l'heure, combien leur résolution est inébranlable et fermement arrêtée...

– Ah! monsieur, dépêchez-vous, il ne sera bientôt plus temps... Voici Duvert qui se relève...

M. S... resta pendant quelques secondes, cela se devinait sans peine à son air grave et réfléchi, plongé dans une préoccupation profonde, puis m'adressant de nouveau la parole :

– Je n'ai pas attendu votre invitation pour songer à sauver ce misérable, me dit-il vivement; mais, hélas! un seul moyen s'est présenté à mon esprit, et ce moyen est pire que la mort...

– Quel est donc ce terrible moyen?

Le lieutenant S... allait me répondre, lorsque nous vîmes un prisonnier sortir de la foule et s'avancer pâle, mais résolu, et un poignard à la main, vers Duvert : c'était un homme qui acceptait l'office de bourreau.

– Ma foi, les minutes sont comptées, et je ne puis laisser égorger froidement ce pauvre diable, me dit le lieutenant. Dieu, qui lit dans mon cœur, me pardonnera l'affreux moyen que je vais employer; je n'en vois pas d'autre pour empêcher le crime irréparable qui va s'accomplir.

M. S..., se frayant violemment un passage à travers la foule, s'élança aussitôt entre le condamné et le bourreau.

– Pardon, lieutenant, lui dit ce dernier en essayant de

le repousser, nous n'avons déjà que trop tardé, et les Anglais peuvent arriver d'un moment à l'autre...

– Une seconde suffit pour poignarder un homme, s'écria M. S... en s'adressant à la foule surprise de son action, ainsi Duvert ne peut vous échapper; laissez-moi donc parler!

L'intervention du lieutenant, à laquelle les prisonniers ne s'attendaient pas, me parut causer à la plupart d'entre eux une impression désagréable; heureusement que plusieurs personnes, mues comme je l'étais moi-même par la pitié, mais qui n'avaient pas osé se mettre en évidence, applaudirent à l'action de S... et crièrent de le laisser parler.

M. S... soutenu par cette minorité, reprit d'une voix claire et assurée :

– Mes amis, dit-il, les craintes que mon action semble vous faire éprouver ne sont nullement fondées; vous devriez assez me connaître et par mon passé et depuis que nous vivons ensemble, pour savoir que je ne servirai jamais d'avocat à l'espionnage et à la trahison.

Une triple salve d'applaudissements accueillit ces paroles; et Duvert qui, à la vue de l'intervention du lieutenant, m'avait paru renaître à l'espoir, reprit son impassibilité première.

– Je vous répète, mes amis, continua M. S... lorsque le silence se fut rétabli, que non seulement je n'excuse pas le crime de ce misérable, mais que j'en suis encore plus indigné que vous ne l'êtes vous-mêmes; et la preuve, c'est que je repousse, comme une peine trop douce, la mort que vous voulez lui infliger!... Une belle chose vraiment qu'un coup de poignard dans le cœur! Comme cela va nous venger! Une souffrance tellement rapide et passagère qu'elle n'existe pour ainsi dire pas, suivie d'un repos éternel! Mais où voyez-vous donc là une vengeance ou un exemple? Je n'y vois, moi, qu'un encouragement donné à la trahison!...

Des murmures isolés, bientôt couverts par une approbation énergique et bruyante, accueillirent ces derniers mots; les murmures provenaient de quelques sous-officiers détenus à bord de *la Couronne*, qui ne pouvaient voir sans peine un de leurs collègues exciter les déplorables instincts de la foule et plaider en faveur de l'assassinat!

M S... ne parut remarquer ni cette improbation, ni ces encouragements, et il continua du même ton indigné :

– Ce qu'il nous faut, s'écria-t-il, c'est un châtiment terrible, épouvantable, digne du crime commis, un châtiment dont la vue et le souvenir glacent d'effroi les malheureux qui seraient tentés d'imiter Duvert! N'est-ce pas là votre avis, camarades?

– Oui, oui, lieutenant! répondit la presque totalité des prisonniers que renfermait en ce moment le faux pont, vous avez raison. Que faut-il faire?

– Il faut imiter ce qu'ont fait nos frères du ponton *le Sampson*, il faut marquer ce misérable Duvert du sceau de l'infamie, de façon que sa vie devienne un intolérable supplice et ne soit plus qu'un long châtiment... car je veux, moi, qu'il vive... Ah! ne m'interrompez pas, et écoutez-moi... Nous allons écrire, au moyen du *tatouage*, sur le front du traître, en caractères à tout jamais ineffaçables, les mots suivants : « J'ai vendu mes frères aux Anglais, à bord du ponton *la Couronne*, le 10 mars 1809. » Puis, ensuite, lui appliquant cinquante coups de corde à dos nu, nous l'exposerons sur le pont, après lui avoir attaché au cou le jugement, écrit en anglais, qui le condamne, et où nos ennemis liront : « C'est ainsi que nous traiterons à l'avenir tous les espions que nous découvrirons parmi nous! » Voilà, mes amis, ce que je vous propose!... La pâleur et l'émotion actuelles de Duvert, qui naguère, je dois lui rendre cette justice, relevait courageusement la tête devant la mort, vous prouve assez que j'ai touché juste.

En effet, soit que Duvert eût préféré le coup de poignard au tatouage, soit que, grâce à son adresse peu ordinaire et à sa rare présence d'esprit il comprît que pour seconder la généreuse proposition du lieutenant S... il devait en paraître profondément affecté, il n'en est pas moins vrai que ses traits se décolorèrent affreusement et qu'il devint d'une pâleur livide. Cette émotion acheva de décider les prisonniers.

– Oui, oui, le tatouage! s'écrièrent-ils avec enthousiasme, et vingt bras saisissant Duvert le terrassèrent de nouveau.

– J'ai sauvé la vie de cet homme, vous le voyez, Garneray, me dit le lieutenant S... en revenant me trouver; mais j'ai dû employer pour cela un épouvantable moyen! Que Dieu me pardonne! je n'ai pu éviter un grand crime qu'en le remplaçant par un grand châtiment. J'ai dû faire la part du feu!

Il est peu de lecteurs qui n'aient vu, sur les bras ou sur la poitrine d'anciens soldats ou d'ouvriers, de ces informes et naïfs dessins qui représentent en traits d'un noir ou d'un rouge sale ou même d'un bleu équivoque, soit des cœurs enflammés percés par une flèche, soit des portraits de femme, soit des emblèmes républicains : ces dessins sont produits par le tatouage.

Rien de simple comme le procédé que demande cette opération : quelques aiguilles fines liées ensemble, un peu de poudre à canon et d'indigo ou de vermillon suffisent à la confection de ces beaux chefs-d'œuvre.

Les légendes qui se lisent au bas de ces éloquentes vignettes, telles que : « Caroline, pour la vie; – Thomas et Pierre, amitié éternelle; – Vivre libre ou mourir », s'obtiennent à l'aide des mêmes moyens. Cette opération cause à peine au patient une légère douleur et ne demande pas une grande habileté de la part de l'artiste.

Cent prisonniers étaient à même de tatouer Duvert; seulement il leur fallait pour cela de la poudre à canon, et nous n'en possédions pas un seul grain : ce fut Barclay qui nous procura une cartouche en échange du serment que nous lui fîmes de lui garder le plus inviolable secret sur sa dénonciation.

Cinq minutes plus tard, dans un des coins les plus obscurs du ponton, on voyait s'agiter confusément comme un grand corps noir : c'étaient les prisonniers qui tatouaient Duvert ou qui assistaient à cette opération. Je m'éloignai d'eux le plus que je pus et leur tournai le dos : j'étais fort ému!

Une heure après, un immense cri de joie et de triomphe me fit deviner et m'annonça la fin de l'exécution; en effet, presque au même instant, je vis passer près de moi l'infortuné Duvert, horriblement défiguré et que cent bras poussaient vers la porte de sortie : le tatouage qui recouvrait son front et ses joues le rendait hideux! Au reste, il semblait comprendre toute la portée du malheur qui venait de l'atteindre, et apprécier sa triste position, car il chancelait en marchant comme si ses jambes se fussent dérobées sous le poids de son corps, et il baissait humblement la tête; de grosses larmes s'échappaient de ses yeux : il me fit mal à voir!

A peine fut-il rendu sur le pont que le vaste écriteau attaché à son cou attira l'attention des Anglais qui l'entourèrent avec une vive curiosité et se mirent à lire le contenu du jugement et l'avertissement que nous donnions aux traîtres à venir.

On conçoit que cet événement était trop grave pour être passé sous silence; le capitaine R... aussitôt prévenu de ce qui venait d'avoir lieu s'empressa de s'approcher de notre parc.

Jamais je n'oublierai la comique expression que présenta la figure de notre geôlier lorsqu'il eut pris connaissance des menaces mentionnées sur l'écriteau : d'un côté, furieux, exaspéré, selon sa constante habitude, contre ces chiens de Français qui avaient osé traiter ainsi son espion; de l'autre, retenu par la crainte que s'il recommençait les hostilités nous ne l'abandonnassions dans sa querelle contre les fournisseurs, au moment solennel de l'enquête attendue, il ne savait s'il devait nous accabler d'injures ou nous sourire!...

On eût dit, que l'on me pardonne cette comparaison en faveur de sa justesse, un cratère de volcan lançant de jolis petits feux de Bengale! Nous éclatâmes de rire.

Combattu par deux sentiments aussi opposés, le capitaine R..., croyant sortir d'embarras par un moyen terme, se mit à accabler Duvert d'amitiés et de prévenances.

– Venez avec moi, lui dit-il en le prenant, honneur insigne! par le bras, je ne doute nullement que le *Transport-Office*, prenant en considération ce que vous avez souffert pour le service de l'Angleterre, ne vous dédommage amplement de cette indignité... L'Angleterre n'abandonne jamais ceux qu'elle emploie.

Le capitaine, après ces paroles d'encouragement pour les espions à venir, s'éloignait avec Duvert, lorsque celui-ci s'arrachant par une brusque secousse du bras de son partner, prit son élan, et franchissant le bastingage, se précipita à la mer.

Un cri terrible, accompagné d'un craquement de planche, retentit aussitôt et nous apprit que le malheureux, au lieu de tomber à l'eau, avait été arrêté dans sa chute par la galerie extérieure qui entourait le ponton.

En effet, cinq minutes plus tard on le portait sanglant sur le pont : par un hasard merveilleux, Duvert, malgré la prodigieuse élévation dont il s'était précipité, n'était pas mort; il avait les deux jambes cassées.

– Avis aux traîtres et aux espions futurs! dit une voix pleine et sonore.

Tous les prisonniers battirent des mains et crièrent bravo! Notre geôlier s'enfuit dans sa cabine.

Pour en terminer avec Duvert, car dans ce récit de ma captivité je ne puis guère, et cela s'explique fort aisément, donner que des demi-dénouements, je dois ajouter qu'il guérit de ses blessures et prit du service, ainsi que nous l'apprîmes plus tard, dans l'armée anglaise : j'ignore, en supposant toutefois qu'il ne vive pas encore, ce qui ne serait nullement une chose impossible, car lorsque je le vis à bord de *la Couronne* il n'était pas de beaucoup plus âgé que moi; j'ignore, dis-je, quelle fut sa fin.

Je reviens à mon récit. Nous nous attendions, après notre équipée, à un châtiment sévère, mais nos craintes ne se réalisèrent heureusement pas; une semaine se passa sans que le farouche capitaine R... parût songer à tirer vengeance de la façon dont nous avions traité son espion; ses hostilités avec les fournisseurs du ponton nous protégeaient, il avait besoin de notre témoignage, et il remettait prudemment à plus tard l'explosion de sa colère.

XIV

Une gageure
Repas – Nouvelle impudence du colonel
Résignation de Robert – Triomphe inespéré
Désappointement d'une compagnie choisie
Chien avalé

Je venais un matin de monter sur le pont, lorsque je fus surpris de voir des charpentiers occupés à dresser une rangée de gradins dans l'espace compris entre le grand mât et la dunette sur le gaillard d'arrière. Ces gradins, recouverts au fur et à mesure qu'ils s'élevaient de drapeaux de toutes couleurs et abrités par une tente, présentaient un air de fête dont je ne pus me rendre compte [1]. On eût dit un théâtre en plein vent.

– Pourquoi donc ces apprêts? demandai-je à un charpentier.

– *By God!* c'est pour recevoir toutes les belles ladies et la haute société de Portsmouth et de Gosport, me répondit-il. Avez-vous donc oublié que c'est aujourd'hui le jour désigné pour la partie de boxe qui doit avoir lieu entre un de vos camarades et le professeur Petit-Blanc?

– Ah! mon Dieu! c'est vrai! je ne pensais plus à cela! m'écriai-je avec douleur.

– Ça a l'air de vous contrarier, me dit l'Anglais d'un

1. Cf. note p. 39.

air joyeux. Le fait est que si le *Frenchman* en réchappe, il pourra se vanter d'avoir du bonheur!

– Je ne suis pas de votre avis, répondis-je froidement, au contraire; je trouve moi, que si Petit-Blanc n'a pas les reins cassés, ce sera un miracle!

– *Indeed!* s'écria l'Anglais, votre camarade sait donc boxer?

– Il est de première force à cet exercice!

– *Indeed! indeed!...* Tant mieux! le combat n'en sera que plus intéressant... Les amateurs de Portsmouth, car on ne parle plus que de cette partie de boxe dans toute la ville, craignaient que Petit-Blanc ne tuât trop vite votre compatriote!... De très forts paris sont même engagés à ce sujet.

– Comment, des paris sont engagés! Je ne vous comprends pas, expliquez-vous.

– Rien de plus simple. Ces gageures ne portent pas sur la défaite ou sur la mort du *Frenchman,* car ce sont là des événements que personne ne met en doute, elles ont seulement rapport au nombre de coups de poing qu'il recevra avant de tomber pour ne plus se relever. Les uns parient simple contre triple pour un seul coup de poing, les autres double contre simple pour deux, la plupart à égalité pour trois. Puisque votre camarade sait boxer, dites-vous, moi, je vais parier pour cinq. Le puis-je? Voyons, ne me trompez pas.

– Voici une guinée, répondis-je en sortant une pièce d'or de ma poche, que je tiens pour mon camarade. Acceptez-vous cet enjeu? Je parie qu'il sera vainqueur!

– Ma foi! je ne possède pas une aussi forte somme, me dit le charpentier; sans cela, j'accepterais votre offre de grand cœur. Mais, attendez... peut-être, avec le secours de mes amis, pourrai-je me la procurer...

L'Anglais s'adressant alors à ses compagnons leur exposa l'affaire et la guinée se trouva aussitôt complétée.

– C'est convenu, à tantôt, me dirent alors les ouvriers anglais d'un air moqueur. N'allez pas au moins dépenser votre argent, car nous comptons l'employer à boire un tonneau d'ale en l'honneur du triomphe de Petit-Blanc.

– Ne craignez rien, mes garçons, un Français n'a que sa parole, leur répondis-je en m'éloignant, seulement je vous avertis que si vous attendez pour boire de la bière après la défaite de mon camarade, vos gosiers courent le risque de rester altérés jusqu'au jour du jugement dernier.

Ma confiance dans le Breton, confiance, hélas ! que je proclamais bien haut, mais que je n'éprouvais pas dans mon for intérieur, fit beaucoup rire les Anglais. Quant à moi, je m'empressai de me rendre auprès de Robert Lange, que je trouvai dormant encore dans le faux pont.

– Eh bien camarade, lui dis-je en le secouant doucement par le bras, voici donc le grand jour arrivé ?

Le Breton me regarda avec de grands yeux étonnés, puis, d'un ton de doux reproche :

– Ah ! monsieur, me répondit-il, ce n'est pas gentil à vous de m'avoir réveillé ainsi. Je rêvais que j'assistais à une veillée au pays.

– Il s'agit bien de rêver, mon brave Robert ! Voici donc, je vous le répète, le grand jour arrivé. Les ouvriers anglais qui sont en train en ce moment de terminer les préparatifs de cette solennité m'ont appris qu'il n'est plus question dans toute la ville de Portsmouth que de votre lutte avec Petit-Blanc.

– Les imbéciles ! dit doucement Robert Lange en accompagnant cette exclamation d'un mouvement d'épaule plein de mépris, il faut donc qu'ils aient bien du temps à perdre pour qu'ils s'occupent d'une chose si peu intéressante, et que j'avais pour mon compte à peu près oubliée...

– Je ne dois pas vous cacher, Robert, que les Anglais regardent d'avance votre défaite comme un fait accompli... Je viens de parier une guinée pour vous ! Voyons, pensez-vous que vous me la ferez gagner et que nous la mangerons ensemble ?...

– Je pense, camarade, me répondit le Breton avec une

franchise empreinte de tristesse, que vous n'avez pas agi en cette circonstance en honnête homme. Que les Anglais parient et spéculent sur ma mort, cela se conçoit, car un pauvre Français prisonnier ne vaut pas même à leurs yeux un cheval ou un coq... Mais que vous, un compatriote, vous jouiez de l'argent sur le plus ou moins de coups de poing que je dois donner ou recevoir... eh bien là, franchement, entre nous et de bonne amitié, je ne trouve pas ça gentil de votre part...

Il y avait tant de douceur et de bonhomie dans la façon dont le Breton m'adressa ce reproche, qu'il me fut droit au cœur.

– Mon bon Robert, lui répondis-je en lui serrant cordialement la main, vous vous méprenez complètement sur ma conduite... Si j'ai parié pour vous, ce n'est certes ni par cupidité ni par intérêt car, à vous parler franchement à mon tour, je n'ose croire à votre triomphe, je n'ai agi ainsi que par amour-propre national et pour ne pas reculer devant l'Anglais.

– Oui, à présent je comprends, me dit le Breton d'un air joyeux. Aussi, je ne m'expliquais pas!... Que je suis donc bête d'avoir eu une pareille idée... Vous m'excusez, monsieur? je suis bien vexé contre moi... Je vous dois des remerciements...

– Ne parlons plus de cela, Robert, et revenons à votre combat. Comment espérez-vous sortir de cette position difficile? Si vous refusiez en prétextant, ce qui n'est au reste que malheureusement trop vrai, votre état de faiblesse... cela ne vaudrait-il pas mieux que...

– D'être assommé! s'écria le Breton avec une vivacité que je ne lui connaissais pas. Non, monsieur, cela ne vaudrait pas mieux. Je suis, autant qu'il est en moi, un bon chrétien qui ne veut de mal à personne, et Dieu m'est témoin que si j'ai souvent défoncé en luttant quelques côtes aux gars dans nos pardons ou nos assemblées, ça n'a jamais été par méchanceté, mais seulement pour l'histoire de se divertir amicalement et de soutenir l'honneur de ma paroisse! Aujourd'hui, c'est plus ça. Des Anglais qui sont des bourreaux et des damnés veulent pour passer le temps se donner le plaisir de faire abîmer un bon et honnête Breton par un failli chien de païen de moricaud... Ah! mais minute... faut pas croire parce que le Breton est bon enfant que ce soit une bête!... que par honnêteté il se laissera taper sans se défendre!... et taper, je le répète, par un païen de moricaud en livrée! Ah ben, ça serait du joli, et les pays ne rageraient pas peut-être!... ils me traiteraient de fainéant et ne voudraient plus parler breton avec moi!... Mille noms de noms... à présent que toutes ces idées me montent au cerveau, la matinée va me sembler diablement longue...

Robert Lange en prononçant ces derniers mots n'était plus reconnaissable : une complète métamorphose s'était opérée en lui : les yeux brillants, les poings crispés, la lèvre supérieure relevée par une expression d'implacable férocité, les yeux injectés de sang, il s'était mis d'un bond sur ses pieds et, se redressant de toute sa hauteur, il semblait chercher son ennemi du regard. Pour la première fois, je songeai que ses camarades avaient peut-être raison de compter sur lui et je ne désespérai plus de l'issue du combat, ayant appris depuis peu que sur dix noisettes il en cassait ordinairement huit ou neuf entre ses doigts.

Privés de toute distraction comme nous l'étions à bord de *la Couronne*, je laisse à penser au lecteur l'émotion que causait dans le ponton le grand événement qui devait s'accomplir dans la journée. Robert Lange, devenu le héros du moment, était entouré, complimenté, questionné par tous les prisonniers : je dois ajouter que cette popularité bruyante ne semblait plaire que très médiocrement au Breton; toutefois, comme il était la douceur en personne, il essayait de dissimuler de son mieux l'impatience que lui faisait éprouver cet empressement général et importun dont il se trouvait l'objet.

Ce jour-là, par extraordinaire, le temps était magnifique; pas un nuage ne tachait l'azur du ciel! Aussi, à peine notre maigre déjeuner fut-il achevé, nous montâmes tous sur le pont. Quant à moi, quoique ma confiance dans Robert, depuis l'entretien que j'avais eu le matin avec lui, commençât à se former, j'étais bien loin encore d'être sans inquiétude et je réfléchissais de quelle façon je pourrais lui être utile, lorsqu'il me vint une idée que je m'empressai de mettre à exécution. Profitant de la liberté que me donnait ma position d'interprète, je m'en fus trouver le capitaine R... sous un prétexte futile, puis, abordant bientôt le véritable motif de ma visite :

– Puis-je vous demander, capitaine, lui dis-je, à quelle heure doit venir Petit-Blanc?

– Ah! ah! me répondit-il en souriant d'une méchante façon, est-ce que votre camarade se raviserait et aurait peur! Je dois vous faire observer, et vous allez lui répéter mes paroles, que dans le cas où il se repentirait de son imprudence et voudrait reculer devant le défi de Petit-Blanc, il ne le pourrait plus! Votre compatriote a reçu déjà deux livres sterling d'arrhes, et cette avance le lie. A présent, un refus de sa part serait considéré à l'égal d'une escroquerie et puni comme tel!... Qu'il y réfléchisse!...

– Mais, capitaine, vous vous trompez du tout au tout sur les intentions de Robert. Il ne m'a chargé d'aucune commission auprès de vous; c'est moi qui de mon plein gré et sans lui avoir même laissé soupçonner mon intention viens en mon nom vous adresser une prière.

– Voyons cette prière, interprète; parlez sans crainte, vous connaissez ma bonté.

– J'en appelle, capitaine, à votre justice. Personne ne sait mieux que vous de quelle façon ignoble les fournisseurs en usent à notre égard. Littéralement parlant, nous sommes en train de mourir de faim! Robert se trouve donc dans un état d'épuisement complet, et je crains que sa faiblesse ne trahisse sa bonne volonté et son courage. Ne pourriez-vous donc pas, vous qui êtes la bonté et la justice mêmes, ordonner qu'on lui serve un bon repas?

– Je ne puis faire droit à votre demande. Ce serait trahir la confiance et l'amitié que veut bien me porter le colonel.

– Nullement, capitaine; le bon repas que je réclame pour Robert, en lui remontant le moral et en lui rendant momentanément une partie de ses forces, ne ferait que rendre le triomphe de Petit-Blanc plus complet et plus éclatant. Il est incontestable que si mon camarade succombe au premier coup de poing, toutes les sympathies des spectateurs seront pour lui, et que l'on attribuera sa défaite au déplorable état d'épuisement dans lequel il se trouve.

Le capitaine R... réfléchit un moment avant de me répondre, puis se tournant vers moi et me souriant de l'air le plus agréable qu'il lui fût possible de prendre, c'est-à-dire me faisant une affreuse grimace :

– Au fait, je ne vois pas d'inconvénient majeur à me rendre à votre désir, me dit-il. Il est certain que je serais horriblement contrarié si la boxe s'arrêtait à la première passe!... Oui, vous avez raison; il faut pour que la fête soit complète que votre compatriote ait au moins l'air de résister... Allez me le chercher de suite...

Je ne me fis pas répéter cet ordre; je m'empressai de me rendre auprès de Robert Lange, et je lui fis part de la bonne aubaine qui l'attendait.

– Satanés Anglais, me dit-il en haussant les épaules, ce qui était son geste habituel, ils refusent le strict nécessaire à de pauvres diables qui succombent sous les privations, et ils offrent de bons déjeuners à ceux qui les amusent par des combats à coups de poing... Ce sont de fameuses canailles!... N'importe!... Depuis sept ans, je n'ai pas fait ce qui peut s'appeler un repas, et je ne serais pas fâché de m'asseoir un peu à une bonne table... Ça sera toujours autant de pris sur l'ennemi...

Cinq minutes plus tard le Breton, installé devant un

succulent déjeuner, mangeait comme quatre et buvait comme six.

– Prenez garde, lui dis-je, vous allez vous faire mal! Méfiez-vous surtout de ce vin de Porto...

– Je le trouve trop bon, camarade, pour lui faire cette injure.

– Oui, je conçois qu'il soit de votre goût, mais n'oubliez pas que vous n'êtes plus habitué aux boissons alcooliques et que leur action sur vous doit avoir par conséquent une grande puissance. Prenez des forces, mais ne troublez point votre raison...

– Ne craignez rien, camarade; avant mon entrée dans les pontons je buvais mon petit demi-litre d'eau-de-vie chaque jour, et je puis pourtant vous assurer, sans vanterie, que j'ignore encore ce que c'est que l'ivresse.

– Eh bien alors, je n'insiste plus; donnez-vous-en à cœur joie...

Robert Lange usa si largement de cette permission qu'il finit par plonger dans la plus profonde stupéfaction le maître d'hôtel qui le servait; l'Anglais, depuis qu'il exerçait ses fonctions, n'avait jamais rien vu de pareil.

– Voilà qui est fini, dit enfin le Breton en se levant tranquillement de table, pas de carte à payer, pas de compagnie à saluer, c'est on ne peut plus commode. Allons-nous-en...

Robert Lange, dont j'épiais avec une curiosité inquiète les moindres mouvements, me prit alors par le bras et s'éloigna avec moi d'un pas calme et assuré.

– Ne sentez-vous pas les vapeurs du Porto vous monter à la tête? lui demandai-je lorsque nous nous retrouvâmes au grand air sur le pont.

– Farceur, me répondit-il en riant, car il crut que je plaisantais, ce Porto est un petit vin rafraîchissant, qui, s'il manque de force, n'en est pas cependant à dédaigner pour cela... Il vaut presque le cidre...

– Ma foi, pensai-je, si Robert est aussi athlète qu'il est

remarquable buveur, je pourrais bien gagner mon pari d'une guinée! Vraiment, ce garçon-là n'est pas une nature ordinaire, et je suis presque tenté de croire que ses camarades n'ont point tort de compter sur lui.

Vers les deux heures de l'après-midi on signala un canot qui se dirigeait vers *la Couronne*, et contenait plusieurs dames anglaises, parées avec ce luxe éclatant et de mauvais goût si essentiellement britannique.

Le capitaine R... s'empressa de recevoir ses visiteuses avec toute la galanterie dont il était susceptible, et les installa aux meilleures places sur les gradins. Nous conjecturâmes de là que le moment de la lutte approchait. En effet, presque au même instant une dizaine de canots, portant toute la fashion des deux sexes de Portsmouth et de Gosport, abordèrent notre ponton, dont le pont ne tarda pas à présenter un coup d'œil pittoresque et animé.

Bientôt des hourras et des cris de joie retentirent et nous annoncèrent l'arrivée de l'ordonnateur et du héros de la fête, c'est-à-dire le brillant colonel et l'illustre Petit-Blanc.

– Que fait Robert Lange? demandai-je à un de ses amis, un Breton qui passa à ce moment près de moi.

– Robert joue à la drogue, me répondit-il.

– Que pense-t-il, que dit-il?

– Il pense que tous ces gens-là sont bien bêtes de se déranger tout exprès pour voir deux pauvres diables s'assommer, et il demande qu'on le laisse jouer tranquille, et qu'on vienne l'avertir seulement quand on aura besoin de lui.

– Ma foi, sa confiance commence à me gagner. Je ne suis plus si éloigné de croire qu'il se tirera de ce mauvais pas à son honneur.

– Camarade, me répondit le Breton en mordillant sa chique d'un petit air moqueur, vous parlez du pays que vous ne connaissez pas, absolument comme un aveugle qui cause sur les couleurs. Je ne vous dis que ça; pour le moment, ça suffit. Vos yeux ne tarderont pas à vous apprendre que les Bretons ne sont pas des gars à se laisser taper gratis par des mal-blanchis! Moi, d'abord, je m'attends à une farce, je crois que nous rirons.

Ma conversation avec l'ami de Robert fut interrompue par l'arrivée de l'honorable colonel anglais lord S..., qui, suivi de son favori Petit-Blanc et d'un magnifique chien danois, apparut sur le pont et attira aussitôt tous les regards.

Le capitaine R... se précipita à sa rencontre, et après lui avoir donné une respectueuse poignée de main, le conduisit à la place d'honneur qui lui était réservée.

– Eh bien, mon cher capitaine, lui dit le lord, le Français est-il toujours décidé à tenter l'aventure?

– Quelque mal élevés que soient les Français, ils ont encore pourtant assez de savoir-vivre pour comprendre que l'on ne dérange pas inutilement une personne comme Votre Grâce! répondit le capitaine R... en s'inclinant profondément devant le colonel.

– En ce cas, veuillez je vous prie, cher capitaine, le faire avertir que Petit-Blanc est à ses ordres et l'attend...

– L'illustre Petit-Blanc n'est pas fait pour attendre un chien de Français, répondit galamment notre geôlier. Holà! interprète, allez vite chercher votre compatriote.

Nous étions dans une trop grande impuissance et trop bien habitués à ces injures que nous méprisions pour que l'idée me vînt de relever cette insulte. Je me contentai de hausser les épaules d'un air de mépris et j'obéis.

– Robert, dis-je en accostant le Breton que je trouvai occupé à jouer tranquillement sa partie de drogue, le moricaud m'envoie vous demander si vous vous fichez de lui, que vous n'êtes point venu encore le saluer...

– Certainement, que je me fiche de lui, me répondit le Breton d'un air calme et doucereux que démentait la rougeur qui lui était montée au visage. Dites-lui que j'ai encore quelques points à faire et qu'il ait à m'attendre... C'est son métier.

Ravi de cette réponse qui me permettait de prendre ma

revanche de l'impertinence gratuite du capitaine, je m'empressai de retourner auprès de lui, et là d'une voix bien haute et bien claire, devant toute la société :

– Capitaine, lui dis-je, le matelot Robert est en train de jouer aux cartes. Il me charge de répondre à l'invitation du domestique Petit-Blanc qu'aussitôt qu'il aura terminé sa partie il viendra le trouver.

Ces paroles, comme je m'y attendais, produisirent un véritable scandale : ce fut partout un concert d'imprécations contre les Français et leur impertinence. Le capitaine R..., cédant à sa nature brutale et emportée, voulait à toute force faire jeter Robert Lange au cachot : le colonel eut toutes les peines du monde à le calmer.

– C'est un usage en France, capitaine, lui dit-il, à ce que l'on m'a raconté, de satisfaire pendant sa dernière heure à tous les caprices possibles que manifeste un condamné à mort. Laissons cet homme achever sa dernière partie de cartes! Quant à vous Petit-Blanc, ajouta le lord, déshabillez-vous et préparez-vous.

Petit-Blanc se dépouilla aussitôt de la riche et baroque livrée dont il était affublé, et un murmure d'admiration, presque de terreur, circula le long des gradins lorsqu'il montra à nu son torse d'Hercule. Le fait est que ses bras, plus gros que des cuisses, et sa poitrine, supérieure en largeur à l'espace qu'eussent occupé deux hommes placés de front l'un contre l'autre, dénotaient une force fabuleuse et qu'il était impossible de préciser. Ce Petit-Blanc était un véritable phénomène.

Le murmure flatteur dont je viens de parler durait encore lorsque Robert Lange apparut à son tour. Le Breton, l'air paisible, les épaules un peu voûtées, les mains dans ses poches, sa chique dans la bouche et son bonnet de coton sur la tête, présentait un contraste tellement saisissant avec la superbe prestance et la pose théâtrale de son adversaire que les Anglais se trouvèrent un moment tout désappointés.

– Mais cet homme ne pourra jamais résister à une

chiquenaude du beau noir, disaient les ladies d'un air chagrin, ce combat est une plaisanterie... ce n'était pas la peine de nous déranger pour si peu de chose... Je parie que c'est encore là une mystification de lord S.; nous aurions dû nous en douter.

Quant à Petit-Blanc, après être resté pendant quelques secondes plongé dans une stupéfaction profonde, il partit bientôt d'un éclat de rire tellement prolongé et bruyant qu'on eût dit une sonnerie de trompette.

– Ah! mon Dieu! mon Dieu! s'écria-t-il en parvenant enfin à modérer sa gaieté, comme c'est drôle!...

– Dites donc, monsieur, me demanda alors tranquillement Robert, qui pendant le cours de cette scène avait conservé tout son flegme et tout son sang-froid, qu'est-ce qu'il a donc cet animal-là? Se figure-t-il bonnement que j'ai laissé là ma drogue pour venir assister à ses grimaces?... S'il a peur de boxer, qu'il le dise... Mais je ne tiens pas du tout à l'assommer... ça m'est égal... et je retournerai alors finir ma partie de cartes.

Le colonel S..., comme la plupart des membres de l'aristocratie anglaise, comprenait et parlait assez bien, je l'ai déjà dit, la langue française. S'adressant aussitôt à Robert Lange :

– Mon ami, lui dit-il, votre piteuse apparence justifie suffisamment la gaieté de mon nègre; mais un pari est un pari : laissons donc de côté la phrase, et procédons à l'action. Quels sont vos parrains?

– Je suis un chrétien et je n'ai qu'un seul parrain, colonel! répondit le Breton qui se méprit à cette demande.

Le colonel ne put s'empêcher de sourire d'un air de pitié, car une semblable ignorance des us et coutumes de la boxe augmentait encore la mauvaise opinion qu'il avait de Robert; toutefois, comme il tenait à ce que le combat eût lieu, il daigna expliquer assez poliment au Breton que les champions étaient toujours assistés de deux témoins ou parrains chargés de veiller aux intérêts des deux adversaires.

– Que de simagrées pour se flanquer une poussée! dit doucement Robert. Enfin, puisque c'est une coutume, faut bien s'y soumettre... Qu'est-ce qui veut me servir de parrain?

– Je suis à vos ordres, m'écriai-je en m'avançant vivement.

– Merci monsieur, j'accepte sans façon... Allons, viens aussi toi, Jean, ajouta le Breton en faisant signe à un de ses pays d'avancer. A présent que voilà la chose réglée, nous pouvons passer à la danse.

– Avez-vous une montre, interprète? me demanda alors le colonel.

– Mais, colonel, à quoi bon cette question?

– C'est incroyable, vraiment, s'écria lord S... en s'adressant à ses compatriotes, jusqu'à quel point l'éducation française est négligée... Je n'ai jamais vu nulle part une semblable ignorance!... Tenez, prenez ma montre, poursuivit-il en me présentant un magnifique chronomètre de poche qui marquait les secondes, elle vous est indispensable pour constater, chaque fois que votre tenant sera terrassé par un coup de poing, le temps qu'il restera hors de combat!... Si ce temps dépasse cinq minutes, il n'aura plus le droit de recommencer et sera considéré comme vaincu...

– En v'là des manières, pour en arriver à quoi? à se tanner le cuir, me dit Robert. Ça fait pitié... Je ne conçois vraiment pas que des gens aussi bêtes puissent être parfois de bons matelots... Mettez la montre dans votre gousset et laissez-moi faire...

Robert Lange, en prononçant ces paroles, retira sa veste et se mit en garde. Un éclat de rire spontané et moqueur retentit le long des gradins; je compris que la garde adoptée par le pauvre Breton était contraire aux règles de l'art et que les spectateurs le trouvaient ridicule...

La colère commence à me gagner, poursuivit Lange.

– Robert, lui dis-je avec vivacité, ces gens-là en se moquant de vous insultent la Bretagne et la France : il faut, entendez-vous, coûte que coûte, que vous flanquiez une pile au moricaud... Si vous avez le dessous, nous serons, je vous en avertis, indignement bafoués...

Le visage pâle et blafard de Robert se teignit d'une légère rougeur.

– Ah! vous croyez que ces gredins-là veulent blaguer la Bretagne, me répondit-il d'une voix émue. Ne craignez rien, je saurai défendre l'honneur du pays!... Ah! mon Dieu, quel malheur qu'il ne soit pas de jeu, dans la boxe, de donner des coups de tête!... Sans vanterie, j'excelle dans les coups de tête; s'il m'était permis d'en appliquer un seul au mal-blanchi, vous le verriez bientôt étendu sans connaissance et les quatre fers en l'air sur le plancher du pont!

– Colonel, dis-je en m'adressant à lord S..., mon partner est prêt. Peut-on commencer?

– Volontiers, monsieur; mais il reste encore aux combattants une formalité à accomplir. Ils doivent se donner et se serrer la main, en signe d'amitié. Petit-Blanc, continua le colonel, faites l'honneur au Français de lui présenter votre main...

Le nègre, obéissant aux ordres de son maître, s'avança en se dandinant d'un air superbe et dédaigneux, puis se plaçant en face du Breton dans une pose théâtrale et qui lui permit de développer son torse terrible et puissant, il étendit son bras vers son adversaire :

– Serrez ma main avec respect, lui dit-il, elle a déjà assommé et tué plusieurs Français.

A cette injure grossière qui sentait si bien le nègre, et que les Anglais accueillirent par des applaudissements prolongés, un frémissement d'indignation parcourut la foule des prisonniers.

– Que me dit le moricaud? me demanda Robert.

– Il dit, mon ami, que vous touchiez sa main avec respect, car elle a déjà assommé et tué plusieurs Bretons.

Ces paroles produisirent un miraculeux effet sur Robert : un éclair brilla dans ses yeux, ses sourcils se contractèrent, une expression de fureur et de férocité indescriptibles gonflant ses narines et relevant sa lèvre supérieure laissa voir ses dents serrées avec rage; dans cet homme, habituellement si paisible et si doux, il y avait dans ce moment du tigre.

L'imprudent Petit-Blanc, malgré la force prodigieuse dont il était doué et qui jamais encore ne lui avait fait défaut, ne put soutenir sans émotion le regard fixe et ardent de son adversaire. Il nous fut facile de deviner, à sa contenance embarrassée, que ce regard pesait sur lui et le paralysait. Un profond silence régnait sur le pont. Les Anglais semblaient pressentir qu'un drame véritable allait se passer; Robert Lange, je le compris, avait grandi à leurs yeux.

Quelques secondes, que le Breton employa à comprimer la fureur immense qui l'agitait, me parurent, tant mon émotion était vive, des heures. Il me tardait, dans la fiévreuse impatience qui me brûlait le sang, de voir le combat s'engager et la catastrophe s'accomplir. Enfin Robert Lange, par un geste empreint d'une sublime énergie et d'une grandeur que je ne puis rendre avec une plume, développa son bras et saisit la main du nègre.

Leurs mains enlacées, leur regard fixe, leurs visages enflammés rapprochés l'un contre l'autre à une faible distance, les deux combattants immobiles et impassibles ressemblaient à un groupe de marbre.

Peu à peu, il me parut que le visage de Petit-Blanc reflétait une vive expression de douleur : je ne me trompais pas! Tout à coup, laissant échapper un cri terrible qu'il devait comprimer depuis longtemps, le nègre se mordit les lèvres avec rage, ferma à moitié ses yeux, rejeta sa tête en arrière en relevant ses épaules avec un tremblement convulsif, et parut prêt à perdre connaissance. Quant au

Breton, toujours calme et impassible, du moins en apparence, pas un de ses muscles ne remuait; on eût dit une statue.

Ce qui se passait était une chose tellement imprévue, si extraordinaire, que nous ne savions que penser. Ce fut Robert Lange qui nous donna le mot de cette énigme.

– Misérable! s'écria-t-il d'une voix vibrante en s'adressant au nègre, cette main qui a assassiné plusieurs Bretons ne fera plus peur bientôt, même à un enfant!

En effet, prodige inouï de force auquel jamais je n'aurais ajouté foi si je n'en eusse été témoin et que je puis attester ici sur l'honneur, la main du Breton avait serré celle de son adversaire avec une telle violence que le sang du nègre rejaillissait de ses doigts.

– Grâce, grâce! s'écria peu après Petit-Blanc incapable de supporter plus longtemps l'atroce supplice que lui causait cette terrible étreinte, grâce, je suis vaincu...

Mais Robert, insensible à cette prière, sourd à ces plaintes, ne lâcha la main qu'il broyait que quand le nègre tomba sur ses genoux!

Alors, spectacle hideux! nous vîmes cette main pendre, inerte et sanglante; elle était littéralement parlant écrasée.

Décrire à présent notre enthousiasme, notre joie frénétique, me serait impossible. Des cris de vive la France! vive la Bretagne! vive Robert! saluèrent avec transport le triomphe du brave Breton. Nous étions fous de joie.

Quant à Robert Lange, il n'avait rien perdu de son sang-froid.

– Colonel, dit-il avec cette fausse bonhomie si pleine de ruse et de raillerie qui n'appartient qu'aux paysans et qu'il avait dû conserver de sa vie campagnarde, à présent que la petite formalité de la poignée de main est accomplie, je pense que nous pouvons commencer la boxe? Qu'en pensez-vous?

Lord S... était avant tout homme du monde; il parut donc ne pas comprendre ce sarcasme; et s'adressant à Petit-

Blanc, comme si rien d'extraordinaire ne venait de se passer :

– Êtes-vous prêt ? lui demanda-t-il.

Le nègre souffrait de si atroces douleurs qu'il ne pouvait parler : il se contenta de répondre à cette question par un signe négatif de tête.

– Renoncez-vous au combat ? continua lord S... avec le même sérieux.

– Oui...

– Alors je déclare, comme juge du camp, que vous êtes vaincu. Monsieur Robert, ajouta le colonel avec une grande politesse, voici les vingt livres que je vous dois. Je conviens que vous possédez une force de poignet peu ordinaire, mais je n'en reste pas moins convaincu que si Petit-Blanc se fût mesuré avec vous à coups de poing il vous aurait tué.

Robert Lange, au lieu de prendre avec empressement les quatre bank-notes de cinq livres chacune que lui présentait lord S..., recula d'un pas ; mais il se ravisa bientôt, et les saisissant sans remercier :

– Je serais bien bête de laisser cet argent aux Anglais ! s'écria-t-il en mettant les billets dans sa poche ; c'est toujours autant de pris sur l'ennemi !...

Le Breton revint alors parmi nous, et je laisse au lecteur à penser l'accueil que nous lui fîmes : il fut porté en triomphe.

– Messieurs et mesdames, dit lord S... en s'adressant à ses compatriotes qui étaient venus pour assister à la défaite de Robert, recevez toutes mes excuses pour le dérangement inutile que je vous ai causé. J'en suis confus et innocent tout à la fois, car raisonnablement parlant il m'était impossible de prévoir ce qui est arrivé. Je crois que ce que nous avons maintenant de mieux à faire c'est de nous en aller et de laisser messieurs les Français cuver en paix la joie dont ils sont enivrés.

Lord S..., après avoir donné une poignée de main au capitaine R..., dont le visage cramoisi de colère nous promettait le retour d'une de ces cruelles excentricités dont lui seul possedait le secret, et dont il nous avait deja donne de si fréquents échantillons, fit signe à Petit-Blanc de le suivre, et sifflant son beau chien danois, se disposa à rejoindre le canot qui l'attendait au bas du ponton.

Petit-Blanc ne se fit pas répéter cet ordre; il se mit en marche derrière son maître d'un air penaud et confus. Mais le beau danois ne montra pas autant d'obéissance. En vain le colonel siffla et resiffla de nouveau, le chien ne se montra pas.

– Seriez-vous assez bon, capitaine, dit alors lord S... en s'adressant à notre chef suprême, pour envoyer chercher mon chien, qui doit être à vagabonder dans les batteries.

– Votre chien est entré dans la batterie! répéta notre geôlier, dont le teint cramoisi tourna au rouge-sanguin le plus foncé. Votre chien est entré dans la batterie, colonel! alors Votre Grâce ne le reverra jamais... C'est un animal perdu!

– Perdu! et pourquoi donc? Une batterie n'est pas un désert, et mon chien n'est pas tellement microscopique qu'on ne puisse le trouver...

– C'est justement parce que le pauvre animal était gros et gras que je vous répète, milord, qu'il est perdu pour vous.

– Comment cela? *était*, dites-vous? Pensez-vous donc qu'il ne soit plus?

– Je fais plus que le penser, hélas, milord, j'en suis sûr. L'infortunée bête, croyez que je ne me trompe pas, représente en ce moment deux gigots, quelques plats de ratatouille et une infinité de *beefstakes*.

– Horreur! s'écria le colonel d'un ton d'incrédulité et de dégoût. Cela est impossible... Quoi! ces Français auraient dévoré mon chien?

– Cela n'est que trop certain, milord.

Notre geôlier ne se trompait pas dans ses suppositions : les rafalés de *la Couronne*, tentés par l'embonpoint appétissant du danois, avaient bientôt trouvé le moyen, par leurs perfides cajoleries, d'entraîner le trop confiant animal dans la batterie de 36. Une fois maîtres de lui, ils s'étaient tellement persuadés les uns aux autres que ce chien était un mouton, qu'ils avaient agi en conséquence.

Le colonel était à peine embarqué dans son canot qu'il aperçut, accrochée à un sabord, en dehors du ponton, la peau de son danois favori.

A l'imprécation que lui arracha la vue de cet affreux spectacle, nous répondîmes par un concert de sifflets. Décidément lord S... n'était pas dans un jour de bonheur : son grand nègre estropié, son chien mangé, et Robert, enrichi de vingt guinées, se portant à ravir. L'avantage restait tout à la France!

XV

Terrible conflit
Résolution des prisonniers
Nous l'échappons belle – Plaintes écoutées
Destitution du capitaine R...

Lorsque nous vîmes partir le dernier invité, nous pensâmes avec raison que l'aimable R... allait s'occuper de nous : nous ne nous trompions pas.

– Faites rentrer ces canailles dans leurs logements, s'écria-t-il d'un air furieux en s'adressant à ses soldats; et s'ils n'obéissent pas assez vite, stimulez leur paresse à coups de crosse.

Je dois rendre cette justice aux soldats anglais de reconnaître que chaque fois qu'un ordre semblable leur était donné, ils mettaient à l'exécuter le plus vif empressement. Se jetant sur nous avec fureur, ils commencèrent à nous assommer avec un zèle et une ardeur sans pareil en nous chassant devant eux. Quelques-uns même, par distraction sans doute, se figurant que la crosse de leur fusil se trouvait placée à l'extrémité supérieure du canon, blessèrent assez grièvement plusieurs Français avec leurs baïonnettes!

– Mort aux Anglais et vengeance! s'écria un matelot frappé en tombant.

A ce cri, nous nous arrêtâmes en répétant :

– Mort aux Anglais et vengeance!

Et en moins d'une demi-minute le pont de *la Couronne* se changea en un vrai champ de carnage.

Nous armant de quelques fusils que nous arrachâmes aux Anglais, nous ne tardâmes pas à prendre sur eux l'offensive. Ce fut alors un pêle-mêle immense, des imprécations, des cris de rage et de douleur, une vraie bataille.

Les soldats anglais retranchés dans les rambades n'osant ni venir au secours des leurs, ni tirer sur nous, car nous étions mêlés à leurs camarades, et leur feu eût atteint ceux-ci tout aussi bien que nous, s'empressèrent de hisser le drapeau qui servait à signaler une révolte.

Ce ne fut que quand les soldats, qui avaient commencé par nous maltraiter avec tant d'inhumanité, eurent pris la fuite, que nous rentrâmes dans nos logements aux cris confus de « vive la France! à bas les Anglais! »

Je dois avouer qu'une fois que notre colère se fut dissipée nous ne tardâmes pas à regretter notre vivacité : nous connaissions trop le capitaine R... pour ne pas être certains qu'il saisirait avec empressement le prétexte de cette espèce de révolte pour recommencer ses hostilités contre nous; or, nous avions déjà eu tant à souffrir de sa cruauté, nous connaissions si bien ce dont il était capable que cette perspective nous effrayait.

Enfin, que faire? Il était trop tard pour revenir sur nos pas, le sang avait coulé; nous convînmes de résister de toutes nos forces aux nouvelles persécutions qui allaient nous assaillir et de ne pas reculer d'une semelle.

Notre délibération venait à peine de se terminer lorsque le capitaine envoya demander l'interprète.

– Voilà l'orage qui gronde déjà, dis-je à mes camarades; ne craignez rien, amis, je saurai me montrer à la hauteur des circonstances, et je ne faiblirai pas!

Je trouvai le capitaine R... arpentant le tillac du gaillard d'arrière d'un pas rapide et parlant haut à son second.

– Interprète, me dit-il, allez prévenir vos camarades que s'ils ne m'envoient pas, d'ici à une heure, une députation qui implore mon pardon et me donne le nom des vingt plus coupables, je les fais tous passer par les armes!

– Capitaine, répondis-je froidement, mes fonctions m'obligent à vous obéir, mais je dois vous avertir que vous me chargez là d'une mission complètement inutile et qui n'aboutira pas.

– Vous croyez que ces misérables auront l'audace de refuser mes conditions?

– J'en suis convaincu, capitaine, et cela pour deux raisons. La première, c'est qu'ils ont été parfaitement dans leur droit en repoussant par la force une injuste et odieuse violence; la seconde, c'est qu'ils ne croiront pas à l'accomplissement de votre menace qui dépasserait vos pouvoirs : car, permettez-moi de vous le faire observer, vous n'en avez pas le droit; ensuite, on ne fusille pas sept cents hommes par la seule raison que l'on est en colère et qu'on éprouve le besoin de passer sa mauvaise humeur.

– Ah! vous croyez que je ne les ferai pas fusiller? Vous êtes tout à fait dans l'erreur. Si d'ici à une heure je n'ai pas reçu la députation et que l'on ne m'ait pas livré le nom des vingt plus coupables, je simule une révolte, vous voyez que je suis franc et précis, et je vous fais fusiller, je vous le répète, par mes soldats, qui ne demandent qu'à prendre leur revanche!...

« Je ne prétends pas que je vous détruirai tous, cela serait en effet impossible, mais vous m'accorderez au moins que plus d'un d'entre vous succombera au feu bien nourri que l'on dirigera à bout portant sur vous à travers les meurtrières!... Taisez-vous, ajouta R... en voyant que je m'apprêtais à répondre, je ne veux pas un mot de plus. J'ai dit, allez! N'oubliez pas que je n'accorde pour tout délai qu'une heure.

Le manchot me poussa alors brutalement, et je dus m'éloigner pour accomplir ma triste commission.

Je laisse à penser la rage et la terreur que causa tout à la fois ma communication : nous savions R... capable de se porter à toutes les extrémités, et nous tremblions en songeant à l'accomplissement de sa menace; mais d'un autre côté céder, c'est-à-dire nous avilir, dénoncer des frères! Non, cela ne pouvait se faire.

– Mes amis, s'écria un officier, l'entreprise que je viens vous proposer est chose insensée et impossible, je le sais; mais de deux maux il faut choisir le moindre. Armons-nous de notre mieux et repoussons la force par la force!... Au total, il vaut mieux mourir en combattant que de se laisser lâchement égorger sans se défendre.

– Oui, oui! nous écriâmes-nous avec enthousiasme; armons-nous, et mort aux Anglais!

Le lecteur se ferait difficilement une idée des ressources que nous trouvâmes dans notre désespoir; nous tirâmes parti de tout, de nos outils, de nos fleurets, de nos compas, des pieds massifs de nos tables; et en moins d'une demi-heure nous étions armés d'une façon peu régulière, sans doute, mais qui nous permettait au moins de nous défendre.

Nous nous empressâmes ensuite de construire avec nos meubles et nos lits des barricades ou des retranchements devant les meurtrières anglaises.

L'heure fatale allait expirer lorsque nous aperçûmes à travers nos sabords un superbe canot rempli d'officiers supérieurs de marine qui semblait se diriger vers notre ponton; en effet, quelques minutes plus tard cette embarcation accostait *la Couronne.*

Je laisse à penser la joie que nous causa cette arrivée inattendue, car il n'était pas probable que devant ces officiers supérieurs le capitaine R... passerait à l'exécution de ses sanglantes menaces; au reste, notre curiosité n'était pas moins grande que notre joie : nous ne pouvions deviner ce que signifiait l'apparition de toutes ces grosses épaulettes.

– Vous devriez bien, Garneray, monter sur le pont et venir nous expliquer ensuite ce qui se passe là-haut, me dit un camarade.

– Mais ne suis-je pas prisonnier comme vous?

– Nullement. Vous êtes interprète, et comme tel vous n'avez rien à craindre.

Mes compagnons d'infortune appuyèrent si fortement cette proposition et insistèrent auprès de moi avec tant de force, que je finis pas me rendre à leur désir et je montai sur le pont.

Le factionnaire placé à la porte de la batterie me laissa passer sans m'adresser la moindre question, et je ne tardai pas à me trouver en présence de l'imposante société qui venait d'arriver.

La première chose que je remarquai fut l'extrême froideur avec laquelle les officiers supérieurs accueillaient les avances empressées de notre geôlier : à peine daignaient-ils répondre à ses compliments par un simple signe de tête.

– Lieutenant R..., lui dit un amiral, faites venir les signataires des deux plaintes adressées au *Transport-Board;* voici la liste de leurs noms.

– Mais, amiral, il doit y avoir erreur! s'écria R... décontenancé; je n'ai fait parvenir au *Transport-Board* qu'une seule plainte.

– Les voici toutes les deux, monsieur... Je vous permets d'en prendre connaissance.

L'amiral en parlant ainsi remit à notre *turnky* deux rouleaux de papier dans lesquels je reconnus au premier coup d'œil, d'abord le procès-verbal dressé par nous contre nos fournisseurs à l'instigation de R..., ensuite le mémoire où nous exposions les cruautés et les illégalités de la conduite du susdit capitaine R..., mémoire que, le lecteur peut s'en souvenir, nous avions caché dans le pain envoyé en échantillon.

Comment décrire à présent l'immense désappointement, la fureur contenue et le désespoir qu'éprouva le misérable R... en voyant à quel piège il s'était laissé prendre? Ah! je ne doute pas un instant que s'il eût été alors en son pouvoir de nous faire pendre tous, il nous eût tous immolés à sa rage.

– Eh bien, monsieur, reprit l'amiral, qui remplissait dans cette commission d'enquête les fonctions de président, qu'avez-vous à répondre?

– J'ai à répondre, amiral, s'écria R... ne sachant plus où donner de la tête, que, malgré ma mauvaise opinion des Français, je ne les croyais pas capables d'une si vilaine perfidie et d'une si profonde ingratitude...

– Faites venir les signataires de ces plaintes. Vous vous expliquerez après que nous les aurons entendus.

Je m'empressai, quant à moi, de courir annoncer cette bonne nouvelle dans la batterie et dans le faux pont : elle excita partout des transports de joie! Le ciel prenait-il donc enfin en pitié nos souffrances, et allions-nous être délivrés de l'odieuse tyrannie de l'infâme R...? Ce bonheur nous paraissait si grand que nous ne pouvions y croire!

Une demi-heure plus tard, la commission d'enquête installée dans la chambre du conseil faisait comparaître devant elle les signataires des deux plaintes et les interrogeait, je dois lui rendre cette justice, avec la plus grande impartialité.

Comme nous n'avions que la vérité à répondre pour tuer notre ennemi, notre rôle nous fut facile. Vint un moment où le capitaine R... se trouva tellement accablé par l'unanimité et la précision des témoignages portés contre son odieuse conduite qu'il demanda, se sentant menacé d'une attaque d'apoplexie foudroyante, à se retirer un moment pour aller prendre l'air.

L'enquête se poursuivit jusqu'à la fin du jour, et lorsque la nuit venue la commission quitta *la Couronne* pour retourner à terre, nous ne doutions plus de notre victoire et nous considérions la révocation comme un fait accompli.

En effet, trois jours plus tard arriva à bord son successeur!

Malheureux R..., quel triste départ fut le sien! Jamais

plus monstrueux charivari n'exista que celui dont nous le saluâmes, lorsque le canot qu'il montait pour retourner à terre passa devant nos sabords! C'était notre dernière vengeance, je laisse à penser si nous nous y livrâmes de tout cœur.

Une fois délivrés de notre geôlier, il nous sembla que la vie prenait pour nous un aspect tout nouveau; que nous renaissions à la vie! Cependant nos souffrances ne faisaient que s'aggraver de jour en jour, et la mortalité qui régnait à bord de notre ponton augmentait dans des proportions effrayantes.

L'affreux régime alimentaire auquel nous étions soumis, l'air méphitique de nos cloaques et surtout les brusques changements atmosphériques que nous subissions lorsque nous passions des batteries ou du faux pont au grand air, changements qui équivalaient à la différence qui existe entre une étuve chauffée à toute vapeur et une température à dix degrés au-dessous de zéro, multipliaient d'une façon effrayante les cas d'hémoptysie ou de suppuration des poumons.

Immédiatement après l'hémoptysie, la maladie régnante, venaient le marasme et la phtisie; peu de prisonniers étaient valides. Tous les ans, le *Transport-Office* faisait faire des visites par les médecins et comme rien n'est aussi facile à calculer que le temps qu'il reste à vivre à un poitrinaire, on renvoyait mourir dans leurs familles ceux qui n'avaient plus devant eux que quelques semaines d'existence.

Aussi les Anglais, qui aimaient à faire parade de leur humanité parce qu'ils en manquaient toujours, se vantaient-ils d'avoir rendu à la liberté, depuis le commencement de la guerre, douze mille prisonniers : les douze mille libérés, en considérant les choses à leur vrai point de vue, représentaient douze mille assassinats!

XVI

Ponton la Vengeance
Un brocanteur émérite –
Un bonheur m'arrive – Incurables
Haine et cruauté – Dévouement d'un défenseur
Un jeune amoureux – Altercations
Suicide

Pendant les premières semaines qui suivirent la révocation du capitaine R..., je parvins à me caser assez convenablement, et je me remis à mes travaux de peinture.

Je travaillais, pendant les loisirs assez nombreux que me laissaient mes fonctions, à un grand tableau, lorsque notre nouveau capitaine m'annonça que son confrère du ponton *la Vengeance*, dont l'interprète venait de mourir, lui faisait demander de lui céder le sien pour quelques jours, et que comme il comprenait, lui, assez le français pour pouvoir se passer momentanément de mes services, il avait disposé de moi.

Il n'y avait rien à répondre à cet ordre, sinon à obéir. Je pris donc congé de mes camarades de *la Couronne*, que je ne devais plus revoir, et je m'embarquai pour *la Vengeance*. C'était sur ce ponton que devait se terminer ma captivité; seulement, cette captivité devait durer encore cinq années!

Je n'entreprendrai point de dépeindre au lecteur l'aspect que me présenta cette nouvelle prison lorsque j'y arrivai. A peu de chose près, car ces tombeaux vivants se ressemblaient tous, c'était absolument la même chose qu'à bord de *la Couronne*.

Installé en ma qualité d'interprète dans une petite chambre particulière située dans la batterie de 18, j'étais bien moins à plaindre que le reste des prisonniers; je ne tardai pas non plus à m'arranger avec notre commis aux vivres qui me céda, ou pour être plus exact qui me loua une cabine étroite qu'il occupait à bâbord sur le gaillard d'arrière, et dont je fis mon atelier.

Entièrement absorbé par mes travaux, je me mêlais fort peu à la vie des prisonniers; et le temps passait pour moi, sinon d'une façon heureuse, au moins rapidement.

Un jour je reçus la visite d'un gros petit homme qui, entrant sans façon dans mon modeste atelier, se mit sans me dire un mot à examiner mes productions avec le plus parfait sans-gêne.

– Ces marines, pour être peintes par un Français, ne sont pas par trop médiocres, me dit-il enfin; si vous voulez vous montrer raisonnable nous nous arrangerons peut-être ensemble!... Je suis marchand de tableaux à Portsea!

Comme j'étais alors fort à court d'argent, il me parut voir le ciel s'ouvrir devant moi, et je m'empressai de répondre que j'étais l'homme le plus facile du monde en affaires.

– Mon garçon, me dit le marchand – car les Anglais abusant de notre position avaient pour habitude de nous traiter avec une dédaigneuse familiarité –, « mon garçon », vous avez tort de parler ainsi! Si le hasard eût fait qu'au lieu d'être un honnête homme comme je le suis, vous eussiez trouvé un juif en moi, cet aveu eût pu vous coûter cher... Heureusement pour vous que votre bonne étoile vous a servi, je me nomme Abraham Curtis!

L'Anglais prononça ce nom avec une telle emphase, que je jugeai qu'il devait être très honorablement connu; et je n'osai lui avouer que cette fois était la première de ma vie que je l'entendais prononcer.

Après un court débat, il fut convenu qu'il me prendrait tous mes tableaux, à la condition toutefois qu'ils fussent d'une certaine dimension et très soignés, à raison d'une livre sterling ou vingt-cinq francs pièce.

Ce prix, auquel j'étais loin de m'attendre, me combla de joie. Je touchai le jour même six livres sterling pour tous les tableaux qui se trouvaient dans mon atelier, et qu'Abraham Curtis emporta avec lui.

A partir de ce moment ma vie se changea en un travail acharné; je ne quittais presque plus mon chevalet que pour prendre mes repas, je peignais sans cesse, hiver comme été. J'arrivai de cette façon à produire jusqu'à trois et quelquefois quatre tableaux par mois.

Fidèle à ses promesses, mon marchand me payait avec une régularité dont je ne pouvais lui savoir assez de gré : je le proclamais en mon cœur l'homme le plus honnête et le plus généreux du monde entier.

Vers le milieu de l'automne, il y avait à peu près six mois que j'étais sur *la Vengeance,* le capitaine m'ordonna un matin d'annoncer aux prisonniers pour le jour même la visite du médecin du *Transport-Office* chargé d'examiner les malades que l'on devait renvoyer cette année dans leurs familles comme incurables.

Cette annonce, ainsi que cela avait toujours lieu, produisit sur les détenus une impression profonde; car comme chacun, parmi eux, se trouvait, hélas! en état de concourir, chacun espérait.

Vers les deux heures de l'après-midi arriva le médecin; tous les cœurs battaient d'espoir et de crainte.

Le médecin chargé de cette importante visite, un nommé Weiss, mérite bien que je lui consacre quelques lignes.

Espèce de petit-maître ridicule, poudré, pincé, et ricanant sans cesse, ce docteur était âgé d'environ cinquante-cinq ans, d'une taille exiguë, et affligé de la figure la plus disgracieuse qu'il fût possible d'imaginer; il était amoureux de lui-même à l'excès et se croyait complaisamment le premier praticien de l'Angleterre; au reste, d'une insolence remarquable, il professait hautement pour les Français le plus profond mépris et ne daignait même pas leur cacher la haine qu'ils lui inspiraient. Amateur effréné de mauvais jeux de mots et de calembours, chaque mot qu'il prononçait était un quolibet, et chaque quolibet une insulte. A présent, passons à la visite.

Les deux premiers malades qui se présentèrent devant ce juge cruel et prévenu offraient un curieux et attendrissant contraste entre eux.

Le premier, beau vieillard âgé de soixante-cinq à soixante-huit ans, était, ainsi que le laissait facilement deviner son teint bronzé par les chaleurs des tropiques et ses mains déformées par un contact journalier avec le chanvre et le goudron, un matelot fini. Amputé de la jambe droite, il s'appuyait sur un beau jeune homme qui pouvait avoir vingt-cinq à trente ans, mais dont les traits flétris et le corps affaibli par le marasme ne laissaient que trop entrevoir la fin prochaine.

Ce vieillard et ce jeune homme étaient le père et le fils : tous les deux matelots, tous les deux faits prisonniers le même jour. C'étaient des concurrents sérieux, et je ne doutais pas que le docteur Weiss ne fît droit à leur juste demande.

– Ah! ah! s'écria le docteur d'un air joyeux en frappant de sa canne la jambe de bois du vieillard, il paraît, mon ami, que vous avez voulu causer avec les Anglais... C'est un vilain défaut que d'être bavard... Voyez où cela vous a conduit... Ma foi, c'est bien fait, vous n'avez eu là que ce que vous méritiez...

Le vieillard qui depuis six ans pourrissait sur les pontons ne releva pas cette mauvaise plaisanterie et se contenta de plaider sa cause.

– Monsieur le docteur, dit-il humblement, renvoyez-moi en France, je vous en conjure. Je sens que je n'ai plus que peu de temps à vivre, et je voudrais bien mourir là où est mort mon père! Et puis, quel tort puis-je faire à présent aux Anglais, pauvre misérable estropié que je suis? A quoi sert ma présence ici, sur les pontons? Quel avantage en retire le gouvernement anglais? Pourquoi dépenser son argent à me nourrir?

– Le fait est, vieil éclopé, s'écria le docteur, que je ne vois pas trop pourquoi le gouvernement s'occupe de vous. Quel est votre âge?

– J'ai soixante-six ans, mon bon docteur!

– Dormez-vous bien?... vous sentez-vous robuste?...

– Je ne puis plus dormir, et j'éprouve à chaque instant des éblouissements et des faiblesses qui m'empêchent de me tenir debout.

– Mauvais, cela... Donnez-moi votre pouls... Détestable! Montrez-moi votre langue... Abominable!... Mon garçon, je ne voudrais pas me trouver en ce moment dans votre peau... Dites-moi, avez-vous bien envie de revoir votre pays, de retourner en France?

– Si j'en ai envie, mon excellent docteur, s'écria le malheureux, c'est-à-dire qu'à cette idée je pleure de joie comme un enfant.

– Allons, consolez-vous, et bon espoir!

– Alors, ô mon bon docteur, vous me désignerez donc cette fois! s'écria le pauvre mutilé, en proie à une émotion profonde.

Il me parut que le docteur, contrairement à son habitude, ressentait quelque pitié, car, frappant doucement du revers de sa main la joue brunie du vieux matelot:

– Je vous le répète, du courage et bon espoir, lui dit-il d'un air de bonté dont je ne le croyais pas capable. Et ce jeune homme, quel est-il?

– C'est mon fils, docteur.

– Ah! votre fils! c'est-à-dire que c'est vous qui lui avez appris son état de marin, sans doute? C'est d'un bon père. Et que réclame-t-il ce jeune homme?

– Il voudrait comme moi, docteur, retourner mourir en France...

– Voyons, que je l'examine un peu... Oui, en effet, il est dans un piteux état... Pauvre jeune homme!

– Ainsi, docteur, reprit le vieux matelot d'une voix qui tremblait, ainsi vous le renverrez aussi?...

– Soyez sans inquiétude... On vous a dit que j'étais méchant, cruel même... Ce sont des calomnies...

– Vous méchant! s'écria le mutilé, c'est-à-dire qu'en ce moment je vous trouve aussi bon que le bon Dieu...

Le docteur serra alors avec effusion la main du matelot, comme pour le remercier de lui rendre cette justice, puis d'une voix attendrie :

– Vous avez raison, pauvre malheureux, d'avoir confiance en moi... Il faudrait être un monstre pour vous arracher aux soins de votre fils... Je ne vous séparerai pas... je vous en donne ma parole.

A cette annonce de leur liberté le père et le fils tombèrent dans les bras l'un de l'autre.

– Au revoir! mes amis, leur dit alors en ricanant le docteur; à l'année prochaine...

– Comment, à l'année prochaine! répéta le vieux matelot en ouvrant des yeux hagards.

– Eh bien, oui, je le répète, à l'année... Ne vous ai-je pas promis de ne pas vous séparer de votre fils?... Or, comme je suis un honnête homme et que je n'ai qu'une parole, je vous laisse ici ensemble tous les deux.

Le docteur se mit à rire et continua sa tournée.

Le malheureux matelot poussa un cri déchirant et perdit connaissance.

Les moindres délits commis par les prisonniers français étaient punis avec une telle sévérité à bord des pontons, et il fallait si peu de chose pour constituer un délit aux yeux de nos geôliers, que personne parmi nous n'osa, à la vue de cette ignoble cruauté du docteur Weiss, élever la voix.

Ce fut un Anglais, je suis heureux de constater ici cette exception aussi honorable que rare, qui se fit l'interprète de l'indignation générale. Cet Anglais, nommé Fuller, était le médecin ordinaire attaché spécialement à notre ponton.

– Monsieur, dit-il en s'adressant d'un ton ferme à son confrère, votre mission, si je ne me trompe, consiste tout bonnement à constater l'état de la santé des prisonniers, et nullement à leur infliger la torture. Or, puisque vous êtes médecin comme moi, monsieur, vous devez savoir que l'émotion cruelle que votre barbarie vient de faire éprouver à ce pauvre vieux matelot et à son fils est de nature à aggraver d'une façon désastreuse leur position déjà si critique. Comme homme et comme médecin, je proteste donc hautement contre votre inqualifiable conduite.

A ces paroles du généreux Fuller le docteur Weiss pinça ses lèvres d'un air rogue et méchant, et d'une petite voix doucereuse qui produisit sur moi le même effet que si j'eusse entendu siffler un serpent :

– Monsieur, répondit-il à son confrère, vos observations peu parlementaires viennent tout bonnement de ce que le *Transport-Board*, manquant de confiance dans vos talents et vos lumières, a jugé à propos de m'envoyer inspecter vos malades... C'est votre amour-propre froissé et non votre conscience indignée qui parle... Veuillez vous rappeler que vous ne m'êtes adjoint dans la visite générale que je passe aujourd'hui qu'à titre d'auxiliaire, que pour me donner les renseignements dont je puis avoir besoin sur l'état et la position des malades que vous soignez plus ou moins mal depuis un an!... Votre rôle, monsieur, est en ce moment tout à fait secondaire; votre position, celle d'un subalterne... ne l'oubliez point!

– Je prends vos paroles, monsieur Weiss, non pour une insulte, car je vous méprise trop pour admettre que votre insolence puisse atteindre jusqu'à mon honneur; mais je les regarde comme une nouvelle lâcheté, répondit vivement le docteur Fuller. Quant à ma position de subalterne dont vous vous targuez, je suis prêt, si vous avez assez de cœur pour venir avec moi sur le terrain, à donner immédiatement ma démission.

M. Weiss, à ce défi clairement formulé, garda un moment le silence, puis se retournant bientôt vers son confrère, et lui souriant d'un air aimable :

– Allons, mon cher Fuller, lui dit-il toujours de ce même ton doucereux qui ne l'abandonnait jamais, laissons de côté ces discussions puériles et continuons notre tournée. Nous sommes trop vifs tous les deux et cela finirait mal. Voici ma main.

Le docteur Fuller, qui avait servi longtemps dans la marine royale, et donné en maintes occasions des preuves multipliées d'abnégation et de courage, était doué d'une loyauté et d'une rigidité de principes remarquables : il ne daigna donc pas toucher la main que son confrère lui présentait, et il se contenta de répondre d'un ton bourru :

– C'est bien; continuons notre visite.

– Mauvaise tête! s'écria en riant le docteur Weiss, qui eut l'air de ne point remarquer cette nouvelle insulte.

L'inspection sanitaire durait à peu près depuis trois heures et les deux tiers des prisonniers étaient déjà passés en revue lorsque les deux médecins s'arrêtèrent devant un matelot qui paraissait en proie à de vives souffrances.

– Voici un homme, dit Weiss, qui pour se faire renvoyer dans ses foyers doit avoir pris quelque mauvaise drogue... Ces Français sont d'une indélicatesse et d'une fausseté révoltantes. Voyons l'ami, ne fermez point ainsi vos yeux et ne prenez point tant de peine pour jouer le moribond. Je vous avertis que je connais mon métier et que je ne tombe jamais dans ces vieux pièges usés, bons tout au plus à tromper des étudiants, que l'on tend chaque jour à ma sagacité.

Le prisonnier à qui je traduisis cette phrase paraissait en proie à des souffrances atroces; le corps appuyé contre le plat-bord, d'une main il se serrait le front, et de l'autre, passée en arrière, il soutenait ses reins. Il fut quelque temps sans pouvoir me répondre.

– Dites à l'Anglais, camarade, murmura-t-il enfin, qu'il est un imbécile, que je n'ai pris aucune drogue pour me rendre malade, que je ne demanderais pas mieux que de me bien porter, car je souffre cinq cents millions de douleurs, et qu'il me fiche la paix...

On conçoit que j'apportai de notables modifications à la traduction de cette phrase.

– C'est bon, s'écria Weiss; le drôle tient à jouer son rôle jusqu'au bout... Passons outre...

– Permettez, monsieur, dit vivement le docteur Fuller, mais cet homme me semble au contraire fort malade... Dans quels parages avez-vous été fait prisonnier, mon ami? demanda le docteur au matelot.

– Dans les Florides, en revenant de La Havane...

– Vous êtes naïf, cher confrère. Et de quelle maladie est donc atteint, d'après vous, ce rascal?

Le docteur Fuller allait répondre, lorsque se ravisant subitement il approcha sa bouche de l'oreille de son supérieur et lui parla quelques instants à voix basse.

Jamais je n'oublierai l'expression de terreur qu'affecta alors le visage de ce dernier qui s'éloigna brusquement du matelot en poussant une exclamation d'effroi et de dégoût. Son confrère, au contraire, le brave Fuller, se rapprocha avec empressement du malade et se mit à lui tâter le pouls et à l'examiner avec attention.

– Venez, venez, Fuller, s'écria le docteur, voici la nuit qui approche, et il faut absolument que nous terminions notre tournée aujourd'hui... Ordonnez que l'on emporte cet homme à l'infirmerie... Mais dépêchons-nous, dépêchons-nous...

Il y avait tant de terreur dans la voix du docteur Weiss que les plus saugrenues superstitions me passèrent par la tête. L'inspection continua; le dernier prisonnier devant lequel les docteurs s'arrêtèrent était presque un enfant. Il pouvait avoir dix-sept ou dix-huit ans au plus et était doué de la plus charmante figure que l'on puisse imaginer : on eût dit une jeune fille travestie en matelot.

En voyant la commission sanitaire arriver près de lui, le jeune homme écrasa avec son poing des larmes qui remplissaient ses yeux, et prit une pose respectueuse.

– Voilà une toute jeune vipère qui n'a pas dû mordre encore beaucoup d'Anglais, car ses dents sont à peine poussées, dit le spirituel Weiss. Depuis combien de temps êtes-vous à bord de *la Vengeance*, jeune drôle? continua le docteur.

– Depuis deux mois et quatre jours.

– Où et comment avez-vous été pris?

– Dans le détroit de la Manche, après un combat.

– Sur un navire de guerre, sans doute?

– A peu près; sur un corsaire, sur *l'Éclair*.

– Ah! ah! jeune flibustier, vous vouliez piller les Anglais et les Anglais vous ont attrapé... C'est bien fait, et vous n'avez pas au moins volé votre captivité... Voilà ce que c'est que d'aimer trop l'argent...

– Oh! de l'argent, répéta en soupirant l'enfant, j' m'en moquerais pas mal, moi, si le père Mignar voulait me donner Angélique sans dot... Mais le père Mignar aime l'argent...

Cette exclamation me fit sourire, et je ne jugeai pas à propos de la traduire aux docteurs.

– Eh bien! Fuller, dit l'inspecteur en chef en s'adressant à son confrère, voilà enfin notre corvée terminée. Mes notes sont prises et nous pouvons nous en aller. Partons! L'atmosphère putride et étouffante qui règne dans cette dunette-ci pourrait nous rendre malades. Venez-vous?

Les deux docteurs s'éloignaient, Fuller avec calme et Weiss avec une grande précipitation, lorsque le jeune corsaire, courant après eux, les retint par le bras.

– Eh bien! et moi, vous ne m'avez pas examiné, fainéants, leur dit-il, je suis malade, très malade. Je souffre joliment. Est-ce que vous n'allez pas me renvoyer en France?

– Insolent! oser me prendre ainsi par le bras, s'écria le docteur Weiss en levant sa canne sur l'enfant.

– Ah! sacré mille noms! à bas la badine, ou je tape, s'écria le petit prisonnier qui, les yeux flamboyants et les poings serrés, tomba bravement en garde devant le docteur, lequel recula vivement.

– Demandez à cet enfant d'où il souffre, me dit en riant M. Fuller.

– D'où je souffre? de partout, donc!

– Avez-vous de l'appétit, mon ami?

– Est-ce que je sais, moi! D'abord on ne nous donne rien à manger.

– Dormez-vous bien, la nuit?

– Il faut bien que je dorme pour rêver à elle... mais je me réveille plus de cent fois de suite en sursaut.

– Pleurez-vous souvent?

– C'est humiliant à avouer, pour un homme, mais je ne fais que ça; mes yeux ressemblent à des fontaines... Pourtant je puis dire, la main sur la conscience, que c'est pas le courage qui me manque... Que voulez-vous, c'est plus fort que moi.

– Hélas! mon pauvre enfant, je regrette d'avoir à vous annoncer que nous ne pouvons rien pour vous, dit d'un ton affectueux le docteur Fuller. Vous êtes amoureux, et l'amour n'est pas considéré, à tort peut-être, comme une maladie assez grave pour motiver le renvoi d'un prisonnier dans sa patrie...

– Tiens! qui donc vous a dit que j'étais amoureux? s'écria le jeune homme avec étonnement. Eh bien, c'est vrai! Après tout, c'est pas une chose déshonorante... Oui, c'est pour pouvoir gagner de quoi épouser Angélique que je me suis embarqué à bord de *l'Éclair*. Quant à être malade, je jure que je le suis...

M. Fuller, n'ayant rien à répondre, s'éloignait pour

rejoindre son confrère déjà parti lorsque le jeune corsaire le retint à son tour.

– Ainsi, lui dit-il d'un ton suppliant, vous ne voulez pas me renvoyez en France?

– Je vous répète, mon pauvre garçon, que cela m'est impossible.

– C'est votre dernier mot? Eh bien, si vous êtes un honnête homme vous ne tarderez pas à vous repentir de ce refus; je ne vous dis que ça.

Le petit jeune homme, après avoir prononcé ces paroles d'un ton déterminé, enfonça d'un coup de poing son chapeau de cuir goudronné sur sa tête et se dirigea vers un des coins les plus obscurs de la batterie.

Lorsque nous rejoignîmes le docteur Weiss, il était retenu par une foule de prisonniers qui, avant de le laisser partir, voulaient tous rappeler à son souvenir les cas d'infirmité qui selon eux devaient les faire renvoyer en France.

Le docteur semblait jouir avec volupté de toutes ces supplications, de toutes ces douleurs et donnait un libre cours à sa méchanceté : chaque soupir lui arrachait un sourire, chaque plainte lui inspirait un calembour; toutefois, malgré le plaisir évident que lui procurait l'application de ces tortures morales, il semblait pressé de quitter le gaillard d'arrière et une inquiétude mal dissimulée se lisait dans ses regards.

– Allons, Fuller, partons, dit-il en se dirigeant enfin vers la porte de l'escalier extérieur.

Dans le brusque mouvement qu'il fit pour rompre le cercle des prisonniers qui l'entouraient, un papier tomba de sa main, et je m'empressai de le ramasser. En tête de ce papier était écrit en grosses lettres :

« Noms des détenus à renvoyer en France! »

On conçoit que je me gardai bien de rendre ce précieux document dont Fuller possédait le double; je le cachai aussitôt sous ma veste afin de pouvoir, en le communiquant aux prisonniers qu'il intéressait, leur éviter la pénible attente de quinze jours ou un mois peut-être, qu'entraînait toujours la publication de la révision annuelle qui avait lieu sur tous les pontons.

J'ai dit que le docteur Weiss, repoussant les prisonniers, s'était élancé vers la porte de sortie; une fois arrivé au pied de l'escalier il leva la tête, se retourna vers nous, et, certain que nous ne pouvions plus nous opposer à son passage :

– Après tout, mes amis, nous dit-il d'un air plein d'onction et de bonhomie, consolez-vous : il y en a beaucoup parmi vous qui ne doivent plus rester longtemps à bord de *la Vengeance*...

– Quoi! docteur, serait-il question de la paix? s'écria un détenu.

– Pas précisément, mes excellents amis, mes très chers Français, à moins toutefois que vous n'entendiez par la paix, le repos de la tombe... car... je vous gardais cette bonne nouvelle pour mes adieux, la fièvre jaune vient de se déclarer à bord de *la Vengeance*.

Le docteur, après avoir prononcé avec une joie singulière cette foudroyante révélation qui nous frappa d'épouvante, sauta lestement de l'escalier, dont sa main tenait la rampe en corde, dans son canot, et se retira.

Comment expliquer à présent la terreur que nous causa l'annonce de ce terrible et mystérieux fléau que les Français désignent sous le nom de fièvre jaune et les Espagnols sous celui de *vomito?* Chaque soir vingt malheureux ne succombaient-ils pas à la suite de maladies cruelles? une mortalité énorme avait-elle jamais cessé de nous décimer? jouissions-nous parfois d'une heure de repos, d'une seconde de plaisir? Non, non, mille fois non!

Chaque nuit une chaloupe chargée des corps de nos amis s'éloignait silencieusement de notre ponton sans être accompagnée par une prière, et sans nous laisser, tant la souffrance nous avait endurci le cœur, ni un regret ni un souvenir! Pourquoi donc la fièvre jaune nous épouvantaitelle à ce point? Je l'ignore... Je constate ici un fait, et voilà tout.

Je dois rendre cette justice au docteur Fuller, qu'en apprenant la perfide indiscrétion de son supérieur il qualifia avec une généreuse indignation son ignoble conduite.

– Mes amis, nous dit-il, ne vous laissez pas aller au désespoir. J'ai longtemps séjourné dans les colonies où règne le *vomito*, et je puis vous assurer que cette maladie n'est nullement contagieuse! Soignée à temps et avec intelligence, elle peut parfaitement bien se guérir. Seulement, ceux qui s'affectent le moral et cèdent au découragement ou à la peur courent de bien plus grands dangers que les hommes doués d'un esprit résolu. Du courage, je vous le répète. Je réponds de sauver ceux d'entre vous qui seront atteints.

M. Fuller, que nous remerciâmes avec chaleur pour ses bonnes paroles, allait se retirer lorsque des cris perçants de : « Au secours! au secours! » partant du fond de la batterie lui firent remonter les premières marches de l'escalier qu'il avait déjà franchies.

Au même instant un prisonnier couvert de sang, le visage altéré par une vive émotion et les vêtements en désordre, se précipita parmi nous.

– Un de nos camarades vient de se couper la gorge, nous dit-il, venez à son secours; je ne crois pas qu'il soit encore mort.

Le docteur Fuller, accompagné par la foule, s'empressa de suivre le matelot qui le conduisit au fond de la batterie, dans un endroit tellement obscur qu'à peine pouvait-on y reconnaître quelqu'un à trois pas de distance.

Nous distinguâmes confusément en arrivant comme un paquet noir étendu par terre : c'était le corps du suicidé.

– Portez ce malheureux au grand jour! dit Fuller.

On s'empressa d'obéir au docteur, et que l'on juge de l'émotion que je dus ressentir lorsque je reconnus dans l'infortuné le pauvre petit corsaire amoureux de mademoiselle Angélique!

Je me rappelai alors les dernières paroles du jeune corsaire, et je me reprochai amèrement de n'y avoir pas attaché plus d'importance que je l'avais fait.

C'était au moyen d'une lime aiguisée que le malheureux avait tenté de se donner la mort. Lorsqu'on le releva, il était inondé de sang, pâle comme un cadavre, mais il respirait encore.

Le docteur Fuller, après lui avoir fait prendre un cordial que lui apporta son aide, un médecin français nommé Tancret, examina avec une grande attention sa blessure.

– Si le coup que s'est porté cet infortuné n'avait été amorti par la rencontre d'une côte, il serait mort sur-le-champ, nous dit-il. A présent je puis répondre de lui... il ne succombera pas...

Quelque endurcis que nous fussions, cette assurance nous causa un vif plaisir; car il était impossible, en voyant la jeunesse et la beauté de cet enfant, de ne pas s'intéresser à lui.

Bientôt il reprit connaissance :

– Ne parlez pas et remuez le moins que vous pourrez, lui dit le docteur; vous ne courez aucun danger, et si vous voulez bien suivre exactement mes ordres, dans quinze jours vous serez guéri.

– Tant pis, docteur, répondit d'une voix faible le blessé; après tout, que m'importe... une fois guéri... je recommencerai...

Il y avait un tel accent de volonté dans la manière dont le pauvre petit malheureux annonça cette résolution, que je me promis, une fois qu'il serait en convalescence, de le surveiller de façon à l'empêcher de donner suite à ses projets.

J'étais loin de songer, en ce moment, que cette aventure, commencée si tragiquement, devait se terminer de la façon la plus burlesque et la plus bizarre, et donner lieu à l'un des épisodes les plus curieux et les plus extraordinaires que renferme l'histoire des pontons.

XVII

Infamie du docteur Weiss
Dissertation médicale – Épidémie
Expulsion du docteur Fuller

Une fois le docteur Fuller parti, je m'empressai de donner communication à mes compagnons d'infortune du précieux document que je possédais; c'est-à-dire de la liste, comprenant quarante noms, des prisonniers désignés pour être renvoyés dans leurs foyers.

Dire les transports de joie, tenant presque de la folie, qu'éprouvèrent les élus, me serait impossible : il y a de ces cris, de ces élans partis du cœur qui n'appartiennent à aucune langue humaine et ne peuvent s'écrire.

Que l'on juge du désespoir immense, sans nom, que durent ressentir ces malheureux, lorsque, quinze jours plus tard, l'on vint appeler sur *la Vengeance* les noms des malades que l'on libérait : il se trouva que pas un seul d'entre eux ne figurait sur cette liste définitive.

Le papier que le docteur Weiss avait eu l'air de laisser tomber par mégarde n'était autre chose qu'une jolie plaisanterie de sa part pour *vexer,* selon son expression, les chiens de Français. Lui-même nous fit plus tard cet aveu en se moquant beaucoup de notre crédulité.

Ah! comment qualifier une semblable conduite! Quelles expressions employer pour flétrir une nation qui traitait nos intrépides marins et nos braves soldats, dont le seul crime consistait à avoir ete trahis par les hasards de la guerre, comme jamais les infidèles ne traitèrent les chrétiens captifs, comme jamais la chiourme n'oserait agir envers les forçats!

Aussi, je l'avoue, j'en suis à douter parfois de mon intelligence lorsque je vois les Anglais s'apitoyer sur le sort de l'émir Abd-el-Kader, traité si royalement par la France dont il a tué les enfants! Je me demande alors, en jetant un long et douloureux regard dans mon passé et en voyant se dresser devant moi tous ces affreux souvenirs de ma captivité, je me demande, dis-je, si je ne rêve pas, si ce sont bien les Anglais qui osent aujourd'hui nous accuser de cruauté par cela seul que nous retenons un tigre dans sa cage!... Le fait est qu'il y a parfois des impudences si grandioses qu'elles atteignent au sublime, et font douter aux gens de bon sens de leur raison.

Mais je reviens à mon récit.

Les médecins prétendent que la fièvre jaune n'est pas une maladie contagieuse et je dois le croire; il n'en est pas moins vrai cependant, malgré cette opinion, que ce terrible fléau ne tarda pas à se développer sur notre ponton avec une extrême violence. La plupart des prisonniers en furent atteints.

M. Fuller tint dignement alors la parole qu'il nous avait donnée; il eut pour nous des soins qui furent constamment couronnés de succès. Son traitement, non seulement approprié à la nature du mal mais encore au tempérament et aux habitudes des malades affaiblis par le régime affreux des pontons, les arracha presque tous à la mort: je ne crois même pas me rappeler, en y réfléchissant bien, qu'un seul ait succombé. Le quinquina pris à haute dose et les restaurants employés à propos rendaient la science victorieuse sur toute la ligne.

Inutile d'ajouter qu'en voyant combien le fléau qui nous avait d'abord si fort effrayés lors de son apparition causait peu de ravages, le moral des prisonniers, un moment affecté, ne tarda pas à se relever : on composa même une chanson burlesque intitulée : *Monsieur le Vomito.*

Hélas! cet heureux état de choses ne devait pas durer. Quinze jours après l'envahissement de *la Vengeance* par la fièvre jaune, arriva un matin à bord de notre ponton l'exécrable Weiss : cette arrivée fut pour nous un coup de foudre.

Il me semble voir encore l'entrevue des deux médecins.

– Monsieur Fuller, je vous salue bien, dit ce dernier à notre bon et brave docteur en lui souriant d'un air hypocritement doucereux, je regrette d'avoir à vous annoncer, si toutefois cette nouvelle ne vous est pas déjà parvenue d'une façon officielle, que le *Transport-Board* a jugé à propos de m'envoyer vous remplacer pour soigner les Français atteints de la fièvre jaune! Je ne doute nullement que vous n'ayez fait de votre mieux, et moi-même, croyez-le bien, j'ai pris votre défense et fait votre éloge, mais enfin, je ne puis rien contre la vérité, et un fait est toujours un fait : il est certain que le *Transport-Board* n'est pas satisfait de vous en cette circonstance, et qu'il désapprouve complètement la façon dont vous avez traité vos malades. Je ne prétends pas qu'il ait raison... Je...

– Laissez-moi donc tranquille avec toutes vos hypocrisies, s'écria le docteur Fuller en haussant les épaules d'un air de mépris. Vous convoitiez ma place, vous avez intrigué et vous l'avez obtenue. Je ne vois rien qui ne soit très naturel dans tout cela; chacun agit pour le mieux de ses intérêts, et pourvu que vous continuiez le traitement que j'ai suivi jusqu'à présent, je n'aurai rien à dire.

– Ah! permettez, cher et aimable ami, vous soulevez là bien légèrement une question très grave... Je ne prétends pas que vous manquiez de talent, loin de là; je suis au contraire plein de confiance dans vos lumières, et j'apprécie plus que personne au monde votre savoir; mais, vous le savez, la science possède bien des systèmes différents. Or, je vous l'avoue, je ne partage nullement votre manière de voir à l'égard de la fièvre jaune. Ne vous étonnez donc pas si mon traitement diffère complètement du vôtre.

– Quoi! vous abandonneriez le quinquina à haute dose et les restaurants gradués qui m'ont toujours si parfaitement réussi!...

– Mais oui, cher et estimable confrère... Que voulez-vous, j'ai une lourde responsabilité à porter... Je dois agir d'après ma propre conscience.

– Puis-je vous demander quel traitement vous comptez faire subir à vos malades? demanda M. Fuller en changeant de couleur.

– Certainement, cher confrère... D'abondantes saignées, de larges vésicatoires sur l'estomac, la diète pour toute nourriture, voilà mon système.

– Monsieur Weiss, s'écria le docteur Fuller d'une voix éclatante, votre système est celui d'un fou ou d'un assassin. Si vous le mettez en exécution, je vous déclare d'avance que pas un de vos malades ne se rétablira... que vous les tuerez tous...

– Bah! quelques Français de plus ou de moins...

– Ah! je comprends tout à présent, reprit avec une indignation croissante le bon docteur Fuller, et le mécontentement que le *Transport-Board* éprouve de ma conduite et la préférence qu'il vous donne... Votre mission, monsieur, je ne me trompais pas, et je le répète, est celle d'un assassin!... Non, cela n'aura pas lieu, je parlerai, j'écrirai...

– D'abord, monsieur, interrompit Weiss en changeant complètement son air doucereux et hypocrite en un ton de commandement, vous allez quitter de suite, sans plus tarder, *la Vengeance!...* Vous avez servi longtemps dans la marine royale, et par conséquent vous devez savoir mieux que tout autre que la hiérarchie n'est pas une chose illusoire!... Je suis votre chef, commencez donc par m'obéir...

– Je me retire, monsieur; mais vous ne m'empêcherez ni de parler ni d'écrire... La presse me servira à dévoiler votre ignoble et épouvantable conduite...

– Et comme vous n'aurez aucune preuve à alléguer contre moi, car enfin qui prouvera que mon système est inférieur au vôtre? vous serez condamné comme calomniateur, et cette condamnation entraînera votre déshonneur et la ruine de votre famille, interrompit de nouveau le docteur Weiss. Allez, monsieur, je ne vous retiens plus.

– Cet infâme a raison! murmura le pauvre et noble docteur dont la colère s'éteignit dans une douleur profonde. Je ne puis rien... je ne puis rien...

Une demi-heure après cette scène que je rapporte ici, selon mon habitude, avec la plus grande véracité, le bon et loyal Fuller quittait pour n'y plus revenir *la Vengeance*, et le Weiss entrait en fonctions.

Quoiqu'il y eût à bord de chaque ponton un médecin français adjoint au médecin anglais, l'autorité de ce dernier était tellement supérieure à celle du premier dont le rôle se trouvait à peu près réduit à celui d'aide, que bientôt une mortalité effrayante se déclara parmi nos malades : tous ceux qui furent traités par Weiss succombèrent sans exception.

A présent, si le lecteur veut connaître mon opinion intime et personnelle, je ne ferai aucune difficulté pour avouer qu'en mon âme et conscience le *Transport-Board* et le docteur Weiss étaient tacitement d'accord pour l'accomplissement de ces assassinats! Si je me trompe en émettant cette opinion, Dieu m'est témoin que mon erreur est celle d'un honnête homme qui vit loyalement ce qu'il pense, et que la passion n'entre pour rien dans mon jugement!...

En cinq semaines nous perdîmes environ une trentaine de camarades. L'épidémie alors cessa tout à fait. Sur ces entrefaites, le capitaine commandant le ponton *la Vengeance* fut mis à la retraite pour cause d'âge et remplacé par un tout jeune lieutenant de vaisseau nommé Edwards.

XVIII

L'excellent capitaine Edwards
Règne de la justice et de l'humanité
Organisation d'un spectacle – Actrices qui n'en sont pas
Tentative de corruption – Enlèvement scandaleux

Notre nouveau capitaine qui, promu à vingt-deux ans au grade de lieutenant de vaisseau par suite d'une visite que le duc d'York avait faite à bord du navire qu'il montait, s'était marié avec la fille d'un riche intéressé dans la compagnie des Indes, et devait à cette puissante alliance de se trouver à vingt-quatre ans à peine capitaine d'un ponton.

Je suis trop heureux lorsque l'occasion se présente de constater quelque générosité de la part des Anglais, pour ne pas m'empresser de déclarer ici que l'avènement du capitaine Edwards fut pour nous un grand bonheur. M. Edwards, quoique personne ne fût plus scrupuleux que lui dans l'accomplissement de ses devoirs, comprit à merveille, en homme d'intelligence et de cœur, que le pouvoir à peu près discrétionnaire dont il était investi lui laissait une grande latitude pour faire le bien; aussi sa constante préoccupation fut-elle d'interpréter l'esprit des règlements en notre faveur, et de nous procurer tous les adoucissements à notre sort qui étaient compatibles avec ses instructions.

Ce que c'est pourtant que l'influence d'un chef honnête!

Quoique le gouvernement anglais n'eût pas un farthing à dépenser de plus pour nous par an, notre ponton prit bientôt un tout autre aspect, et notre sort se trouva, matériellement et moralement parlant, amélioré d'une façon si extraordinaire qu'il devint tolérable, presque heureux.

Traités avec égards et humanité, nous tâchions de nous acquitter de ces bienfaits, car la justice et l'humanité étaient pour nous des bienfaits, par notre reconnaissance et par notre bonne conduite. Aidant volontiers, et sans y être forcés en rien, les matelots anglais dans l'accomplissement de certaines corvées que nous n'aurions, certes, jamais acceptées auparavant, nous vivions avec nos ennemis en parfaite intelligence.

Personne ne songeait plus, retenu par la crainte de nuire à l'avenir de notre excellent et jeune capitaine, à s'évader; aussi la garde et la police du ponton ne causaient presque aucun dérangement aux Anglais : la force n'avait jamais rien pu sur nous, nous étions domptés par la bonté et la justice.

Je viens de dire que notre ponton avait changé d'aspect depuis l'avènement du nouveau capitaine, comme par enchantement, et le lecteur sera de mon avis lorsque je lui apprendrai que nous ne tardâmes pas à donner des bals et des concerts, que nous eûmes un théâtre. Un des plus curieux phénomènes que présente l'esprit français est cette incroyable gaieté et cette imagination si pleine d'expédients qui, dans les moments les plus difficiles, lui fait trouver des ressources pour rire et pour se divertir, lorsque des étrangers se laisseraient aller à un morne désespoir et succomberaient à leurs souffrances! Ne paraît-il pas plaisant au lecteur, après le récit véridique quoiqu'un peu affaibli que je lui ai fait de l'horrible séjour des pontons, de penser que nous étions parvenus par notre seule industrie, sans secours étrangers, à posséder un théâtre! Et quand je dis un théâtre, je n'entends nullement parler d'un spectacle de marionnettes, mais bien d'un vrai théâtre sur lequel des acteurs et des actrices costumés avec une rare élégance jouaient, avec décors et accompagnement d'orchestre des pièces qui, si je dois m'en rapporter au plaisir qu'elles me causèrent, ne devaient le céder en rien pour l'action et le dialogue à celles de quelques théâtres de Paris.

Or, ces acteurs si bien habillés et dont les costumes ne coûtaient que quelques sous, ces décors splendides improvisés à la détrempe sur quelques vieux morceaux de toile, parfois sur des planches, ces pièces qui nous faisaient si bien rire et tant pleurer, tout cela était le produit de cette imagination française qui sait tirer parti de tout et créer tout avec rien.

A l'extrémité du faux pont se trouvait un emplacement assez vaste qui jadis avait servi à établir une chapelle; le plancher abaissé de plusieurs pieds élevait presque du double en cet endroit la hauteur du plafond : c'était là que nous avions établi notre scène.

Je me rappelle encore, et le lecteur verra tout à l'heure qu'un événement assez bizarre qui s'y produisit devait me graver profondément dans la mémoire ce souvenir, je me rappelle encore, dis-je, comme si cela ne datait que d'hier, la première représentation que nous donnâmes.

Quinze jours avant l'époque fixée pour cette grande solennité, on ne s'occupa plus d'autre chose à bord de *la Vengeance.* Tous les haillons, toutes les nippes furent passés en revue, et chaque nippe et chaque haillon trouva son emploi. Un élève de première classe et un commis principal de la marine, gais d'esprit tous les deux, furent chargés de composer les deux chefs-d'œuvre qui devaient être joués. Le premier composa un vaudeville en deux actes intitulé *les Aventures d'une voyageuse sensible;* et le second un mélodrame en cinq actes qui s'appelait *la Fiancée du corsaire.*

Ces deux productions soumises aux acteurs chargés d'en remplir les rôles, et à un comité de lecture nommé *ad hoc,* obtinrent tout d'abord un grand succès, et furent jugées dignes à l'unanimité des honneurs de la scène.

Il fut convenu que sur le produit de la recette brute on prélèverait avant tout les frais et dépenses occasionnés par l'arrangement des costumes, par l'éclairage, les décors, etc., etc.; que si ces payements n'absorbaient pas, ainsi qu'on l'espérait, la recette, on rémunérerait alors les artistes de leur travail : les jeunes premiers et les grands rôles furent fixés à un franc, les seconds rôles à dix sous, les comparses à quatre. L'orchestre, composé d'un violon et d'une flûte, offrit son concours gratis : on lui vota une mention d'honneur.

Quant à moi, je reçus une députation qui vint me prier au nom de tous mes camarades de vouloir bien me charger, après m'être entendu avec les auteurs à ce sujet, des décors les plus indispensables à la représentation.

Je reçus la députation avec une modestie fort convenable, et après l'avoir vivement remerciée de la bonne opinion que mes camarades, qu'elle représentait, voulaient bien avoir de mon talent, je lui promis de faire tous mes efforts pour justifier leur confiance. Je poussai même la générosité jusqu'à refuser les vingt-cinq sous par représentation que l'on m'offrit pour les cinq décors que l'on attendait de moi : je fus proclamé un héros de désintéressement et de grandeur, et à l'unanimité on me vota, comme on l'avait déjà fait pour l'orchestre, une mention honorable.

Afin que rien ne pût devenir un sujet de discussion par la suite, on s'occupa en dernier lieu de régler les droits d'auteur, car le jeune élève et le commis de la marine se trouvant dans une position assez malheureuse tous les deux, il n'était pas raisonnable de retirer le premier à sa fabrication de tissus de paille, le second aux chaussons qu'il confectionnait, sans leur offrir un dédommagement pour le temps perdu.

Deux propositions leur furent faites : la première d'être payé comptant, le vaudeville trente sous, le drame quatre francs; la seconde de courir les chances de la représentation et de toucher ce qui resterait, toutes les dépenses et débours soldés.

Les auteurs, ils sont à peu près les mêmes partout, sur les pontons comme ailleurs, les auteurs, dis-je, pleins de confiance dans le mérite de leurs productions, préfèrent la seconde proposition à la première : toutefois, il fut stipulé qu'après le premier acte du drame les spectateurs mécontents auraient le droit de se retirer en réclamant leur argent. Les auteurs, sûrs d'eux-mêmes, n'élevèrent à cet égard aucune difficulté.

Restaient les costumes de femmes à confectionner, et comme les matériaux premiers nous manquaient, sans parler des couturières que nos tailleurs, au reste, promettaient de remplacer avec avantage, nous étions assez embarrassés.

Nous résolûmes en désespoir de cause de nous adresser, par l'intermédiaire de notre bienveillant capitaine, aux femmes de Portsmouth, de Gosport et de Portsea; à cet effet nous fîmes porter en ville un compliment assez galamment tourné dans lequel nous faisions un touchant appel à la sensibilité anglaise; ce compliment réussit au-delà de nos espérances; des défroques féminines nous arrivèrent de tous côtés avec une telle abondance que nous pensâmes à créer un ballet de danseuses : ce projet abandonné un moment fut repris quelques mois plus tard et obtint dans son exécution un succès tellement colossal que le souvenir doit en exister encore à Portsmouth.

Peut-être le lecteur trouvera-t-il qu'après être entré dans de si minutieux détails nous avons oublié le plus important de tous : les actrices; nullement, nous gardons ce sujet délicat pour la fin.

Il y a une chose dont je n'ai pas encore parlé, et cela pour cause; c'est-à-dire des femmes françaises qui se trouvaient à bord des pontons; mais réellement elles étaient presque toutes si laides ou si communes de ton et de langage qu'il fallut se passer de leur concours.

Ces femmes, qui logeaient avec leurs amis dont elles avaient obtenu de partager le sort, occupaient dans les batteries et le faux pont des espèces de compartiments dont les murs, bâtis en vieille toile ou en papier gris, les défendaient, certes, assez contre toute entreprise criminelle, car leur vue seule suffisait pour faire reculer les plus téméraires.

Il était donc impossible de songer à tirer parti pour notre représentation de ces épouses infortunées; outre que pas une d'entre elles ne savait probablement lire et que la plupart parlaient patois, nous tenions encore, par amour-propre national, à ne pas donner une fausse opinion et une mauvaise idée de la beauté et de la grâce des Françaises; nous convînmes donc que nous remplacerions ces dames impossibles par les détenus les plus jeunes et les plus jolis garçons qui se trouvaient à bord.

Parmi ces actrices d'un nouveau genre, celle qui réunissait le plus grand nombre de suffrages n'était autre qu'une connaissance du lecteur que je demanderai la permission de lui présenter de nouveau; je veux parler de ce petit corsaire qui par désespoir amoureux s'était, lors de la dernière visite du médecin, si lestement coupé la gorge, et qui, guéri depuis plus d'un mois, me servait alors de rapin dans mes travaux de peinture.

Pierre Chéri, c'était le nom de cet enfant que je m'étais promis de surveiller, avait fini grâce à sa franchise et à son bon cœur par gagner mon amitié; trouvant en moi une personne à qui il pouvait parler pendant toute la journée de mademoiselle Angélique et de l'affreux père Mignar, il me racontait deux ou trois fois par jour l'histoire de ses amours, drame naïf et intime qui se composait d'un regard, d'un soupir et d'une poignée de main, et il prenait, grâce à ce dérivatif, son mal en patience; seulement il était plus résolu que jamais à s'évader dès que l'occasion s'en présenterait; Pierre Chéri, donc, avait été chargé de jouer le rôle de la fiancée du corsaire; or, comme les auteurs, à sa sollicitation, avaient consenti à appeler cette fiancée Angélique, le petit jeune homme apprenait son rôle avec une grande ardeur.

Enfin arriva le grand jour de la représentation. Quelle fête! Le capitaine Edwards, désirant faire assister sa femme et quelques parentes à ce curieux spectacle, nous envoya prendre des places que, malgré nos instances et le bas prix auquel elles étaient cotées, deux et quatre sous, il nous paya une livre sterling.

Comment décrire l'animation qui régnait à bord de *la Vengeance* deux heures avant la représentation : c'était un tohu-bohu incroyable. Les acteurs et surtout mesdames les actrices couraient çà et là d'un air effaré; tout le monde avait perdu la tête. Enfin, vers les trois heures de l'après-midi, le chaos commença à se débrouiller et chacun finit par se trouver à son poste.

Bientôt des canots chargés de jeunes femmes, de négociants, d'officiers des pontons voisins, nous amenèrent de tous les côtés une foule nombreuse et choisie de spectateurs. Toute la fashion des villes de Portsmouth, Gosport et Portsea ne tarda pas à envahir le pont de *la Vengeance.* Jamais solennité dramatique ne causa peut-être une plus vive émotion.

A six heures précises le rideau, je ne dirai pas se leva, mais bien s'ouvrit devant l'avide curiosité des spectateurs. Une triple salve d'applaudissements accueillit la décoration de la scène et le travestissement des acteurs : le fait est qu'il y a encore de nos jours beaucoup de théâtres de province qui sont loin d'offrir un coup d'œil aussi satisfaisant que celui que présentait alors notre scène.

Le premier acte des *Aventures d'une voyageuse sensible* – le rôle de la voyageuse était rempli par un jeune novice parisien – fut joué avec un entrain remarquable et souleva d'unanimes bravos.

– Vraiment, mon cher Garneray, me dit l'auteur de ce vaudeville, le jeune élève de marine, je vous assure que nous avons tort de nous moquer sans cesse des Anglais... ces gens là jugent fort bien et sont loin de manquer de goût...

– Ils viennent de le prouver en vous applaudissant, répondis-je en riant.

Quelques feuilles de papier noircies, dix bouts rimés qui marchaient à peu près au pas, quelques bravos avaient suffi pour éteindre dans le cœur d'un jeune officier de marine et le souvenir du passé et sa haine pour les Anglais : les auteurs sont bien partout les mêmes!

Le second acte du vaudeville ne fut pas moins bien accueilli que l'avait été le premier : des applaudissements longtemps répétés en accueillirent le dénouement; et les dames anglaises demandèrent l'auteur qui, se rendant à leur désir, apparut bientôt en rougissant sur la scène!

Comme l'élève de marine était un tout jeune et fort joli garçon, et qu'il salua avec grâce et modestie, les ladies lui firent un véritable triomphe!

Pendant l'entr'acte qui suivit la représentation des *Aventures d'une voyageuse sensible,* les commissaires chargés du soin de diriger la fête reçurent une députation des rafalés demandant leur admission gratuite dans la salle : inutile d'ajouter que l'on s'empressa de refuser cette supplique impossible; car le costume des rafalés se rapprochait tellement de l'état de nature que, malgré notre désir de leur faire oublier momentanément leurs souffrances par un peu de plaisir, nous ne pouvions pas, sans courir le risque de mettre en fuite toute la partie féminine de notre auditoire, les laisser pénétrer dans la salle.

La députation, froissée dans son amour-propre et déçue dans son espérance, se retira de mauvaise grâce et en murmurant. Enfin commença le drame de *la Fiancée du corsaire.*

Lorsque mon jeune protégé Pierre Chéri entra en scène, un cri d'admiration et de surprise accueillit son apparition. Le fait est qu'il eût été impossible de trouver une actrice plus fraîche, plus agaçante et plus jolie que l'était le jeune homme. L'illusion était si complète, que pas une dame anglaise et pas un spectateur ne s'arrêta un seul moment à l'idée que cette jolie personne pouvait être un jeune garçon.

Pierre Chéri, dont la voix était douce et efféminée, joua son rôle avec une telle sensibilité, pleura si bien chaque fois qu'on prononça le nom d'Angélique, qu'il finit par émouvoir profondément son auditoire, et que les ladies ne tardèrent pas à déplier leurs mouchoirs. Ce n'était partout que sanglots.

– Eh bien Garneray, me demanda à son tour l'auteur du mélodrame, le commis principal de la marine, que pensez-vous de ma fiancée? Est-ce un triomphe!...

– Un triomphe d'autant plus grand, monsieur, lui répondis-je, que toutes ces ladies qui pleurent ne comprennent pas un seul mot de français!... Jugez, par là, si elles pouvaient suivre le dialogue, combien votre succès s'augmenterait encore!...

Le premier acte finit au bruit d'un murmure flatteur. Est-il besoin d'ajouter que pas un seul spectateur parmi les prisonniers ne songea à réclamer, ainsi que cela était convenu, dans le cas où la pièce ne plairait pas, son argent.

Le deuxième acte commença bientôt au milieu d'un profond silence : le corsaire, préférant la gloire à l'amour, prenait congé de sa fiancée, et la pauvre jeune fille, lisez Pierre Chéri, faisait tout son possible pour le retenir, lorsque tout à coup, surprise à laquelle nous ne nous attendions certes pas, la pièce fut interrompue par cinquante voix qui se mirent à entonner en chœur les vêpres. C'étaient messieurs les rafalés qui, furieux de notre refus, voulaient empêcher notre représentation; ils n'y réussissaient que trop bien, car la voix des acteurs, couverte par ce formidable chant d'église, ne pouvait plus être entendue.

Quant aux spectateurs, surpris un moment par ce trop énergique plain-chant, ils se figurèrent bientôt que c'était un intermède intercalé dans la pièce, et comme ils étaient fort contents de notre drame, ils applaudirent avec enthousiasme.

On conçoit encore que ces applaudissements ne firent qu'augmenter l'audace des rafalés, qui entonnèrent à l'instant même un lugubre *De profundis!* L'admiration des Anglais s'accrut alors jusqu'à l'enthousiasme. Que faire? nous étions vaincus! Il ne nous restait plus qu'à capituler.

Il fut décidé sur-le-champ que l'on admettrait dix rafalés dans la salle, à la condition toutefois que leur mise n'offenserait pas la pudeur de notre auditoire, et je fus dépêché auprès d'eux avec le titre d'ambassadeur extraordinaire.

Après quelques pourparlers qui eurent pour effet immédiat de faire cesser le *De profundis* et de permettre à la représentation de continuer, les rafalés acceptèrent l'offre que j'étais chargé de leur faire. Ils convinrent entre eux qu'ils tireraient au sort le nom des dix élus, et que ceux à qui la chance ne serait pas favorable se dépouilleraient de leurs vêtements pour habiller leurs fortunés camarades.

Ce qui fut dit fut fait, et un quart d'heure plus tard dix spectres, bizarrement revêtus d'incroyables haillons, faisaient leur entrée quasi-clandestine dans notre salle de spectacle, mais aux arrière loges, bien entendu.

On allait commencer le troisième acte lorsqu'un lieutenant anglais, capitaine d'un des pontons danois de la ligne de Gosport, vint s'asseoir à mes côtés.

– Mon ami, me dit-il à voix basse, l'on vient de vous désigner à moi comme étant l'interprète du bord : cela est-il vrai?

– Très vrai, capitaine. Puis-je vous être utile ou bon à quelque chose?

– Oui, me répondit l'Anglais, vous le pouvez! A présent, pas un mot de plus... Ne prenez pas cet air étonné et ne me regardez pas... A la fin de cet acte, montez sur le pont; je m'y trouverai...

Fort intrigué par ce ton de mystère, j'attendis avec impatience que la chute du rideau me permît de me rendre au rendez-vous de l'Anglais.

– Mon cher, me dit le capitaine en me tirant à l'écart, je dois vous avertir avant tout que je suis riche et que j'ai pour habitude de bien payer les services que l'on peut me rendre!... Si vous répondez à mes questions d'une façon satisfaisante, je vous donnerai une livre sterling... Que pensez-vous de cette offre?

– Je pense, capitaine, que pour me la faire, il faut que vous ayez bien besoin de moi!

– Oh! oh! je vois que vous êtes un drôle qui ne manquez pas de perspicacité!... Puisque je suis, moi, généreux et magnifique comme un Anglais, et vous cupide, intéressé et sans conscience comme tous vos compatriotes, notre affaire ne traînera pas en longueur! Écoutez-moi avec attention...

Parbleu, pensai-je, horriblement froissé par ces insultes et ces impertinences, si cet Anglais me donne l'occasion de lui nuire il peut compter que je ne la laisserai pas échapper.

Le capitaine, après un moment de réflexion, reprit la parole·

– Interprète, me dit-il, n'oubliez point que j'ai droit, pour ma livre sterling, à toute votre franchise. Répondez donc loyalement, si cela vous est possible, à ma confiance et ma question.

– Parlez, capitaine, je suis tout à vous.

– Comment se nomme la jeune fille qui joue dans le drame que vos camarades représentent en ce moment?

– Quelle jeune fille? répétai-je avec étonnement; mais, devinant aussitôt l'erreur dans laquelle était tombé l'Anglais à l'égard de Pierre Chéri, je pris un air indifférent:

– Elle se nomme Clara, capitaine, répondis-je.

– J'aime beaucoup ce nom. Et, dites-moi, cette jeune femme est-elle mariée?

– Oui et non, capitaine... selon que cela vous fera plaisir.

– Moi je préfère qu'elle soit libre. Mais expliquez-vous plus clairement, je ne vous comprends pas.

– Oh! c'est que cela est toute une histoire, capitaine.

– Eh bien, racontez-moi cette histoire.

– Mais si vous alliez nous trahir, continuai-je d'un air d'embarras...

– Je vous donne ma parole de gentleman que vous n'avez rien à craindre à ce sujet.

– Je vous crois, capitaine, et je commence. Mademoiselle Clara, car définitivement , je puis vous l'avouer à présent, cette jeune personne n'est pas mariée; mademoiselle Clara, dis-je, fiancée à un officier de la marine impériale, était sur le point d'épouser son futur, lorsque ce dernier fut obligé, sur un ordre du ministre Decrès, de prendre la mer et le mariage ne put s'accomplir. Cela se passait il y a à peu près un an. Or, il y a aujourd'hui six mois que la frégate que montait cet officier fut prise par les Anglais... Vous jugez du désespoir de mademoiselle Clara!... Elle croyait adorer son fiancé, elle n'hésita pas à se rendre en Angleterre et à venir le rejoindre sur son ponton...

– *Indeed!* Cela prouve en faveur de son bon cœur... Continuez.

– Elle fit donc fabriquer une espèce de contrat de mariage puis, munie de cette pièce, elle se présenta au capitaine Edwards et le supplia de lui permettre de partager la captivité de son mari. Vous connaissez sans doute, au moins par ouï-dire, l'extrême bonté de notre capitaine. La demande de mademoiselle Clara fut donc favorablement accueillie. Et voilà comment il se fait qu'une jeune personne, appartenant à l'une des meilleures familles de France, douée de la plus brillante éducation et d'une grande vertu, se trouve en ce moment obligée de jouer la comédie sur un ponton anglais.

– *Indeed! indeed! indeed!* répéta le capitaine anglais sur trois tons différents. Voilà qui est extraordinaire... Oui, extraordinaire, c'est le mot... Mais, dites-moi, pourriez-vous me montrer le prétendu mari de cette jeune lady?

– Cela me serait impossible, capitaine; car ayant voulu s'évader dernièrement, il est pour le moment au cachot...

– Comment! il a voulu s'évader? Et sa fiancée...

– Ils se détestent à présent tous les deux, capitaine. C'était justement pour la fuir qu'il voulait s'évader...

– Que m'apprenez-vous là!... Voilà qui devient de plus en plus extraordinaire. Comment! cette jeune fille abandonne sa famille, renonce au luxe, s'embarque à travers mille dangers, tout cela pour rejoindre son amant, et ce dernier répond à tant de bontés et à tant de preuves de dévouement par la plus noire ingratitude!... Ne me cachez-vous pas la vérité?...

– Capitaine, j'en suis incapable, je vous dis les choses telles qu'elles sont! Seulement il me reste à disculper le jeune homme du reproche d'ingratitude que vous lui adressez si à tort. Ce n'est pas lui qui a cessé d'aimer sa fiancée, mais c'est elle, au contraire, qui la première lui a déclaré qu'elle ne l'aimait plus.

– Ah! ah! et pourquoi ne l'aimait-elle plus?

– Mon Dieu, capitaine, si je vous réponds la vérité vous ne me croirez pas... je préfère me taire.

– Voyons, dites toujours... je le veux.

– Si vous m'ordonnez, c'est différent, je dois obéir. Figurez-vous que mademoiselle Clara, habituée à voir à terre son fiancé toujours frisé, pommadé et revêtu d'un brillant uniforme, l'a pris en aversion depuis que sur notre ponton elle l'a vu couvert de haillons, la barbe et les cheveux incultes... et n'ayant pas de souliers... Cela n'est vraiment pas croyable...

– Cela s'explique, au contraire, fort aisément et prouve en faveur de la délicatesse de mademoiselle Clara. Mais encore une question... Pourquoi, depuis que cette jeune et intéressante demoiselle n'aime plus son fiancé, n'a-t-elle pas quitté *la Vengeance?*

– Parce qu'elle n'ose retourner dans sa famille.

– *God bless me!* je n'avais pas songé à cela!... Vous avez raison... Eh bien! interprète, continua le capitaine en baissant la voix, si vous voulez, et vous le voudrez, j'en suis certain, non plus gagner une mais bien deux guinées, vous allez vous rendre de suite près de mademoiselle Clara, et vous lui direz qu'un généreux capitaine anglais, touché de sa beauté et de son infortune, consent à la retirer de l'affreuse position dans laquelle elle se trouve; puis vous viendrez me rendre sa réponse... A présent retournons dans le faux pont, car je tiens à ne rien perdre de la pièce... Vous me retrouverez à l'entr'acte prochain ici, à cette même place sur le pont...

Je saluai profondément, afin de cacher le fou rire qui s'emparait de moi, le capitaine, et je m'enfuis pour pouvoir tout à mon aise donner cours à ma gaieté.

Cette occasion de mystifier un ennemi se présentait trop belle pour qu'il me fût permis de la négliger. Je résolus de la pousser jusqu'au bout.

Grâce à mon titre de décorateur en chef je pénétrai dans les coulisses, et prenant à part Pierre Chéri, je lui racontai et la passion qu'il avait inspirée au capitaine anglais et la proposition d'enlèvement qu'il m'avait chargé de lui faire. Je terminai en demandant à Chéri s'il voulait se prêter à cette mystification.

Le petit corsaire m'avait écouté avec la plus grande attention.

– Monsieur Garneray, me dit-il fort sérieusement lorsque j'eus cessé de parler, il ne s'agit plus à présent de plaisanter, il faut que ce jobard d'Anglais m'enlève...

– Comment, qu'il t'enlève?...

– Eh! oui donc. Quoi! vous ne comprenez pas, vous qui êtes un malin, que jamais le hasard n'a offert à un prisonnier une plus belle occasion de s'évader que celle qu'il me présente en ce moment...

– Ma foi, Chéri, je t'avouerai que jusqu'à présent je n'avais vu dans tout cela que le moyen de mystifier un Anglais; mais tu as raison...

– Si j'ai raison!... C'est-à-dire que je suis aussi sûr de filer mon câble, si vous voulez bien m'aider, que je suis certain d'aimer Angélique.

– Dame! mon garçon, ce que tu me demandes là est une chose bien grave... me rendre complice d'une évasion...

– Après? Vous figurez-vous que l'Anglais portera plainte contre vous? Il sera trop humilié de son quiproquo, en supposant toutefois qu'il le découvre, pour vouloir l'apprendre à la ville entière et devenir la fable de tout le monde. Non... il se taira. Allons, je vous en supplie, monsieur, soyez bon camarade et ne me refusez pas. Que diable! on ne peut pas refuser d'aider à l'évasion d'un ami. C'est pas une complaisance ça, c'est un devoir!

Tout en admirant la hardiesse et la présence d'esprit du jeune *Corsaire,* tout en reconnaissant qu'en effet ce grotesque quiproquo pouvait le rendre à la liberté, j'hésitais encore à jouer un rôle actif dans cette affaire. A force de souffrir j'étais devenu égoïste; je craignais de compromettre l'heureuse position, relativement parlant, que j'occupais à bord de *la Vengeance.*

– Voilà que je dois entrer en scène, me dit vivement Pierre Chéri. Vous savez, monsieur Garneray, que quand je dis une chose, je le fais!... Eh bien, foi de marin et d'amoureux, je vous donne ma parole d'honneur que si vous ne consentez pas à m'aider, je me flanque un coup de couteau dans le cœur... Angélique ou la mort!

Le petit bonhomme entra alors en scène et me laissa plongé dans de profondes réflexions. D'après le ravissant échantillon qu'il nous avait déjà donné de sa vivacité et de sa résolution, je ne mettais nullement en doute qu'il n'accomplît sa parole.

Ma foi, pensais-je, au pis aller, que peut-il en résulter pour moi de ma complicité dans cette évasion? Huit jours de cachot! Devant un si faible danger, reculer et abandonner ce petit serait une vilaine action... Car il se tuerait... et le souvenir de cette mort deviendrait pour moi un remords éternel!... Eh bien voilà qui est arrêté... je l'aiderai!

Cette détermination prise, je m'en fus retrouver Chéri et je lui en fis part. Jamais je n'oublierai la folle joie et la reconnaissance profonde qu'il me témoigna; il me promit que s'il parvenait à s'évader et à revoir Angélique, la première chose qu'il dirait à sa belle serait le nom de son libérateur : il me jura, en outre, qu'il tâcherait de me faire écrire un mot par mademoiselle Angélique. On conçoit qu'avec un tel bonheur en perspective il ne m'était plus possible d'hésiter! Un mot écrit par la main de mademoiselle Angélique! Pour Pierre Chéri un pareil autographe valait un million; je suis certain qu'il croyait me promettre la plus magnifique des récompenses.

– Où est l'Anglais? me demanda-t-il.

Et lorsque je lui eus désigné la place qu'il occupait dans la salle :

– Observez un peu, monsieur, continua-t-il, la façon dont je vais le regarder... Je vais tâcher d'imiter Angélique... Oh! je suis certain de réussir!

Pierre Chéri, poursuivant son projet de séduction, ne cessa plus jusqu'à la fin du spectacle d'accabler le capitaine anglais de sourires et d'œillades. Le malheureux ne tarda pas à perdre complètement la raison.

– Interprète, me dit-il pendant le dernier entr'acte, avez-vous rempli ma commission?

– Certainement, capitaine, j'ai parlé!

– Et quelle est la réponse de mademoiselle Clara?

– Mademoiselle Clara vous remercie de votre générosité et accepte votre noble protection.

– Réellement! interprète, vous êtes un drôle qui ne manquez pas d'adresse! Tenez, voilà les deux guinées promises! Si la paix se conclut jamais entre l'Angleterre et la France, et que vous vouliez entrer à mon service en qualité de valet de chambre, venez me trouver...

Mon premier mouvement fut de retirer vivement ma main devant l'argent que me présentait l'Anglais. Mais, réfléchissant bientôt que cette honnêteté, en désaccord avec le rôle assez équivoque et peu délicat que j'étais censé jouer, pourrait éveiller les soupçons de l'amoureux capitaine et faire manquer l'évasion du jeune Chéri, je pris les deux guinées en le saluant d'un air humble et respectueux.

Ces deux guinées, que je distribuai le lendemain même aux rafalés, me valurent parmi ces messieurs une colossale réputation de magnificence et de générosité.

Lorsque notre représentation dramatique se termina, il était environ neuf heures du soir. La garde était doublée, et sur le pont éclairé par des torches il faisait aussi clair qu'en plein jour. J'étais quant à moi assez vivement ému et j'attendais avec une vive impatience le dénouement de ce petit drame intime que nous jouions à trois personnages.

Le capitaine anglais, que je ne perdais pas de vue, après quelques secondes d'hésitation me parut prendre enfin son parti : abordant franchement Pierre Chéri, il lui offrit son bras que le jeune et déterminé *Corsaire* s'empressa, je n'ai pas besoin de le dire, d'accepter, et tous les deux se dirigèrent vers l'escalier qui conduisait du ponton à la rivière.

Craignant avec raison qu'un de nos camarades, prenant cette galanterie du capitaine anglais pour une facétie, ne vînt adresser la parole à Chéri, je marchais derrière eux, prêt à arrêter le premier qui tenterait de les aborder; heureusement la foule était si compacte que personne ne fit attention à eux.

– Merci et adieu, monsieur, murmura Chéri à mon oreille au moment de passer près du premier factionnaire. Angélique et moi ne vous oublierons jamais!

Ne pouvant les suivre plus loin, je m'arrêtai, à la place où je me trouvais, pour voir le dénouement de cet épisode; mon cœur battait avec violence.

Tout se termina de la façon la plus satisfaisante. Le capitaine anglais, tenant toujours Pierre Cheri sous son bras, s'arrêta près du factionnaire, à qui l'idée ne vint certes pas un seul instant, en voyant une jeune dame et un officier, qu'une évasion s'effectuait sous ses yeux. Le capitaine héla son canot et il disparut bientôt à mes yeux avec sa prétendue conquête.

XIX

Confidence du capitaine Edwards
Digne protestation contre des ordres barbares
Rencontre d'une indigne connaissance
Ingénieux moyen de correspondance
Débarquement du capitaine
Edwards

Je regagnai ma cabine en réfléchissant aux bizarreries du hasard. Quelle chose singulière que la fatalité! pensais-je. Depuis plus de quatre années que je meurs à petit feu sur les pontons, j'ai usé mon intelligence et mon imagination à combiner des moyens d'évasion; j'ai une première fois manqué de me noyer; une seconde, j'ai refusé par méfiance la liberté qui s'offrait à moi; plus tard enfin Duvert m'a trahi, et voilà qu'un jeune homme, presque un enfant, moins fort, moins déterminé, moins hardi que moi parvient sans peine, sans efforts, après quelques semaines seulement de captivité, à recouvrer sa liberté par suite du plus incroyable quiproquo qu'on puisse imaginer!

Ah! cela ne me prouve que trop une chose, c'est que la destinée de chaque homme est écrite, et que notre volonté ne peut la changer en rien. La mienne est la souffrance, je dois m'y résigner. Je dois ajouter, car dans ces pages de ma vie intime je tiens à me montrer véritablement tel que j'ai été, je dois ajouter, dis-je, que cette fois le bonheur de Pierre Chéri ne me causa aucune envie; au contraire, je m'applaudissais de son succès et je faisais des vœux ardents pour qu'il ne se démentît pas! Il faut avouer aussi qu'à cette époque ma position sur les pontons s'était singulièrement ameliorée et que la vie etait devenue pour moi, sinon agréable, du moins assez facile et très supportable.

Jouissant, grâce à mes fonctions d'interprète, d'une bien plus grande liberté que celle accordée à mes camarades, gagnant beaucoup plus d'argent que je ne pouvais en dépenser, et par-dessus trouvant un puissant dérivatif à mes tristes pensées dans mes travaux de peinture je n'avais, à la liberté absolue près, rien à envier! Oui, à la liberté près!... J'étais donc encore malgré mon bonheur relatif bien à plaindre, bien malheureux.

Un jour je trouvai le capitaine Edwards qui venait de me faire appeler tout triste et tout soucieux.

– Monsieur Garneray, me dit-il, les évasions se multiplient sur les pontons, et le gouvernement anglais, dans le but d'en arrêter les progrès vient de rendre une ordonnance que je reçois à l'instant. Veuillez la traduire, je vous prie, afin que je puisse la notifier aux prisonniers de *la Vengeance*.

Je me mis aussitôt à l'œuvre; mais à peine eus-je jeté les yeux sur le document officiel, que, par un mouvement irréfléchi et en dehors de ma volonté, j'écrasai violemment ma plume sur la table, et que je m'écriai avec une indignation profonde :

– Lâcheté et infamie! tous les Anglais ne sont donc que d'ignobles bourreaux!

– Vous oubliez sans doute, monsieur Garneray, devant qui vous vous trouvez en ce moment, me dit le capitaine Edwards d'un ton de doux reproche; sans cela, bien élevé comme vous l'êtes, vous ne tiendriez pas de semblables discours.

Ces paroles amicales me firent rentrer de suite en moi-même.

– Je vous demande bien pardon, capitaine, de ce mouvement de vivacité, lui dis-je; l'abominable et cruelle ordonnance que je viens de lire ne le justifie que trop!

– Je conviens, monsieur, et remarquez je vous prie qu'en ce moment ce n'est pas le capitaine commandant *la Vengeance* qui vous parle mais bien M. Edwards, simple citoyen anglais; je conviens avec vous, dis-je, que le gouvernement britannique en rendant cette ordonnance se déshonore et viole les droits les plus sacrés et les plus imprescriptibles de la justice et de l'humanité! Mais serait-il équitable de faire retomber sur une nation tout entière l'odieux d'un acte qui n'est après tout que l'œuvre de quelques hommes? Je ne mets nullement en doute pour ma part que le peuple anglais ne flétrisse lui-même de son mépris une semblable monstruosité.

– Je désire, pour l'honneur de l'Angleterre, que vous ne vous trompiez pas, capitaine! Mais en attendant, les subordonnés du gouvernement, que cette mesure reçoive leur approbation ou éveille leur indignation, ne seront-ils pas tenus de la faire exécuter? Alors que de crimes et que d'irréparables malheurs!

– Monsieur, me répondit le capitaine Edwards après avoir réfléchi pendant un moment, je crois pouvoir vous assurer que le commandant du ponton *la Vengeance* ne se rendra jamais le complice d'une pareille monstruosité, d'un tel crime de lèse-humanité!... Non, ajouta avec feu et après un nouveau silence le noble Edwards, jamais je n'obéirai à un tel ordre... je donnerai cent fois plutôt ma démission!... Quant à vous, monsieur, j'espère que vous voudrez bien garder secrète cette conversation... J'ai parlé à un homme d'honneur, mon égal, et non pas à un prisonnier placé sous ma surveillance!... A présent plus un mot sur ce sujet pénible, je vous en prie... ce serait de mauvais goût de votre part! Veuillez terminer votre traduction au plus vite.

Je m'inclinai sans répondre en maudissant intérieurement cette invitation au silence qui m'empêchait d'exprimer au noble jeune homme toute l'admiration et toute la reconnaissance que m'inspirait sa généreuse conduite.

Cette ordonnance que venait de rendre le conseil de régence et qui m'avait à si forte raison indigné disait que pour diminuer le nombre des évasions le gouvernement anglais venait d'arrêter que « la fuite d'un prisonnier sera punie sur deux autres prisonniers, qui devront être pendus à sa place, en cas que le fugitif ne soit pas rattrapé ». Je laisse à penser l'indignation et l'émotion que produisit la publication de cette ordonnance à bord de notre ponton! Ce ne fut partout qu'un seul cri de fureur.

Aussitôt nos officiers se réunirent en conseil et écrivirent, après une longue délibération, la lettre suivante que je reproduis ici sans en changer ni un mot ni une virgule, d'abord comme document historique et ensuite comme pièce justificative à l'appui de ce fait monstrueux qui pourrait passer aux yeux de bien du monde pour une invention faite à plaisir.

Copie de la lettre adressée au conseil de régence en réponse à son ordre du 6 mars 1810, en vertu duquel la fuite d'un prisonnier, etc., etc.

« Nous ne pouvons trouver d'expression, messieurs, pour vous peindre notre étonnement à la réception de l'ordre que vous nous avez fait l'honneur de nous adresser; nous avons été obligés de le relire à plusieurs reprises pour nous persuader qu'il fût possible que des personnes appartenant à une nation qui se dit civilisée puissent faire des menaces aussi barbares que celles contenues dans ledit ordre, et surtout de les adresser à des officiers; c'est un oubli de toute convenance, de tout sentiment d'honneur, auquel nous n'étions pas préparés, même par les mauvais traitements et les humiliations sans nombre dont vous nous avez abreuvés jusqu'à ce jour.

» Vous nous rendez responsables, messieurs, du départ de nos camarades; ce ne sont donc plus ceux auxquels est confié le soin de la garde des prisonniers qui doivent en répondre : ce sont les prisonniers eux-mêmes qui doivent les garder et sous peine d'être pendus ! Quel renversement de tous les principes reçus jusqu'à ce jour chez les peuples policés !

» Est-ce ainsi que l'on parle à des militaires qui ne sont prisonniers que par la violation du droit des gens ? C'est un fait qui ne peut être ignoré de M. le président du conseil.

» Quelle nation peut offrir l'exemple d'une pareille injustice ? Les peuples que vous nommez barbares, qui ne font pas de prisonniers, mais des esclaves, ne se sont pas avisés de punir sur ceux qui restent entre leurs mains la fuite de ceux qui échappent à leur surveillance.

» Depuis quand a-t-on pu penser que l'attachement à la vie nous avilirait assez pour nous engager à être nos propres dénonciateurs ? Vous avez sans doute oublié que vous parlez à des militaires qui, dans plus d'une circonstance, ont prouvé qu'ils ne craignaient pas la mort. S'il s'en trouvait quelques-uns parmi nous qui manquassent assez d'expérience dans le métier des armes pour ne pas avoir acquis l'habitude de l'envisager de sang-froid dans les combats, ils ont eu le temps depuis qu'ils sont entre vos mains de se familiariser avec une image dont vous leur mettez journellement le tableau sous les yeux.

» Messieurs, vous connaissez très peu le caractère de notre nation, si vous n'avez pas prévu que des mesures aussi avilissantes, loin de diminuer en nous le désir de vous fuir, doivent au contraire ajouter à celui que nous éprouvons de rejoindre nos frères d'armes, celui plus puissant, s'il est possible, de nous éloigner d'un peuple capable d'exercer des cruautés aussi inouïes.

» Vous voulez, messieurs, nous n'en pouvons douter, nous réduire au désespoir ; mais nous jurons tous que, quel que soit le sort que vous nous réserviez, nous le subirons avec la noblesse qui convient à la grande nation à laquelle nous avons l'honneur d'appartenir. Nous préférons la mort à l'ignominie, et nous la subirons, quand il en sera temps, de manière à laisser après nous un exemple de courage et de sang-froid, comme vous en laisserez un d'injustice et de cruauté.

» Signé : Lachapelle, Petiet, de Lespée, etc., etc., etc., tous officiers français, réduits à la captivité par la violation de la capitulation de Saint-Domingue. »

Cette lettre dont, soit dit en passant, la rédaction me paraît, aujourd'hui que le hasard a fait de moi un auteur, laisser quelque peu à désirer, fut suivie d'innombrables pétitions adressées de tous les pontons, et l'atroce mesure ordonnée par le gouvernement anglais ne fut jamais mise à exécution.

Je fis à cette époque à bord de *la Vengeance* une rencontre singulière et que je ne puis passer sous silence. Les Anglais venaient, avec cette déloyauté politique qui les rend si redoutables à leurs alliés et amis, de confisquer à Copenhague la flotte danoise; les équipages de cette flotte, retenus prisonniers dans leurs propres vaisseaux alors métamorphosés en pontons partageaient, à quelques encâblures de nous dans la rivière de Gosport notre malheureux sort, lorsqu'un matin on envoya à bord de *la Vengeance* un Danois qui, ayant dénoncé la désertion de quelques-uns de ses camarades, était menacé par eux de la peine de mort.

Je me trouvais sur le pont lorsque le Danois arriva et il me parut que je l'avais déjà vu quelque part : de son côté, le traître en m'apercevant parut un moment tout décontenancé et se détourna de moi avec un embarras si visible qu'il changea aussitôt mes soupçons en certitude. Je me creusais en vain la tête pour tâcher de me souvenir où, en quelles circonstances et comment j'avais déjà dû me trouver avec cet homme, lorsque tout à coup la mémoire me revint. M'approchant aussitôt de lui et le regardant bien en face :

– Misérable! lui dis-je, te souviens-tu de moi?

– Non, monsieur, me répondit-il en balbutiant un mauvais français.

– Tu mens! Il y a de cela aujourd'hui à peu près cinq ans, tu commandais un navire marchand qui se trouvait ancré à cette époque dans le port de Portsmouth...

– Je vous jure, monsieur, que vous vous trompez!

– Tu mens encore! Tais-toi et écoute. Une nuit, deux prisonniers français qui étaient parvenus à s'évader à la nage de leur ponton se réfugièrent, mourant de fatigue, de faim et de froid, à bord de ton navire!... Ah! tu pâlis à présent et tu gardes le silence! tu vois bien que tu me reconnais! Inutile alors de continuer cette histoire, inutile d'ajouter que sur ces deux prisonniers, l'un, le bon et brave Bertaud, fut obligé, pour éviter de se voir livrer comme tu l'en menaçais aux Anglais, de se jeter de nouveau à la mer et qu'il périt victime de ton impitoyable cruauté; que l'autre, garrotté par tes ordres, fut ramené par ton équipage et dans ton canot à son ponton où depuis cinq ans il maudit ton souvenir!

– Oui, monsieur, je vous reconnais, me dit alors en tremblant le Danois; mais de grâce ne parlez pas si haut... vous allez me perdre... j'ai quelque argent...

– Misérable, tu veux m'acheter ma vengeance!... Me crois-tu donc un lâche comme toi?... Tu es un traître et je te proclamerai partout comme tel... Ô mon bon et brave Bertaud, tu seras vengé!

Je prononçai ces dernières paroles avec une telle exaltation, car la vue de ce misérable m'avait rappelé avec violence la fin tragique de mon pauvre et excellent Breton, que plusieurs camarades accoururent aussitôt vers moi et s'informèrent du sujet de ma colère.

Je ne fis aucune difficulté pour leur exposer mes griefs contre le Danois. A peine mon récit fut-il terminé que je compris, aux cris furieux qui s'élevèrent de toutes parts, que j'avais dépassé le but que je m'étais promis d'atteindre : il n'était plus question, comme je le voulais, de mettre cet homme en *quarantaine;* on ne parlait de rien moins que de le tuer.

Ne voulant pas être la cause d'un assassinat, je m'en fus aussitôt trouver le capitaine, et après l'avoir mis au fait en peu de mots de la position des choses, je le suppliai de vouloir bien renvoyer le Danois sur un autre ponton, ajoutant que si on le laissait vingt-quatre heures de plus à bord de *la Vengeance* il ne me serait pas possible de répondre de sa vie. Le capitaine Edwards fit droit de suite à ma demande; un canot emmena le Danois.

Le misérable croyait en être quitte pour cette panique; combien il se trompait! Le lendemain, avant onze heures du matin, toute la ligne des pontons apprenait qu'un Danois, qui avait vendu jadis deux évadés français, puis trahi tout dernièrement ses propres compatriotes, venait d'être placé par les Anglais sur nos pontons; on le recommandait à la justice de ses compagnons d'infortune!

Le lecteur s'étonnera peut-être de cette facilité que nous avions de correspondre de ponton à ponton; je me hâte d'ajouter que les Anglais ne soupçonnaient pas le moins du monde ces communications dont ils ne découvrirent jamais le secret, et qui avaient lieu par l'entremise d'une télégraphie fort originale.

C'était au moyen d'une table renversée, placée sur l'endroit le plus élevé du pont et qu'un charpentier faisait semblant de raccommoder, que nous entretenions nos correspondances. Chaque pied de la table, selon la façon diagonale, horizontale ou perpendiculaire dont il était placé, signifiait une lettre de l'alphabet; le maillet passé ou appuyé de telle ou telle façon entre les pieds de la table représentait également aussi une lettre. Nous avions acquis par l'habitude une telle habileté dans la formation de ces signaux, que nous en étions arrivés à formuler en très peu de temps d'assez longues phrases.

Je termine l'histoire du Danois. Le misérable, suivi partout par l'exécration qu'il méritait si bien, partout accueilli avec mépris et défiance, partout mis en quarantaine, partout bafoué, menacé, frappé, finit à la fin par prendre la vie en tel dégoût qu'il s'empoisonna avec du vert de gris et mourut dans des souffrances atroces. J'avoue que le souvenir de sa mort n'a jamais pesé sur ma conscience.

Peut-être le lecteur me reprochera-t-il à présent de ne pas avoir parlé davantage du petit Pierre Chéri. A cela je répondrai que mes souvenirs de captivité étant de la plus scrupuleuse exactitude, et ne pouvant par conséquent ressembler à des scènes de roman, je suis forcé, lorsque le hasard ne vient pas à mon aide, et il y vient rarement, de laisser la plupart des épisodes que je raconte sans un dénouement. J'aime à croire que Pierre Chéri parvint à opérer son évasion. Toutefois je dois avouer que je ne reçus jamais de lettres de mademoiselle Angélique.

J'ai déjà dit que mon temps se passait à bord de *la Vengeance* d'une façon aussi heureuse que possible pour un prisonnier; mais hélas! cet état de choses ne dura pas toujours. Vers le milieu de l'année 1811 notre excellent capitaine, l'honorable Edwards, nommé au commandement d'une corvette, quitta notre ponton.

Son départ fut pour nous une journée de deuil. Hélas! combien de fois nous eûmes à le regretter! Que, si jamais, dans la haute position qu'il occupe aujourd'hui, ces lignes-ci lui tombent sous les yeux, il reçoive encore et de nouveau toute l'expression de ma profonde reconnaissance.

XX

Une bonne fortune m'arrive
Une folle partie – Je m'oppose à un assassinat
Un meurtre – Abraham Curtis me met
le pied sur la gorge

De même que j'ai bien voulu déjà pour obéir à un sentiment de convenance ne pas donner le nom de l'atroce capitaine de *La Couronne*, de l'ignoble R..., ainsi encore cette fois je désignerai par une simple initiale le successeur du généreux Edwards, car M. T... ne valait pas beaucoup mieux que R...

Il n'était pas investi depuis plus de quinze jours du commandement de *la Vengeance* que déjà tous les anciens abus, que la fermeté et la justice du capitaine Edwards avaient fait disparaître, apparaissaient de nouveau. Les fournisseurs avaient à prendre une revanche : ils y mirent une telle ardeur que quinze jours plus tard mes pauvres camarades ressemblaient à des squelettes vivants.

Quant à moi, grâce à mes pinceaux qui ne restaient jamais oisifs, grâce aussi à l'empressement que mettait mon digne acheteur de tableaux Abraham Curtis à me prendre et à me payer comptant toutes mes compositions, toujours à raison d'une livre pièce, je me trouvais bien au-dessus du besoin.

J'étais une après-midi en train de terminer un tableau que je devais livrer le lendemain lorsqu'on vint m'avertir qu'un visiteur demandait à me parler. Presque aussitôt entra dans ma cabine un homme tout habillé de noir depuis les pieds jusqu'à la tête, qui après trois profonds saluts s'adressant à moi :

– Est-ce bien vous, monsieur, qui vous nommez Garneray? me demanda-t-il.

– Moi-même, monsieur. Que désirez-vous?

– Je désire vous rendre un grand service.

– Je vous remercie beaucoup. A qui ai-je l'honneur de parler?

– A monsieur James Smith. Mon nom ne vous est probablement pas inconnu.

– Je vous demande pardon, monsieur, il me l'est au contraire complètement; mais que cette ignorance ne blesse pas votre susceptibilité, en supposant que vous soyez une célébrité, car nous vivons ici tellement en dehors du monde qu'il n'y a rien d'étonnant à ce que j'ignore ce qui est connu de tout le monde.

– Je ne suis pas, monsieur, une grande célébrité, mais je jouis au moins d'une considération générale. Je suis marchand de tableaux et je crois pouvoir ajouter que les artistes anglais aiment assez avoir des relations avec moi...

– Je n'en doute nullement, monsieur; puis-je vous demander ce qui me procure l'honneur de votre visite?

– Votre intérêt et le mien. Toutefois, avant de poursuivre cette conversation, je voudrais bien vous adresser une question! Combien vendez-vous vos tableaux à Abraham Curtis?

– Ah! vous savez, monsieur, que c'est l'excellent Curtis qui m'achète mes productions?

– Vous voulez dire le juif Abraham Curtis? J'attends votre réponse.

– Je ne vois aucun inconvénient à satisfaire votre envie : Curtis me paye mes tableaux à raison d'une livre sterling pièce!...

– Une livre sterling!... Je ne l'aurais pas cru aussi généreux. Eh bien! savez-vous, monsieur, quel prix retire cet

Abraham de vos tableaux? Il les revend vingt-cinq et quelquefois trente guinées...

– Que m'apprenez-vous là! m'écriai-je avec un profond étonnement. Quoi! mes mauvaises croûtes trouvent de pareils débouchés, il faut que vous vous trompiez.

– Je ne me trompe jamais quand il s'agit d'affaires! Quant à ce que vous voulez bien appeler des croûtes, je trouve moi, et il paraît que le public partage tout à fait ma façon de voir, que si vos tableaux sont faibles sous le rapport de l'art, ils sont doués de la rare qualité d'être vrais et exacts comme la nature. Votre peinture commence à être connue en Angleterre. Vous vous vendez bien. Quant à moi, j'ignorais absolument qui vous étiez et j'étais loin de me figurer que vous vous trouviez sur un ponton. Ces explications données, entrons en affaires. Voulez-vous me livrer vos tableaux à raison de cinq livres sterling chaque? Si votre réputation s'agrandit, je hausserai mon prix...

– Ma foi, je ne vois pas trop comment je pourrais refuser une proposition aussi avantageuse! m'écriai-je avec ravissement.

– En ce cas, je vais emporter d'abord ces deux tableaux terminés, que je vois là... Je vous laisserai en partant mon adresse, et vous voudrez bien prendre la peine de m'écrire chaque fois que vous aurez une nouvelle production à me livrer... Tenez, voici dix livres sterling. Monsieur Garneray, enchanté d'avoir fait votre connaissance...

– Comment donc, monsieur Smith, c'est au contraire moi qui suis ravi de me trouver en relation d'affaires avec vous.

Une fois le généreux Smith parti j'étais si heureux, si fier de mes succès qui pour moi représentaient l'indépendance, qu'il me fut impossible de continuer à travailler. Je résolus de célébrer la bonne fortune si inattendue qui m'arrivait en régalant quelques pauvres camarades, et je me rendis de suite dans le faux pont.

Le capitaine Edwards, pendant les derniers mois de son

commandement, était parvenu à réaliser un progrès que personne n'avait jamais pu obtenir avant lui, c'est-a-dire la suppression des rafalés. Grâce à sa fermeté et à sa justice, grâce surtout aux sages mesures qu'il avait su prendre et parmi lesquelles se plaçait en première ligne la prohibition des jeux de hasard, les rafalés étaient peu à peu rentrés dans la vie commune.

A peine le capitaine Edwards fut-il parti que la roulette, le passe-dix et le biribi un moment détournés apparurent de nouveau à l'horizon, et avec eux, comme suite inévitable, les rafalés.

Ce fut donc vers ces derniers que je me dirigeai afin d'accomplir mon généreux projet.

– Ma foi, pensai-je, si M. Smith, au lieu de venir me trouver aujourd'hui eût tardé jusqu'à demain à se rendre à bord de *la Vengeance*, mon juif m'aurait emporté pour trois livres mes tableaux... C'est donc douze livres que le hasard me fait gagner... Je puis bien me passer la fantaisie de consacrer le quart de cette somme à régaler une cinquantaine de ces pauvres affamés... Leur joie m'amusera.

Les deux premiers rafalés qui se présentèrent à ma vue, assis à cheval sur un banc et entourés par une galerie nombreuse de spectateurs, jouaient avec une grande attention une partie d'écarté!

– Il paraît, à en juger par le silence de la foule, que cette partie présente un grand et vif intérêt, dis-je à un prisonnier qui les yeux démesurément ouverts et le cou tendu semblait absorbé par ce spectacle.

– Je crois bien camarade, me répondit-il, il s'agit de la vie du master Linch...

– Comment, il s'agit de la vie du master Linch?... Que diable me chantez-vous là?...

– La vérité... Est-ce que vous ne connaîtriez pas le master Linch?...

– Quelle question! parfaitement... C'est un garçon aussi

brutal et aussi violent que possible qui ne mourra jamais d'amour pour la France...

– Oui, mais il mourra au moins de la main d'un Français...

– Camarade, nous parlons par énigmes... Vous devriez bien vous expliquer un peu plus clairement! Pourquoi me dites-vous que ces deux rafalés jouent la vie de Linch? que signifie cette phrase?...

– Elle signifie tout bonnement ce qu'elle dit... que Petit-Jean et Leroux, ce sont les noms de ces honorables rafalés, particulièrement atteints, à ce qu'il paraît, par la brutalité du master, ont résolu de l'assassiner. Or, je vous le répète, ils jouent en ce moment en vingt points d'écarté le coup de couteau qui nous débarrassera du cruel master...

– C'est impossible!... Il doit y avoir une mystification là-dessous.

– Nullement; c'est une partie fort sérieuse!

– Non, je ne puis le croire!... Voyez Petit-Jean et Leroux... ils se font des signes d'intelligence et rient par moments aux éclats... Je vous répète qu'ils vous mystifient.

– Moi qui les connais tous les deux, je puis vous assurer que rien n'est plus sérieux que leur enjeu!... Mais je vous en supplie, camarade, laissez-moi suivre cette partie!... Nous aurons tout le temps de causer ensuite.

Petit-Jean avait alors l'avantage. Sa marque portait dix-neuf points et c'était à lui de donner; celle de son adversaire n'en comptait que dix-sept.

– Eh! dis donc, Leroux, si j'allais retourner le monarque? s'écria-t-il en balançant entre ses deux doigts, après avoir donné, la carte qui allait devenir l'atout...

– Eh bien quoi! après? répondit tranquillement Leroux, je suis en fonds pour payer et je ne te volerai pas...

– Est-ce que ça ne te vexerait pas un peu d'être pendu?

– Dam'! à dire vrai, j'aimerais mieux être fusillé... Mais, après tout, faut être philosophe et savoir se contenter de ce que l'on vous accorde... A défaut de prunes de plomb, la cravate de chanvre n'est pas à dédaigner... d'autant plus qu'avant de vous lancer, comme disent les *Goddem*, dans l'éternité, on vous donne un déjeuner soigné : trois plats, du thé à discrétion et une pinte de bière... Allons voyons, Petit-Jean, retourne donc ta carte, tu vois bien que la société s'impatiente.

– Est-il vif ce Leroux! s'écria Petit-Jean en riant. Si, comme cela est à présumer, je gagne, il ne sera pas embarrassé pour le payement; je puis m'attendre à du comptant.

– Tu m'agaces à la fin. Oui ou non, veux-tu en finir?

– Salpêtre, va! Voilà la dame de cœur... Que dis-tu?

– Je dis, répondit tranquillement Leroux, que j'ai dans mes cartes le mâle de cette femelle...

– Ah! double; alors, ça te fait dix-huit points! Proposes-tu?

– Ça me serait difficile, vu que voici, avec le susdit monarque, le valet, l'as, le dix et le neuf d'atout!... La vole!... Tiens! mais à propos, dix-huit et deux ça doit faire vingt... J'ai l'air d'avoir gagné...

– Sacristi, pas de chance! s'écria le malheureux Petit-Jean en donnant un si violent coup de poing sur le banc qu'il fit voler les cartes de tous les côtés.

– Oui, plains-toi, tu es arrivé jusqu'à dix-neuf points! C'est une défaite fort honorable.

– Oui, et la potence? Trouves-tu ça agréable, toi?

– Alors fallait pas jouer... Est-ce que tu reculerais à présent?

– Moi, allons donc! Je suis un honnête homme... T'as loyalement gagné et je te payerai de même... sois sans inquiétude à cet égard... seulement ça me fait plaisir de me mettre en colère... et alors je me mets en colère, voilà tout!

– Je n'ai rien à répondre à cela. Chacun a son tic... le tien c'est de crier... crie!... seulement tu me permettras de te rappeler que nous sommes convenus avant de commencer cette partie qu'afin d'éviter les bavardages le perdant payerait comptant.

– Oui, oui, je sais et je suis prêt, répondit Petit-Jean qui se leva aussitôt de dessus son banc. Eh bien, croirais-tu qu'à présent que le quart d'heure critique, c'est-à-dire le moment de passer au comptoir est venu, je n'éprouve plus pour cette canaille de Linch la même haine qu'il m'inspirait encore tout à l'heure avant de commencer notre partie... Je ne puis m'empêcher d'avouer que le gredin n'aime pas les Français, qu'il est mal élevé, injuste et qu'il frappe dur...

– Eh bien! tout cela uni à sa qualité d'Anglais ne te semble-t-il donc pas suffisant?

– Certainement que oui, c'est plus que suffisant... Seulement je crois que dans le fond le master n'est pas aussi mauvais diable qu'il en a l'air... enfin... j'y vais...

Petit-Jean, après avoir embrassé ses camarades, se dirigeait d'un air assez indifférent sur le pont lorsque je le retins.

– Misérable, lui dis-je, est-il possible que vous alliez commettre ainsi de sang-froid un abominable assassinat? Vous ne passerez pas, entendez-vous; je vous le défends.

Des murmures violents accueillirent mes paroles et Leroux s'avança vers moi.

– Et pourquoi donc ne passerait-il pas? me demanda-t-il d'un ton farouche. De quel droit lui défendez-vous de me payer?

– Du droit que possède tout honnête homme de s'opposer à l'accomplissement d'un crime.

– Un crime, monsieur Garneray, reprit Leroux avec énergie, ah! vous appelez cela un crime, vous! Mais ne savez-vous donc pas que le master Linch ne trouve son bonheur que dans nos souffrances? Que cent fois plus cruel encore que le capitaine, il ne nous laisse pas une minute de trêve et de repos! Que tout Français qui passe à la portée de sa main reçoit de lui une blessure et un outrage! Au fait, comment sauriez-vous tout cela, vous? Favori des Anglais, et traité par eux plutôt en ami qu'on prisonnier, vous ne vivez pas de notre vie... Vous n'êtes pas des nôtres...

Je compris aux chuchotements hostiles qui répondirent dans la foule à ces dernières paroles que la tactique employée contre moi par Leroux ne manquait pas d'adresse, qu'il avait touché juste et qu'il lui serait facile, en exploitant la jalousie qu'inspirait ma position, de me dépopulariser – car j'étais, je crois, assez généralement aimé – et de finir même par me rendre suspect; aussi ne le laissant pas poursuivre et l'interrompant vivement:

– Leroux, lui dis-je, vos insinuations n'ont pas le sens commun. Je suis un meilleur Français et un meilleur camarade que vous et je vais le prouver. Quelle est votre existence à bord de *la Vengeance?* Celle d'un mendiant et d'un carottier, qui vit aux dépens d'autrui. Quelle opinion doit donner de la France, dont vous parlez tant et que vous représentez si mal, votre triste conduite? A coup sûr ce n'est pas par cela que nous sommes nobles et dignes!

« Quant à moi, au lieu d'être à charge aux camarades, n'ai-je pas été au contraire assez heureux pour leur rendre en mille occasions d'assez grands services? Je ne rappelle point cela pour en tirer vanité, mais seulement pour que l'on ne me fasse pas la honte de me mettre à votre niveau. Voyons, messieurs, continuai-je en élevant la voix et en me retournant vers la foule, y a-t-il ici quelqu'un qui ait eu jamais à se plaindre de moi? Qu'il parle.

– Je ne prétends pas, monsieur Garneray, que vous soyez un mauvais camarade, me répondit alors Leroux d'un ton beaucoup moins arrogant que celui dont il s'était servi jusqu'alors, je dis seulement que l'habitude de vivre avec les Anglais a dû nécessairement vous rendre ami avec eux...

– Moi, l'ami des Anglais!

– Dame, si cela n'est pas, alors pourquoi défendez-vous avec tant de chaleur le master Linch, notre plus cruel ennemi? Nous ne vous demandons pas de secours, nous...

nous vous prions seulement de ne pas vous mettre entre nos tyrans et notre vengeance, de ne pas prendre parti pour l'Angleterre contre la France...

– Et croyez-vous donc que telle soit mon intention ? Non, certes, ce que je veux empêcher, c'est que ce pauvre Petit-Jean porte sa tête sur l'échafaud...

– Dame! écoutez donc, camarade, me dit alors en sortant de son silence le rafalé Petit-Jean qui jusqu'alors ne s'était pas mêlé à cette discussion, je ne puis pas me dissimuler, en bonne justice, que j'ai perdu; que si je ne tue pas cette canaille de Linch, je suis un garçon déshonoré à tout jamais! Que diable, il ne s'ensuit pas que, parce qu'on est rafalé, on manque complètement de conscience! Merci donc de vos bonnes intentions. Je dois, et je vais payer...

– Bravo! Petit-Jean, bravo! s'écrièrent les prisonniers.

– Embrasse-moi encore, ami de mon cœur, s'écria Leroux en tombant dans les bras du malheureux, tu possèdes toute mon estime; je n'attendais pas moins de toi! Bonne chance et n'oublie point que le déjeuner auquel a droit le patient avant de marcher à la potence se compose de trois plats, de thé à discrétion et d'une pinte de bière... Tu as le droit de l'exiger... Si on est même satisfait de ta docilité, peut-être y ajoutera-t-on le petit verre de gin ou de brandy du départ... A revoir et bonne chance.

Petit-Jean s'en fut alors et je dus renoncer à l'espoir de le sauver : surveillé comme je l'étais en ce moment, la moindre démarche inconsidérée de ma part eût pu me susciter sur l'heure les plus graves embarras.

Il y avait à peine cinq minutes que Petit-Jean nous avait quittés lorsqu'un grand cri retentit sur le pont : le misérable n'avait que trop bien payé sa dette et tenu sa promesse; ce cri annonçait la mort du master Linch, frappé d'un coup de couteau en pleine poitrine.

Petit-Jean, immédiatement arrêté, fut aussitôt conduit à terre : quelques mois plus tard nous apprîmes qu'il avait été pendu...

Le lendemain du jour où j'avais reçu la visite de mon nouveau marchand de tableaux, du généreux Smith, le juif Abraham Curtis vint me trouver.

Sachant à quoi m'en tenir sur son compte mais voulant, pour m'amuser, l'étudier plus particulièrement, je lui demandai de m'accorder une augmentation de cinq shillings par tableau!

– *God bless me!* que Dieu me bénisse! me répondit-il en me regardant en dessous et en levant ses yeux vers le ciel : êtes-vous donc fou, mon pauvre ami, pour m'adresser une pareille requête? Voilà ce que c'est que de vouloir être utile à ses semblables! on les rend injustes ou exigeants. Mais vous ignorez donc – au fait vous devez l'ignorer, car je vous ai toujours caché ce détail afin de ne point vous humilier – que je n'ai pu encore me défaire d'un seul de vos tableaux? Je les ai tous en magasin... tous... tous... Aussi, loin de vous accorder cette augmentation de cinq shillings que vous désirez, me vois-je au contraire forcé de vous diminuer de pareille somme! A l'avenir, je ne vous payerai plus qu'à raison de quinze shillings...

– Alors à l'avenir je ne travaillerai plus pour vous...

– Hein! plaît-il! que me dites-vous là? s'écria le digne Abraham Curtis avec une émotion qui ne m'échappa pas... Voyons, mauvaise tête, vraiment je suis trop faible : mais je ne puis jamais résister au désir de soulager les malheureux. Voyons, mauvaise tête, continua-t-il d'un ton paterne et caressant, travaillez avec conscience... faites mieux... soignez vos tableaux davantage, car les derniers étaient faibles, et je tâcherai de vous les payer toujours une livre...

– Je vous remercie beaucoup de l'intérêt que vous voulez bien me porter, répondis-je alors froidement au juif; mais je vous avertis que si vous voulez avoir encore des tableaux de moi, je ne vous en livrerai pas un seul à moins de dix livres!

– Dix livres! s'écria Abraham Curtis en pâlissant. Ah!

mon Dieu! mon pauvre ami, mais vous êtes donc malade? Vous souffrez sans doute de la tête, n'est-ce pas?

– Non, mon cher Abraham, je ne suis nullement fou, lui répondis-je en souriant. Au reste, je ne vois pas ce qu'il y a dans ma proposition qui soit de nature à vous étonner! Que je vous vende dix louis ce que les amateurs vous payent quinze ou vingt ne me paraît pas une chose si déraisonnable...

– Ce que je vends quinze ou vingt! répéta le juif en me regardant fixement, comme s'il voulait lire dans ma pensée. Monsieur Garneray, je comprends tout!... Vous avez indignement abusé de la sotte confiance que j'étais assez bon pour avoir en vous... Vous avez vu le marchand Smith...

– Vous avez donc enfin deviné! Oui, cela est vrai, j'ai reçu hier la visite de M. Smith et je vous avouerai même, si cela peut vous être agréable, que je suis enchanté et de sa personne et des propositions qu'il a bien voulu me faire.

– Frenchman, s'écria alors le juif Abraham en s'interrompant, je ne vous parlerai pas de reconnaissance; vous vous moqueriez de moi avec raison; je vous ferai seulement observer que dans votre position actuelle un ennemi n'est pas pour vous une chose indifférente, et que si jamais l'occasion se présente de vous nuire, je m'empresserai de la saisir. On ne se joue pas impunément d'un homme comme moi!

– Honnête juif, répondis-je en prenant l'Abraham par le bras et en le mettant à la porte de ma cabine, je me moque complètement de vos menaces.

Hélas! j'étais loin de me douter en ce moment que le misérable devait bientôt prendre sur moi, comme le lecteur ne tardera pas à le voir, une éclatante revanche.

XXI

Arrivée des prisonniers de Cabrera
Le Pégase – *Les bains homicides – Le colonel Lejeune*
Affreuse épidémie – J'en suis atteint – Fignolet retrouvé
Perroquet-Vert – Son amour conjugal

Vers la fin de l'année 1811, les Espagnols remirent aux Anglais les restes de la division française que la déplorable capitulation de Baylen, faite par le général Dupont, leur avait livrée en 1809 et qui, retenue pendant deux ans dans l'île de Cabrera, avait été horriblement décimée par les maladies et par la faim.

Ces malheureux à leur arrivée en Angleterre furent disséminés sur tous les pontons; *la Vengeance* en reçut pour sa part une trentaine. Il me serait impossible de peindre le triste état dans lequel se trouvaient ces infortunés; la cruauté des Espagnols avait été telle à leur égard que la perspective d'être jetés à bord des pontons leur paraissait un bonheur inespéré et auquel ils n'osaient croire.

Au reste ils arrivèrent tous, je parle de ceux qui furent dirigés sur *la Vengeance,* dans une position tellement désespérée qu'il nous parut évident que pas un seul ne pourrait vivre. Je vois encore le canot qui nous les amena. Quel lugubre spectacle!

Les malheureux, couchés dans le fond de l'embarcation, poussaient des cris de souffrance et se roulaient en proie au délire de la fièvre; maigres comme des squelettes, pâles comme des cadavres, à peine recouverts quoiqu'il fît un froid intense par de misérables haillons, l'homme le plus insensible n'eût pu les voir sans se sentir le cœur attendri! Eh bien! ce que c'est pourtant qu'une haine nationale, les Anglais les traitaient avec la plus grande inhumanité; pour eux ce n'étaient pas des créatures humaines qui souffraient : c'étaient des prisonniers de guerre français.

Sur les trente malheureux que nous amenait le *Transport-Board*, à peine une dizaine furent-ils assez valides pour monter à bord; les autres, incapables de se remuer, restèrent étendus au fond de l'embarcation.

– Capitaine, dit le docteur de *la Vengeance* en s'adressant à notre commandant, je m'oppose quant à moi à ce que ces vagabonds soient embarqués sur le ponton!... Frappés comme ils le sont d'une maladie contagieuse, avant quinze jours d'ici ils changeraient *la Vengeance* en un vaste tombeau.

– Que faut-il en faire, docteur?

– Les envoyer à l'hôpital, capitaine!

– Au fait, vous avez raison. Seulement, comme leur arrivée n'est pas attendue sur *le Pégase*, je vais expédier un canot pour prévenir le commandant de ce ponton.

Le Pégase, vieux vaisseau à l'aspect lugubre, aux flancs déprimés, noirci par l'air et le goudron, ruiné par le temps, surmonté de cabanes de toutes formes et de toutes grandeurs qui le faisaient assez ressembler vu de loin à une jonque chinoise, était un 64 français, pris pendant la guerre de 1780, et qui depuis cette époque jusqu'à ce jour n'avait jamais eu une autre destination que de servir à enfermer les prisonniers de guerre de toutes les nations ou des objets d'équipement maritime.

Fixé par quatre énormes chaînes en tête des onze autres pontons dans le grand canal de la rivière de Portchester, *le Pégase* avait été définitivement métamorphosé en hôpital.

Tout le temps que resta absent le canot envoyé par notre

commandant pour avertir son confrère du *Pégase* du surcroît de pensionnaires qui allait lui arriver, c'est-à-dire pendant près d'une heure, nos malheureux compatriotes exposés dans leur embarcation à toute la rigueur du froid firent continuellement entendre de douloureux gémissements qui nous déchiraient le cœur.

En vain suppliâmes-nous le capitaine de faire monter ces malheureux à bord; il ne voulut jamais y consentir.

– Ce n'est pas la peine, nous répondit-il, pour quelques minutes de plus que ces gens ont à attendre, de déranger mon monde... Au reste, quand on a la fièvre on ne ressent pas les atteintes du froid...

Enfin nous vîmes revenir le canot! Nous espérions que la cruelle position de nos pauvres camarades allait cesser : il n'en fut rien. Le commandant du *Pégase* priait son confrère de *la Vengeance* de vouloir bien ordonner, avant de lui envoyer les Français annoncés, qu'ils prissent un bain car, faisait-il dire, son hôpital était tellement encombré qu'il ne restait pas de place pour accomplir cette opération indispensable pour éviter la contagion.

– Mon confrère a raison, dit notre commandant. Eh bien! que l'on conduise ces gens dans la buanderie et qu'on les baigne.

Cet ordre barbare fut aussitôt exécuté. Nos pauvres camarades, hissés sans connaissance à bord, furent portés à la buanderie, espèce de cabane située à l'avant de *la Vengeance;* puis mis complètement à nu, on les plongea à plusieurs reprises dans des tonnes remplies d'eau glacée : autant eût valu les fusiller.

Cette mortelle opération terminée, on les rembarqua de nouveau, et l'embarcation prit enfin le chemin de l'hôpital.

Quant à moi, en ma qualité d'interprète, j'étais tenu d'inscrire et d'enregistrer sur le livre d'entrée les nom, prénom, âge, qualité ou profession des nouveaux venus; cette formalité, fort peu difficile et fort peu compliquée, demandait cependant à être remplie avec beaucoup de soin car elle était très importante. En effet c'était cette liste que l'on consultait, tant pour opérer tous les échanges que pour distribuer les envois d'argent qui venaient de France. Une lettre changée dans un nom propre pouvait parfois priver durant la guerre un prisonnier de sa liberté. Je venais de terminer mon travail et d'inscrire nos nouveaux compagnons de captivité lorsque je vis entrer dans ma cabine un bien singulier personnage.

Qu'on se figure un grand et bel homme à peine âgé de trente-six à trente-huit ans, à la physionomie ouverte et fine, à la démarche fière et assurée, qui, vêtu d'une véritable veste de paillasse, à cela près que les carreaux de l'étoffe étaient bleus au lieu d'être rouges, s'avança vers moi d'un air superbe et protecteur tout à la fois, et m'adressant brusquement la parole :

– Allons, commis des Anglais, me dit-il, taille ta plume et fais ton métier. Dépêche-toi... Je t'avertis que je ne suis pas patient...

– Je ne sais, et peu m'importe de savoir quel est votre caractère répondis-je au beau paillasse avec une colère que le lecteur comprendra sans peine. Toutefois, il n'est pas difficile de deviner à vos manières que vous êtes parfaitement mal élevé...

– C'est ainsi que tu oses me parler, misérable traître! s'écria le bel homme qui me parut au moment de s'élancer sur moi. Prends garde que je ne te fasse repentir de ton insolence.

Cette fois, la colère qui grondait en moi éclata tout à fait et, m'avançant avec une pose menaçante vers l'insolent, je le traitai en employant le tutoiement, ainsi qu'il m'en avait donné l'exemple, avec la dernière brutalité.

Je m'attendais à ce que ce dialogue peu parlementaire finît par des coups de poing : il n'en fut rien, au contraire.

Le beau paillasse parut charmé de ma conduite, et se calmant tout à coup :

– Ah ça, camarade, me dit-il, il faut pour que tu oses

me parler ainsi que tu sois franc du collier!... Je croyais moi que les interprètes étaient des espions!... Tu n'es donc pas un espion?

Quelque injuste que fût cette question je ne pus, tant le paillasse me l'adressa avec un ton de bonne foi, la prendre en mauvaise part et m'en formaliser.

– Je n'accepte les fonctions d'interprète, lui répondis-je, que parce que cette position me met à même de rendre des services à mes compagnons d'infortune. Informe-toi de moi auprès du premier venu, et l'on te dira ce que je vaux et qui je suis.

– Alors, pardon et tope là! me dit le paillasse en me tendant la main. Je t'estime!... Si je reste sur ton maudit ponton, nous ferons je crois bon ménage!... Moi, vois-tu, j'aime les hommes colères, car ils sont ordinairement francs...

Il y avait tant de noblesse, de franchise et de bonté tout à la fois dans la contenance et dans la voix du paillasse que je serrai cordialement la main qu'il me présenta et la paix se trouva ainsi conclue.

– Veux-tu répondre à présent à mes questions, camarade Paillasse? lui dis-je en riant.

– Volontiers; mais si ça vous est égal, l'ami, laissons là le tutoiement...

– Dam', vous avez commencé... Votre nom?

– Celui d'un ennemi des Anglais... Lejeune.

– Par qui et où avez-vous été pris?

– Par des brigands, mille tonnerres... en Espagne, à Badajoz...

– Très bien, Lejeune; pris par les Espagnols, écrivis-je.

– Du tout, je ne veux pas que vous écriviez cela, s'écria-t-il en redevenant furieux. Pourquoi changez-vous mes réponses? J'ai dit par des brigands, et vous, vous mettez par des Espagnols. Je sais bien que c'est la même chose; n'importe, je tiens à ma rédaction. J'ai répondu des brigands, écrivez des brigands.

– Mais cela m'est impossible, camarade!

– Ah! bah! et pourquoi donc? Je veux bien admettre que les interprètes ne soient pas des espions, mais votre conduite me prouve qu'ils sont au moins de vils flatteurs.

– Ah! tonnerre! m'écriai-je en perdant à cette nouvelle insulte tout mon sang-froid, je vous prouverai, si toutefois vous en valez la peine, que si les interprètes sont des flatteurs, au moins ils ne s'abaissent pas devant la pointe d'un fleuret.

– Un duel!... Au fait, pourquoi pas? A bord des pontons les distances disparaissent... ça me fera passer une matinée : votre nom?

– Garneray, aide-timonier dans la marine impériale.

– Seriez-vous parent du célèbre peintre, de l'émule d'Isabey?

– Voulez-vous parler du professeur de la reine Hortense, de cette excellente femme, de cette femme de mérite, protectrice dévouée des arts et des artistes?

– Justement. Vous le connaissez?

– C'est mon frère...

– Vous êtes le frère d'Auguste Garneray? Mais je le connais beaucoup, moi, votre frère, ainsi que votre père; c'est le papa Garneray qui m'a donné les premières leçons de dessin, votre mère était fille du marquis de Courgy, assassiné par les révolutionnaires. Votre frère Hippolyte donne aussi de grandes espérances, ce sera un peintre fort distingué. Quelle diable d'idée ai-je eue de vouloir vous couper la gorge! s'écria le bizarre personnage en me serrant de nouveau la main avant que j'eusse le temps de m'opposer à son action.

Puis sans me donner le temps de revenir de ma surprise :

– Tiens, mais à propos, continua-t-il, qu'est-ce que je vois donc sur votre habit? des taches d'huile et de couleur! Seriez-vous peintre aussi?...

– Pas précisément, mais j'essaye de le devenir...

– On peut donc peindre à bord des pontons?

– Voici des tableaux qui répondent à cette question, lui dis-je en lui montrant du doigt une marine que je venais de terminer.

– Ah! c'est de vous? Voyons donc.

Le paillasse se dirigea aussitôt vers mon tableau, l'examina pendant assez longtemps en silence, puis se retournant enfin vers moi :

– Monsieur Garneray, me dit-il avec un exquise politesse et au ton d'un homme de bonne compagnie, recevez tous mes sincères compliments... Vous êtes digne de porter le nom de votre famille! En vérité, ce tableau est bien, très bien... Il s'y trouve bien par-ci, par-là quelques imperfections qui décèlent un certain manque du maître et du métier; mais, je vous le répète, l'ensemble en est excellent.

Aussi surpris de la politesse et des compliments de l'inconnu que je l'avais été d'abord de sa violence et de sa grossièreté, je ne savais à quelle idée m'arrêter sur son compte.

– Est-ce que vous êtes peintre, monsieur? lui demandai-je à mon tour afin de renouer la conversation.

– Mais oui; de temps en temps, lorsque mes occupations me laissent quelques loisirs, je les emploie à gribouiller des batailles.

– Ah! vous êtes militaire, repris-je en montrant du doigt mon registre d'entrée resté ouvert devant moi, puis-je, sans abuser de votre confiance, écrire cette réponse?...

– Parbleu! vous me faites penser, me dit alors en riant le paillasse, que je n'ai pas encore répondu à vos questions... J'ai éprouvé une telle colère en me voyant sur un ponton que, ma foi, j'ai été un moment sans savoir ce que je disais et ce que je faisais...

Cette manière délicate et détournée, sinon de me faire des excuses, au moins d'expliquer sa conduite à mon égard, me confirma dans l'opinion que ce grand beau paillasse devait appartenir aux classes élevées de la société et qu'il n'était pas un simple soldat.

– Si vous voulez bien vous donner la peine de reprendre la plume, je suis maintenant à vos ordres, continua-t-il en me saluant légèrement d'une inclination de tête.

Je me plaçai devant mon pupitre et repris mon interrogatoire.

– Quelle est, je vous prie, votre profession? demandai-je.

– Colonel du génie faisant partie de l'armée française d'Espagne, me répondit-il en souriant. Oui, je conçois que mon titre vous semble un peu en désaccord avec l'accoutrement grotesque dont je suis revêtu, mais fait prisonnier et par conséquent dévalisé par des guérillas espagnols et amené aussitôt en Angleterre sur un transport marchand, j'ai été encore trop heureux de pouvoir me procurer cet habit de saltimbanque! Après tout, si je suis destiné comme cela ne me paraît que trop probable à pourrir sur les pontons, mon nouvel uniforme me semble à la hauteur de ma destinée.

– Colonel, rassurez-vous, lui répondis-je, vous ne resterez pas longtemps à bord de *la Vengeance*. Votre grade, dès qu'il sera connu, et il le sera dès aujourd'hui car je m'en vais aller trouver de suite le commandant, vous fera transporter immédiatement à terre. Les pontons ne sont point faits pour les officiers supérieurs.

– Quoi! vous croyez que l'on me laissera libre sur parole?

– Dans un cantonnement, oui; seulement j'ai le regret de vous annoncer que le sort des Français dans ces cantonnements n'est guère préférable, grâce à l'ombrageuse méfiance des Anglais, à celui des prisonniers des pontons...

En effet, quelques jours après le colonel Lejeune fut dirigé sur *Odiham*.

– Au revoir, mon cher Garneray, me dit-il en s'embarquant, croyez que si je puis quelque chose pour vous, que s'il m'est permis de vous faire mettre à terre, je ne vous oublierai pas.

Je souris tristement à cette promesse: j'avais déjà si

souvent été victime de l'ingratitude et de l'oubli d'anciens compagnons de captivité que je ne pouvais plus guère ajouter foi aux promesses : et puis au total, pourquoi le colonel Lejeune à qui je n'ai rendu aucun service, me disais-je, s'occuperait-il de moi ? parce que nous faisons tous les deux de la peinture ? quelle folie !

Je jugeais mal l'excellent colonel, c'était au contraire le seul homme qui dût s'occuper de moi.

Puisque le hasard a mis sous ma plume le nom du colonel Lejeune, je profite de cette occasion pour dire qu'à mon avis ses tableaux de bataille, fort estimés au reste encore aujourd'hui des amateurs initiés aux batailles, sont les plus remarquables que nous possédions en ce genre en France. Peut-être pèchent-ils parfois par quelques légères imperfections d'exécution, mais nul autre peintre de bataille n'a approché de la vérité à laquelle il a atteint.

La veuve de M. Lejeune, mort il y a peu d'années général, a exposé ces tableaux qui ont eu un grand succès et m'ont fait, quant à moi, le plus vif plaisir.

Je reviens à mon récit.

La maladie contagieuse dont étaient atteints les prisonniers de l'île de Cabrera transportés à bord de notre ponton ne tarda pas à se propager parmi nous avec une effrayante rapidité.

Le *vomito* que nous avions subi n'était rien en comparaison de cette nouvelle épidémie. *La Vengeance* présenta bientôt l'aspect le plus sombre et le plus lugubre. Mes compagnons d'infortune, dont le moral était très affecté, se désolaient comme des enfants et voyaient tous une mort affreuse en perspective !

Quant à moi, soit que la vie plus confortable et dénuée de privations matérielles m'eût laissé plus de force, soit que mes travaux en m'absorbant l'esprit m'eussent garanti de cette influence fatale qui pesait sur mes compagnons, toujours est-il que je m'occupai fort peu du fléau et que je me portais fort bien.

Un jour cependant je me sentis pris d'un léger frisson et d'un mal de tête assez violent. J'espérais que cette indisposition n'aurait pas de suite, lorsque tout à coup il me sembla que le ponton tournait rapidement en tous sens, et je tombai sans connaissance.

Lorsque je revins à moi, j'étais dans un canot qui me conduisait, accompagné d'autres malades, à l'hôpital.

Dire la pénible impression que me causa cette découverte me serait chose difficile; mon esprit flottant entre la raison et le délire me laissait assez d'intelligence pour comprendre ma position, et pas assez de force pour pouvoir la supporter. La pensée qui me tourmentait le plus, je me rappelle encore cette impression pénible aujourd'hui, était celle de ce fatal bain glacé que sous prétexte de propreté l'on faisait subir à tous les malades lors de leur arrivée sur *le Pégase.*

Bientôt cependant le délire ne tarda pas à s'emparer tout à fait de moi et je cessai de lutter contre mon mal; mais j'étais vaincu.

Lorsque je repris connaissance j'étais dans la buanderie du *Pégase.* La vue de grandes tonnes pleines d'eau glacée m'arracha un cri d'effroi et me rendit pour un moment toute ma raison.

– Je ne veux pas que l'on me baigne! m'écriai-je avec force. Malheur à celui qui osera porter la main sur moi... je me défendrai!

Les Anglais et les infirmiers français, ai-je besoin de le dire, ne prêtaient aucune attention à mes protestations et à mes cris : occupés avec mes compagnons d'infortune qu'ils plongeaient et replongeaient dans les grandes cuves d'eau glacée dont je viens de parler, ils semblaient, à la précipitation avec laquelle ils remplissaient cette tâche, désirer la terminer le plus tôt possible.

Je voyais avec effroi mon tour arriver, lorsqu'un matelot français qui aidait les Anglais dans l'accomplissement de leur corvée vint droit à moi pour me dépouiller de mes vêtements.

Le matelot portait déjà la main sur mes habits lorsque poussant tout à coup un cri de joie et de surprise :

– Tiens, c'est vous, monsieur Garneray, me dit-il. Ah! je suis t'y content de vous voir!

– Je ne veux pas que l'on me baigne! m'écriai-je en poursuivant toujours mon idée.

– Ne craignez rien... les Anglais ne vous toucheront pas... Je me charge de vous!... me répondit l'infirmier qui, me soulevant dans ses bras, m'emporta aussitôt hors de la buanderie.

J'ignore combien de temps se passa depuis lors jusqu'au moment où, reprenant pour quelques instants connaissance, je me trouvai couché dans un lit.

– Eh bien, monsieur Garneray, ça va-t-il mieux? me dit en français un homme qui, assis à mon chevet, semblait veiller sur mon sommeil.

Je reconnus le matelot qui m'avait préservé du bain glacé et je le remerciai par un signe de tête.

– Je vous ai fait placer près de la porte, continua l'inconnu, afin de ne pas vous perdre de vue. De cette façon les Anglais ne pourront pas vous monter tout vif dans la cabane aux morts!

Cette phrase lugubre me causa une impression profonde, et j'aurais bien voulu en demander l'explication à mon ami inconnu; mais je me sentais si faible, si accablé, que je dus renoncer à l'interroger.

Bientôt je m'endormis d'un pénible sommeil et je passai jusqu'au lendemain matin une nuit épouvantable. Quels rêves affreux pesèrent sur mon repos! L'idée fixe qui me dominait était que les Anglais s'étaient donné le mot pour me faire passer pour mort et pouvoir m'enterrer vivant!

Je n'abuserai pas de la patience du lecteur en lui décrivant toutes les phases de ma maladie, je préfère reprendre mon récit au jour où, grâce à un hasard providentiel, car le traitement que l'on nous faisait subir à bord du *Pégase* était tout à fait contraire à notre maladie et aboutissait presque toujours à la mort, j'entrai en convalescence.

– Eh bien! monsieur Garneray, ç'a été rude, mais il paraît, à ce que prétend le médecin, que vous voilà enfin hors de danger, me dit un matelot français qui était adjoint aux infirmiers anglais en qualité d'aide, et que je trouvai en rouvrant les yeux assis auprès de mon lit. Ça ne fait rien, quoique vous soyez joliment solide, je suis persuadé que si je ne vous avais pas sauvé du bain glacé vous auriez été flambé!

– Quoi! c'est vous, mon ami, m'écriai-je, qui m'avez emporté de la buanderie jusqu'à mon lit?

– Eh! oui donc, c'est moi! Dame, c'est bien le moins que je devais faire pour une ancienne connaissance...

– Comment! une ancienne connaissance! Nous sommes-nous donc déjà rencontrés avant ce jour? demandai-je au matelot en le regardant avec plus d'attention que je ne l'avais fait jusqu'alors.

– Quoi! vous ne me remettez pas, s'écria-t-il; c'est donc cela... Je me disais aussi : Tiens, mon lieutenant n'a pas l'air satisfait du tout de me revoir... et ça me chiffonnait. Au fait, en y réfléchissant, voilà neuf ans que nous ne nous sommes pas trouvés ensemble!... Or, de seize ans à vingt-cinq ans un homme change joliment... Eh bien, y êtes-vous, à présent?

– Nullement, mon ami; j'ai beau vous examiner, vous ne me rappelez aucun souvenir.

– Quoi! vous avez oublié *la Doris*, le capitaine Liard, la révolte des moricauds, notre naufrage, les amis Combaleau, Périn, Ducasse et moi, Fignolet, le novice Fignolet [1]?

– Fignolet, m'écriai-je, en regardant avec un étonnement profond le robuste et athlétique matelot que j'avais devant les yeux; quoi, tu es Fignolet?

1. Cf. le deuxième volume des aventures maritimes de Garneray : *Le Négrier de Zanzibar*, éd. Phébus.

– Eh ! oui donc, lieutenant, c'est moi... tout ce qu'il y a de plus moi !... Ah ! dame, j'avoue que j'ai pas mal grossi et grandi... l'appétit est toujours bon...

– Vraiment, Fignolet, ta présence à bord du *Pégase* me semble un rêve ; je ne puis en croire le témoignage de mes yeux... car, en effet, à présent je te reconnais très bien...

– Mon Dieu ! lieutenant, ma présence ici n'a rien de bien extraordinaire. Pincé, il y a deux ans, par une frégate anglaise, j'ai été conduit d'abord sur un ponton ; puis ensuite envoyé comme homme de bonne volonté et en qualité de sous-aide sur *le Pégase*... Oui, je sais ce que vous allez me dire : que les croque-morts, comme on nous appelle, ne sont pas très estimés... Que voulez-vous ? je mourais de faim, et l'on me promit que si je consentais à devenir employé de l'hôpital, on me triplerait ma ration. Naturellement, j'ai dû accepter...

– Et tu as bien fait, Fignolet, car sans toi je serais mort.

– Oh ! vous n'êtes pas encore hors de danger, lieutenant. Faut pas chanter victoire d'avance.

– Je t'assure, Fignolet, qu'à une extrême faiblesse près, je me trouve tout à fait bien.

– Oh ! quant à ce qui est de votre état intérieur, ça va ! Ce que je crains pour vous, c'est que vous ne puissiez résister à la diète rigoureuse à laquelle vous allez être à présent soumis. Si cependant vous voulez me jurer d'être prudent et de ne pas vous laisser pincer, je pourrais bien vous venir en aide...

– Je te jure tout ce que tu voudras, Fignolet.

– C'est bon ! alors je vous remettrai tous les jours une part de ma ration ; de cette façon, avant deux semaines, vous pourrez vous lever.

En effet, le bon et excellent Fignolet m'apportait le soir même une petite tasse de bouillon qui me procura une nuit de calme profond.

Pendant les deux ou trois jours qui suivirent, ma convalescence fit de rapides progrès, et je me mis à observer ce qui se passait autour de moi. La première chose, cela va sans dire, qui attira mon attention furent mes voisins.

A ma gauche était un pauvre soldat horriblement atteint par le fléau; à ma droite un matelot qui se mourait. Ce voisinage peu récréatif n'était guère de nature à me donner des idées riantes.

Le lendemain même du jour de ma conversation avec Fignolet, mon voisin de droite succomba à la violence de la maladie et à l'inopportunité des remèdes qui lui furent administrés; les infirmiers anglais s'empressèrent d'emporter son cadavre dans la cabane aux morts, située sur le pont.

A peine une heure s'était-elle écoulée depuis ce décès lorsque je vis arriver, pour occuper ce lit, une de mes connaissances de *la Vengeance*, un prisonnier nommé ou, pour être plus exact, connu sous le sobriquet de Perroquet-Vert. Jamais je n'ai pu me rendre compte de la raison qui avait motivé ce sobriquet, car Perroquet-Vert était un grand diable à la figure bronzée, aux traits effacés, et dont rien dans la personne ne se rapprochait, en aucune façon, de l'oiseau dont on lui avait donné le nom.

Perroquet-Vert était au reste un garçon fort original et doué d'une rare ténacité d'esprit. Jeté à bord de *la Vengeance* à moitié nu et sans un sou en poche, il n'avait pas tardé, en s'industriant de toutes façons et en se chargeant des corvées des autres prisonniers, à amasser un minime capital qui lui permit de s'établir vendeur de ratatouille.

Bientôt il ne fut plus question, dans tout le ponton, que de la supériorité culinaire de Perroquet-Vert sur tous ses autres rivaux, et le débit de sa marchandise prit un tel développement qu'il se trouva forcé de s'adjoindre un aide.

La ratatouille ne suffisant plus à l'ambition de Perroquet-Vert, il fonda une espèce de restaurant, un bal et une roulette qui obtinrent aussi un grand succès. Perroquet-Vert devint donc bientôt millionnaire, c'est-à-dire qu'il réalisa de scandaleux bénéfices : près de cent francs par mois.

Avec de telles richesses l'illustre Perroquet eût pu mener une vie de sybarite, avoir une cour et des courtisans, faire bonne chère, se passer la fantaisie d'au moins deux valets de chambre et éclipser la plupart des prisonniers par son luxe; mais il ne fit rien de tout cela, au contraire.

A peu près aussi mal vêtu qu'un rafalé, se nourrissant à peine et ne reculant jamais devant aucune corvée, Perroquet-Vert était, sous le rapport matériel, le plus malheureux de tous les prisonniers de *la Vengeance*. Oui, mais au moral, quel bonheur était le sien! Perroquet-Vert, amoureux fou de sa femme, lui envoyait tout l'argent qu'il gagnait, et cela le rendait le plus heureux des hommes.

– Comme ma femme doit s'amuser aujourd'hui dimanche! nous disait-il parfois; je la vois, revêtue d'une belle robe de percale, faire son entrée au Vauxhall... Toutes les femmes la regardent avec jalousie, tous les jeunes gens lui présentent leurs hommages... elle est la reine du bal! Je tâcherai, le mois prochain, de lui envoyer davantage, afin qu'elle puisse aller au Ranelagh.

Or, la femme si ardemment aimée par Perroquet était connue de plusieurs prisonniers qui nous apprirent qu'elle était âgée d'au moins cinquante-cinq ans et d'une affreuse laideur. Et c'était ce fameux Perroquet-Vert qui revenait occuper le lit vacant placé à la droite du mien. En proie lorsqu'on le coucha à un délire furieux et intense, deux hommes étaient obligés de le garder à vue; et ses cris m'empêchèrent de reposer pendant la plus grande partie de la nuit.

Que l'on juge donc de mon étonnement lorsqu'en me réveillant le lendemain, assez tard dans la matinée, la première personne que j'aperçus fut Perroquet-Vert qui, debout et un petit paquet sous son bras, se disposait à s'en aller : je crus rêver.

– Bonjour Garneray, me dit-il tranquillement. Je suis content de savoir que vous êtes hors de danger. Je retourne à bord de *la Vengeance;* si vous avez à me charger de quelque commission pour vos amis, je suis à vos ordres.

Ces paroles prononcées avec un grand sang-froid augmentèrent ma stupéfaction.

– Mais, Perroquet-Vert, lui répondis-je, est-il possible que vous, que j'ai vu hier au soir en proie au plus violent délire, vous songiez à abandonner l'hôpital?... Vous ne ferez pas deux pas sans tomber.

– Le fait est camarade, me répondit-il, qu'hier au soir j'étais en effet joliment malade!

– Et quelques heures ont suffi pour opérer votre guérison?

– Mon Dieu oui. Je me suis dit : Perroquet-Vert, mon ami, si tu te laisses aller à la fainéantise, tu vas tomber sérieusement malade et rester, si toutefois tu ne meurs pas, au moins six semaines au lit... Que pensera alors ta jolie femme, misérable, en ne voyant pas arriver à la fin du mois le mandat que tu lui adresses ordinairement avec tant d'exactitude?... Que tu ne l'aimes plus, que tu fais la cour à quelque Anglaise, que tu es devenu un volage!... Alors, à cette idée, voyez-vous, camarade, je me suis dit encore : Perroquet-Vert, si tu as du cœur, tu ne seras pas malade... tu vas de suite aller reprendre tes occupations... tu n'as déjà que trop perdu de temps... une demi-journée... Allons, guéris vite et dépêche-toi... et je me suis senti guéri... Lève-toi... Me voilà debout... Va-t'en... et j'ai l'honneur de vous saluer!...

Perroquet-Vert m'adressa alors une légère inclination de tête, et se dirigeant d'un pas ferme et assuré vers la porte de sortie, il disparut bientôt à nos yeux. Ce fait, auquel je ne croirais pas si je n'en avais pas été témoin, et qui peut paraître invraisemblable, me donna beaucoup à réfléchir. La force de volonté peut donc dompter une maladie! Je me promis d'essayer l'exemple que me donnait Perroquet-Vert; malheureusement j'étais si affaibli que mes forces trahirent mon courage; je ne pus, malgré toutes mes tentatives, parvenir à me lever.

XXII

Philanthropie des infirmiers
Fignolet se couvre de gloire – Le docteur Tancret
M. de Bonnefoux, officier de la Belle-Poule
Partialité motivée du capitaine T...
Encore le juif Abraham

Le soir même de ce jour, je me tournais et me retournais en vain dans mon lit sans pouvoir parvenir à m'endormir lorsque mes yeux, en se portant machinalement vers le lit du malade situé à ma gauche, furent frappés par une vive lueur. Je regardai avec plus d'attention, et je ne tardai pas à me convaincre que cette lueur était produite par le scintillement que projetait un diamant enchâssé dans une bague que le malade portait au doigt de la main droite, pendante le long de son lit.

En effet ce malade, soldat de l'armée d'Espagne, avait ainsi que beaucoup de ses camarades rapporté des bijoux provenant... ma foi, provenant des hasards de la guerre.

Ayant enfin réussi à vaincre mon insomnie, j'étais parvenu à m'endormir lorsque le bruit produit par une conversation qui avait lieu presque contre mon oreille me réveilla à moitié.

Bientôt cependant, les paroles que j'entendis prononcer me parurent si singulières qu'elles excitèrent toute mon attention. Toutefois si j'ouvris mes oreilles toutes grandes, j'eus soin de garder mes yeux fermés et de faire semblant de dormir.

La conversation que je vais rapporter avait lieu entre deux infirmiers anglais.

– Dis donc, Snow, j'ai beau tirer sur la bague, elle ne vient pas... ce chien de Français, en laissant pendre sa main hors du lit, a attiré le sang à ses doigts qui se sont gonflés... Comment faire?

– *My God!* que le diable confonde l'animal!... laisse-lui sa bague, nous la prendrons après sa mort...

– Si on nous la laisse, ce qui est peu probable... Une belle affaire que nous allons manquer là.

– *Indeed!* une belle affaire! Ce gredin qui est au plus bas ne passera peut-être pas la nuit.

– Non, il ne la passera pas! Et pour quelques heures de vie qui lui restent à peine il nous fera perdre cette magnifique occasion : c'est à se briser la tête de désespoir... Dis donc Snow, une idée!... Je pense à présent, moi, que ce malade est mort!...

– Es-tu fou?... ne l'entends-tu pas respirer?...

– Non, tu te trompes, c'est son voisin qui respire! Je te répète, Snow, que cet homme n'est plus! Notre devoir en ce cas n'est-il pas de le transporter au plus vite dans la cabane des morts?...

– Farceur! Tiens, au fait, je comprends ton idée... Mais oui en effet, nous pouvons le transporter dans la cabane... aide-moi!...

Les deux infirmiers tirant alors brusquement les couvertures s'emparèrent du malheureux soldat, et le chargeant sur leurs épaules l'emportèrent sans plus tarder.

On comprendra sans peine l'émotion que j'éprouvai : toutefois, craignant avec raison si je m'opposais à l'abominable action des infirmiers anglais que ces misérables dont je possédais le secret ne reculassent devant aucune extrémité pour s'assurer de ma discrétion, je les laissai partir sans dire un mot.

Ce ne fut qu'une fois qu'ils furent dehors de la salle que, me levant sur mon lit, je me mis à appeler Fignolet de toutes mes forces. Fignolet accourut aussitôt. En peu de mots, car le temps pressait, je le mis au fait du crime qui s'accomplissait.

Mon récit ne parut pas causer une grande surprise ni faire éprouver une forte émotion à l'ancien novice.

– Ne craignez rien lieutenant, me dit-il, j'y vais...

– Prends garde, Fignolet, que ces infirmiers anglais...

– Oh! ne craignez rien... Ils savent que j'ai la poigne bonne...

Pendant cinq minutes que dura l'absence de Fignolet, je restai en proie à une angoisse terrible : enfin, ce laps de temps écoulé, je vis le novice qui revenait en portant mon voisin de lit dans ses bras.

– Eh bien? lui dis-je.

– Eh bien, il vit encore, lieutenant, me répondit-il. Quant aux croque-morts, je leur ai flanqué des calottes... Voilà.

– Fignolet, demain matin si tu veux nous porterons plainte.

– Porter plainte, lieutenant! à quoi cela nous avancerait-il? D'abord on affecterait de ne pas nous croire; ensuite, sachez que quand bien même nous aurions les preuves dont nous manquons, on ne poursuivrait pas plus pour cela les coupables. Ce fait de porter un malade vivant dans la cabane des morts pour pouvoir le dévaliser à l'aise se passe tous les jours. C'est vrai que c'est pas permis, mais c'est toléré! Bonsoir, lieutenant; dormez bien!...

Et Fignolet, avec un flegme et une indifférence qui ne me prouvèrent que trop qu'il était en effet habitué à assister journellement à de pareilles horreurs, regagna en bâillant son lit. Le malheureux soldat que les infirmiers affectaient de croire décédé guérit, ainsi que je l'appris plus tard!

Hélas! que de malheureux ont dû être victimes de l'odieuse cupidité des infirmiers anglais, et dont la mort est restée sans vengeance!

Grâce à Fignolet qui partageait généreusement avec moi son ordinaire, ma convalescence avança rapidement, et je pus bientôt me lever et monter sur le pont. Avec quelle joie je voyais arriver le jour où je pourrais enfin retourner à bord de *la Vengeance!* car les exemples de cruauté que j'avais sans cesse devant les yeux me révoltaient et me rendaient le séjour du *Pégase* intolérable. Il serait au reste difficile au lecteur de se faire une idée de la façon barbare dont les Français étaient traités à bord de cet hôpital; ce souvenir excite encore ma colère. Je ne citerai, pour ne pas révolter la conscience publique car il y a de ces cruautés que la plume se refuse à tracer, qu'un seul fait, entre mille de même nature, qui se passa devant mes yeux.

Un jour pendant la visite, Fignolet s'adressant au médecin anglais lui demanda de vouloir bien faire donner du vin à un jeune aspirant horriblement affaibli par la maladie, afin de lui rendre un peu de force.

– Êtes-vous fou, animal, lui répondit brutalement l'Anglais, pour oser me faire une semblable demande? Redonner des forces à ses ennemis! Allons donc, vous déraisonnez!

Je suis quant à moi intimement persuadé que pas un seul d'entre nous n'eût échappé à la mort si nous eussions été seulement traités par les médecins anglais : heureusement pour nous que les aides-chirurgiens français qui se trouvaient sur *le Pégase* prenaient notre défense et parvenaient à apporter quelque soulagement à nos maux. Je dois citer parmi ces derniers, avec reconnaissance, M. Dancret, qui habite à présent Nogent-le-Rotrou.

Enfin arriva l'heure où je pus retourner à bord de *la Vengeance*. J'embrassai tendrement ce bon Fignolet dont la rencontre avait été si heureuse pour moi, et je descendis sous bonne escorte dans le canot qui m'attendait.

Un quart d'heure plus tard je pleurais presque de joie en me retrouvant dans ma petite cabine, au milieu de mes ébauches de peinture.

Mon premier soin fut d'aller rendre ma visite au capitaine, qui me reçut avec une extrême froideur. Je jugeai que, pendant ma maladie, une intrigue avait été ourdie pour me déposséder de ma place d'interprète et je me promis de me tenir sur mes gardes.

Je trouvai parmi les nouveaux hôtes dont s'était enrichi notre ponton durant mon absence un ancien matelot nommé Dupart ou Dubard, je ne me rappelle plus au juste son nom, qui avait été fait prisonnier en même temps que moi sur *la Belle-Poule*. Il me donna de tristes nouvelles sur nos anciens camarades et officiers : très peu avaient été délivrés, beaucoup étaient morts, et le reste souffrait toujours dans les prisons anglaises. Il m'apprit aussi que M. de Bonnefoux, ce jeune enseigne dont la conduite avait été si brillante pendant l'action qui précéda la prise de *la Belle-Poule*, où il remplissait les fonctions d'officier de manœuvre pendant le combat, avait déjà tenté en vain de s'évader deux fois; que les Anglais le surveillaient avec soin et qu'il se trouvait alors assez malade sur les pontons de Chatham. Je doute, ajouta Dupart, que notre enseigne se laisse décourager par cette non-réussite; il est enragé pour se sauver et je crains bien qu'il ne se fasse fusiller un de ces jours.

Cette triste prophétie de Dupart ne se réalisa heureusement pas. M. de Bonnefoux, qui a laissé un si beau nom dans la marine, s'est retiré plus tard du service avec le grade de capitaine de vaisseau. Il m'a dit tout récemment qu'il comptait publier l'histoire de sa captivité en Angleterre et je désire vivement qu'il mette à exécution ce projet.

J'avais repris mes travaux de peinture avec une sorte d'enthousiasme qui tenait presque de la fureur, et le généreux Smith, fidèle à nos conditions, me payait avec une grande exactitude mes tableaux au prix dont nous étions convenus, c'est-à-dire à raison de cinq livres sterling pièce. L'argent ne me manquait donc pas; loin de là, je faisais des économies assez considérables.

Une seule chose, après toutefois ces idées de liberté qui me revenaient sans cesse, troublait mon horizon; c'était la froideur de plus en plus marquée que me montrait le capitaine, et qui parfois dégénérait en véritable grossièreté. A vrai dire, je tenais assez peu à l'amitié ou aux égards de ce digne successeur de R..., et je gagnais d'assez fortes sommes pour n'avoir pas besoin des douze sous quotidiens qui m'étaient alloués comme interprète; mais je craignais que la perte de cette place, n'entraînant également pour moi la suppression de la cabine que j'occupais sur le pont, ne me mît dans l'impossibilité de continuer ma peinture.

J'apportais donc autant de circonspection que de résignation dans mes rapports avec notre commandant; mais c'était en vain : son animosité envers moi, animosité dont la cause m'échappait, augmentait de jour en jour.

Vint un moment où, ne pouvant supporter plus longtemps et ses insultes et ses brutalités, car ma patience était à bout, je lui offris ma démission d'interprète.

– Vous m'êtes utile dans vos fonctions, que vous remplissez avec intelligence et exactitude, me répondit-il, et je refuse votre démission.

– Permettez, capitaine, vous n'en avez pas le droit!

– Le droit légal, non, mais le droit moral... oui! et la preuve, c'est que si vous vous obstinez dans votre idée, je vous rendrai tellement malheureux, si misérable, que vous-même ne tarderez pas à venir me supplier de vous réintégrer dans vos fonctions... Ce n'est pas d'hier que vous habitez les pontons, et vous savez ce que peut faire un capitaine avec le pouvoir à peu près discrétionnaire dont il est investi! Croyez-moi, continuez votre service, et qu'il ne soit plus question de rien...

– Capitaine, je ne demanderais pas mieux, mais je dois vous avouer que votre conduite avec moi devient si étrange, si...

– Assez, monsieur; j'agis selon mon bon plaisir, voilà tout. Quel est l'homme qui peut se dire irréprochable? Il n'en est pas. Vous-même, si vous jetiez un coup d'œil sur votre passé, croyez-vous que vous n'y trouveriez pas quelque mauvais procédé dont vous avez dû vous rendre coupable?... Retournez à votre poste et laissez-moi la paix!...

A cette réponse il n'y avait qu'à se soumettre, et ce fut le parti que je pris. J'espérais aussi que ce commencement d'explication rendrait mes rapports avec le capitaine moins désagréables, et que puisqu'il reconnaissait ma capacité et l'exactitude que je déployais dans l'exercice de mes fonctions, il finirait par me traiter d'une façon plus convenable : hélas! je me trompais.

Sa mauvaise humeur, loin de se calmer, ne fit que s'accroître : elle atteignit presque jusqu'à la violence.

Un jour que je réfléchissais à prendre une résolution décisive, extrême, une embarcation aborda *la Vengeance,* et bientôt une de mes anciennes connaissances, le juif Abraham Curtis, se présenta sur le pont.

– Le capitaine, mon cousin, est-il visible? demanda-t-il à l'officier de quart en me regardant en dessous, et en appuyant sur ces mots de « mon cousin ».

– Non, monsieur, lui répondit l'officier : il vient de descendre à terre.

Je compris tout : le capitaine de la marine royale s'était fait le vengeur des intérêts lésés du brocanteur! Quel officier français eût jamais osé déshonorer ainsi son épaulette?

Abraham Curtis se disposait, ou, pour être plus exact, feignait de se disposer à regagner l'embarcation qui l'avait amené, lorsque faisant semblant de m'apercevoir pour la première fois :

– Tiens, vous êtes encore ici, monsieur Garneray, me dit-il avec un étonnement assez bien joué, mais dont je ne fus pas la dupe. Eh bien, êtes-vous content de votre sort? M. Smith vous achète-t-il toujours vos tableaux à raison de cinq livres? Mon *cousin,* le capitaine de *la Vengeance,* vous traite-t-il bien?

– M. Smith me paye toujours avec la plus grande exactitude, lui répondis-je; quant à votre cousin, c'est le plus ignoble gredin que je connaisse et qu'il soit possible d'imaginer! Cette hardiesse de paroles vous étonne, je le crois. Vous ne savez pas, vous, misérable juif que vous êtes, jusqu'où peut atteindre la vengeance d'un Français outragé dans son honneur! Ce que je vous dis n'est ni une fanfaronnade ni une menace, c'est simplement un avertissement. Je suis d'un caractère doux et égal; la violence me répugne; mais jamais je n'oublierai que j'ai l'honneur d'appartenir à la marine française, et je saurai toujours la faire respecter par les Anglais dans ma personne. Après tout, grâce à l'affreuse vie que je mène, une douzaine de balles ou une corde de potence n'ont rien de bien effrayant pour moi.

– Le malheureux! s'écria Curtis en pâlissant, c'est qu'il est capable de se porter à quelque acte de désespoir!

– Que la responsabilité de cette action retombe sur ceux qui m'auront réduit à ce désespoir!

– Allons, un peu de calme, je vous en supplie, monsieur Garneray, reprit Abraham Curtis d'un ton suppliant. Vous êtes un brave garçon, causons donc sans nous emporter...

– Je n'ai pas encore tenté de vous jeter par-dessus bord... Vous voyez donc que j'ai tout mon sang-froid.

A cette réponse, le juif se recula vivement de moi puis, me voyant sourire d'un air de pitié :

– Vous me méprisez trop pour jamais attenter à mes jours, me dit-il avec une bonhomie pleine de cynisme et en se rapprochant, causons donc sans nous fâcher.

– Allons, mentez, si cela peut vous distraire!

– Mentir, moi?... Vous vous trompez... Je veux jouer avec vous; car mon jeu est trop beau pour que je puisse perdre, loyalement et cartes sur table. Le capitaine de *la Vengeance* vous traite, dites-vous, avec une grande inhumanité, et vous attribuez sa conduite à votre égard à la parenté qui existe entre lui et moi! Ma foi, vous ne vous trompez pas, vous avez bien deviné. Oui, c'est moi qui ai indisposé le capitaine mon cousin contre vous; c'est à moi seul que vous devez les désagréments qui vous arrivent en ce moment! Ai-je tort ou raison d'agir ainsi que je le fais? Peu importe. L'essentiel, c'est que je me trouve à même de pouvoir vous être fort désagréable, que je puis peser en bien ou en mal, selon ma volonté, sur votre avenir! Une fois ce point bien établi, examinons froidement, au seul point de vue de votre intérêt, ce qu'il vous reste à faire, si vous devez continuer vos relations avec M. Smith ou reprendre celles que nous avions jadis et que vous avez si brutalement rompues?... Toute la question est là!

– Ma foi, j'admire votre impudence! m'écriai-je en interrompant le juif.

– Et vous avez raison de l'admirer, mon cher monsieur, reprit-il, car elle indique un esprit supérieur. Continuons. Vous êtes jeune, vous avez du talent, et comme tôt ou tard il faudra bien que la guerre finisse, vous êtes par conséquent appelé à jouer un certain rôle dans la société, à vous créer une jolie position dans le monde. Croyez-vous donc qu'il soit adroit de sacrifier cet avenir que je regarde comme une chose certaine aux mesquines considérations d'un intérêt tout actuel et d'une minime importance? Moi, je crois que non. Si donc vous vous obstinez, par suite d'un aveuglement que je ne pourrais comprendre, à travailler pour M. Smith, qu'en résultera-t-il pour vous? Un tel surcroît de vexations que vous serez obligé, du moins vous le dites, d'en arriver à une catastrophe. Un joli résultat que de se faire fusiller ou pendre pour économiser quelques livres sterling de plus! A présent, supposez que sensible au langage de la raison vous consentiez à renouer nos anciennes relations, c'est-à-dire à me fournir des tableaux à une livre sterling pièce, tout change de face. Mon cousin, qui me doit de l'argent et n'est en droit par conséquent de me rien refuser, devient pour vous d'une humeur charmante et vous laisse vous livrer en paix à vos travaux; il vous les facilite même en vous exemptant de l'accomplissement de mille petits devoirs qu'il trouve aujourd'hui indispensables et qui lui paraîtront alors superflus. Je ne sais si je me trompe, mais il me semble qu'après cette explication aussi loyale que franche il ne vous est plus permis d'hésiter.

Cette conversation, que je rapporte ici en entier comme offrant un des cent mille exemples de la façon dont les Français étaient exploités par les Anglais, me fit profondément réfléchir. Le juif avait raison; le bon sens me conseillait de céder.

– Abraham, lui répondis-je, vous êtes un abominable coquin; mais enfin, peu importe. Votre jeu est meilleur que le mien, et je perds la partie.

– J'aime à vous entendre parler avec cette clarté d'expression et ce bon sens exquis, me dit-il froidement. Que voulez-vous, je ne suis pas riche, et je ne dois rien négliger pour gagner ma pauvre vie!... Ainsi voilà qui est bien entendu, bien convenu; à partir d'aujourd'hui, vous recommencerez à me livrer vos tableaux à raison d'une livre sterling pièce.

– A partir d'aujourd'hui, non, car j'ai promis celui que je termine en ce moment.

– Et quand sera-t-il terminé?

– Dans quatre jours au plus tard.

– Allons, je veux bien vous faire cette dernière concession, afin de vous prouver que je ne suis pas si dur en affaires que vous affectez de le croire!... Au revoir, je reviendrai la semaine prochaine. Tâchez de vous dépêcher, car j'ai plusieurs commandes de vos tableaux, qui sont en retard.

– Vous avouez donc que vous vendez mes tableaux?

– Si je les vends? Mais parfaitement bien. Smith, par ses éloges et son savoir-faire, a encore augmenté votre réputation; je compte à présent ne pas laisser sortir une seule de vos productions de mes magasins à moins de vingt livres.

Le cynique Abraham m'offrit alors sa main que je ne daignai pas accepter, ce qui le fit sourire, et se dirigea vers l'escalier.

– A propos, Abraham, lui dis-je en le retenant, à présent que nous sommes d'accord, tâchez de parler à votre cousin le plus promptement possible.

– Je vais le voir dans une demi-heure, me répondit-il, il est chez moi...

XXIII

M. Smith
Le colonel Lejeune m'honore de son amitié
Le cautionnement – Crime d'un Anglais resté sans punition
On veut me suborner – Poursuites dirigées contre moi
Mon escapade

Après le départ du juif, je m'empressai d'écrire à M. Smith qu'il eût à venir me voir le plus tôt possible; grâce à cinq shillings que je donnai à un matelot pour faire parvenir de suite cette lettre à son adresse, M. Smith la reçut quelques heures après. Le lendemain de bonne heure il vint me voir à bord.

– Je ne puis vous blâmer, me dit-il, d'avoir accepté le marché de ce gredin, car vous ne pouviez réellement pas faire autrement, il ne nous reste plus qu'à trouver un moyen qui nous permette de l'éluder.

– A moins de faire destituer le capitaine de *la Vengeance,* je ne vois pas trop comment nous arriverons à ce résultat.

– J'ai une idée, et la voici : mais auparavant une question. Ne connaissez-vous personne à terre qui puisse s'intéresser à vous? Un membre du parlement, par exemple; ou bien encore quelque officier général français?

– Ma foi non!... Attendez donc! oui, je connais le colonel Lejeune.

– Eh bien! peut-être ce colonel possède-t-il, lui, quelques bonnes relations dans la haute société anglaise! Oui, c'est cela. Écrivez-lui, sans plus tarder, qu'il demande que vous soyez transféré dans le *cautionnement* qu'il habite!

– Mais le colonel ne se rappellera peut-être plus mon nom.

– Qu'importe, vous ne risquez rien à écrire...

– Comme vous voudrez! A présent, en supposant, ce qui n'est pas probable, que cette démarche réussisse, qu'en résultera-t-il?

– Belle question! Qu'une fois à terre vous n'aurez plus rien à craindre de la part du capitaine de *la Vengeance*, et que vous pourrez travailler pour moi!

– Ma foi, cela est si simple que je n'y avais pas pensé.

Une demi-heure après cette conversation, M. Smith partait avec ma lettre pour le colonel Lejeune, et m'assurait que de son côté il allait mettre tous ses amis en campagne pour travailler à ma délivrance.

Huit jours se passèrent sans amener aucun résultat dans ma position, et je ne songeais déjà presque plus à mon ambitieuse demande, lorsqu'un matin m'arriva une lettre du colonel Lejeune qui me disait que déjà à plusieurs reprises il avait, sans m'en avertir pour ne point me causer de folles espérances, fait des démarches en ma faveur, sans avoir jamais rien pu obtenir, mais que cette fois il espérait réussir.

– J'ai de bonnes nouvelles à vous apprendre, me dit M. Smith, qui profitant d'un moment où le capitaine était descendu à terre vint me voir dans la journée. J'ai mis toutes mes connaissances en campagne, comme je vous l'avais promis, et j'espère plus que jamais.

En effet, quinze jours plus tard le capitaine me fit appeler et m'annonça que le *Transport-Board* me désignait pour être dirigé sur le *cautionnement* de Bishop-Watham! Que le lecteur se figure aussi grande qu'il voudra la joie que me causa cette nouvelle, il n'atteindra jamais jusqu'à la vérité : quant à moi je renonce à la décrire; cela tenait de la folie!

Comment, il m'allait être permis de respirer l'air des champs, de me reposer sous l'ombre des arbres, de vivre de la vie de tout le monde! Non! cela était impossible! Je ne pouvais croire à un tel bonheur.

Ah! si j'avais su alors ce que c'était qu'un cautionnement, ma joie eût été moins vive. Bien souvent j'en avais entendu parler par des officiers qui en venaient; mais je n'avais pas prêté une grande attention à leurs récits, par l'excellente raison que mon grade inférieur me clouant à bord des pontons, il m'importait peu de savoir au juste ce que c'était qu'un cautionnement. Après tout, je dois avouer que comparés aux pontons les cautionnements offraient un séjour fort supportable.

Lorsque j'arrivai sous escorte au petit village qui m'était assigné comme lieu de résidence, village où se trouvait le colonel Lejeune, je vis avec une certaine désillusion que plus de douze cents Français de tous grades n'avaient pour toutes habitations que quelques misérables maisons délabrées, que les Anglais leur cédaient à un prix tellement exorbitant qu'une année de loyer équivalait au moins au prix de la maison elle-même.

Quant à moi, après avoir été remercier le colonel Lejeune qui me reçut avec une affabilité pleine de franchise, je parvins à me procurer, à raison de dix shillings par semaine, non pas une chambre, mais le droit de mettre mon lit dans une espèce de taudis où déjà couchaient cinq officiers. N'importe, j'étais à terre!

Le lendemain de mon arrivée au cautionnement, j'étais dès cinq heures du matin levé, habillé et prêt à sortir : j'avais hâte d'user de ma liberté.

– Où allez-vous donc ainsi? me demanda un de mes compagnons de chambre.

– Je vais respirer l'air du matin et courir un peu les champs, lui répondis-je.

– Gardez-vous-en bien, vous seriez arrêté.

– Arrêté! et pourquoi donc cela?

– Parce que nous n'avons le droit de mettre les pieds hors de chez nous qu'à six heures du matin seulement.

– Mais cela est impossible. Il doit y avoir égalité de traitement entre les prisonniers des deux nations, et les Anglais détenus en France sur parole ont le droit de sortir quand bon leur semble de leur domicile, de découcher même si cela leur plaît, pourvu toutefois qu'ils ne franchissent pas les limites qui leur sont tracées.

– C'est vrai : les Anglais prisonniers en France peuvent parcourir un rayon de six milles, et s'ils désirent même agrandir cet espace, une simple demande adressée sans formalité au commandant de la place ou au chef de la gendarmerie leur permet d'accomplir ce souhait! En France, ils peuvent assister à toutes les réunions soit privées, soit publiques, aux spectacles, aux concerts, aux bals; mais en Angleterre, l'on traite autrement les Français.

« Il ne nous est permis de sortir qu'à partir de six heures du matin et nous devons être rentrés avant le coucher du soleil. Nous ne jouissons que d'un mille de liberté en dehors de notre cautionnement, et encore ne nous est-il permis de parcourir cet espace restreint que sur la grande route, sans pouvoir entrer dans aucun champ ni chemin de traverse.

« Le *Transport-Board*, pour mieux assurer l'exécution de ces règlements sévères, permet à tout habitant qui trouve un Français en contravention de lui courir sus, comme si c'était une bête féroce, de s'en emparer ou de le terrasser, et il paye une prime d'une livre sterling à cet agent de police improvisé. Les guets-apens auxquels ces règlements ont donné lieu sont innombrables : je crois rester plutôt en deçà qu'au-delà de la vérité en évaluant à au moins deux mille le nombre de Français qui ont été tués ou blessés dans le commencement de leur mise en vigueur. Quant aux récréations que le gouvenement anglais nous permet de prendre, elles consistent tout bonnement dans la peinture et la lecture.

« Des prisonniers français ayant voulu se livrer, dans plusieurs cautionnements, à leur goût pour les arts, c'est-à-dire former des concerts entre eux et élever de petits théâtres, le *Transport-Board* s'est empressé de leur ordonner de fermer les lieux de leurs assemblées, sous prétexte que ces réunions, dans lesquelles les habitants du pays étaient admis, formaient des liaisons entre les deux nations et corrompaient les mœurs. Voilà, mon cher camarade, la façon dont nous sommes traités dans les cautionnements. Vous voyez que vous n'avez pas à vous réjouir autant que vous le croyiez d'abord de votre sortie des pontons.

Ces renseignements que me donnait mon voisin de lit, un jeune enseigne de vaisseau, loin d'être exagérés, ne comprenaient au contraire qu'une faible partie des vexations et des souffrances que nous avions à supporter de la part des Anglais!

Je m'arrangeai dans la journée avec une vieille femme, propriétaire d'une maison toute délabrée qui touchait presque à celle où je demeurais, pour la location d'une chambre située sous les combles et dont je fis mon atelier. Quelque misérable que fût mon installation à terre, elle était encore si confortable et si magnifique en comparaison de ma petite cabine sur *la Vengeance* que je me trouvai fort heureux.

Pendant les quatre premiers mois de mon séjour à terre, c'est-à-dire jusqu'au printemps de l'année 1812, je ne cessai de travailler avec ardeur à la peinture, et le temps passa pour moi d'une façon assez rapide.

Je prenais mon mal en patience, je faisais de mon mieux pour éloigner de mon esprit la pensée de la France qui me poursuivait sans cesse, lorsque arriva un fatal événement qui changea tout à fait ma position.

Un matin qu'il faisait, chose assez rare en Angleterre, un fort beau temps, nous projetâmes, trois prisonniers, M. S..., capitaine de corvette; M. V..., major de dragons, et moi, d'aller déjeuner à une ferme située sur la grande route, à environ un mille du cautionnement, et nous nous mîmes de suite en chemin.

Il était près de dix heures, et comme le soleil dardait en plein sur nous, nous résolûmes de couper, par un de ces chemins de piéton si communs en Angleterre, à travers un champ, de façon à abréger de moitié la route qu'il nous restait à parcourir.

En m'amusant à franchir un large fossé, je retombai si malheureusement sur une pierre que je crus m'être cassé le pied; heureusement qu'il n'en était rien : je me l'étais seulement foulé, et même foulé fort légèrement.

J'étais donc en arrière de trois ou quatre cents pas de mes compagnons lorsqu'il me sembla entendre tout à coup pousser des cris de détresse... Hélas! je ne me trompais pas. Voici ce qui était arrivé : un paysan, occupé à couper une haie, ayant aperçu mes deux compagnons, s'était jeté brutalement sur eux avec sa serpe à la main, et avait très grièvement blessé au bras le major V... qui, n'ayant aucun moyen de se défendre, s'était mis à appeler au secours.

Le capitaine de corvette S..., qui parlait quelque peu l'anglais, s'était empressé de se jeter entre l'infortuné major et l'assassin pour essayer de faire entendre raison à ce dernier. Cette intervention lui coûta, hélas! bien cher. Le paysan, brandissant sa serpe ensanglantée, se précipita sans vouloir entendre aucune explication sur M. S..., lui assena avec son arme deux terribles coups sur la tête et le jeta mourant à ses pieds.

Ce fut alors que, tournant un buisson qui m'avait jusqu'alors masqué cette hideuse scène d'assassinat, j'aperçus la position critique dans laquelle se trouvaient mes deux compagnons. Dire le désespoir et la fureur que me causa la vue de ce lamentable spectacle me serait impossible : je suis persuadé qu'en ce moment j'eusse volontiers donné dix ans de ma vie pour posséder une arme et pouvoir venger mes compagnons.

Au cri de rage que je poussai l'assassin m'aperçut, et

me menaçant de sa serpe il se mit à courir vers moi. Je me croyais perdu, lorsque j'aperçus fixé en terre un bâton noueux qui servait à soutenir l'angle d'une haie. M'en emparer et m'élancer, en le faisant tournoyer, vers le paysan anglais, fut pour moi l'affaire de quelques secondes. J'étais dans un tel état d'exaspération que je ne sentais plus ma foulure au pied, et que ce bâton, quoiqu'il fût assez lourd, ne pesait pas plus dans ma main qu'une tige de paille.

Aussi lâche que cruel, le paysan, voyant que non seulement je ne prenais pas la fuite devant lui mais qu'au contraire je courais à sa rencontre, me tourna les talons et, avec une agilité qui ne prouvait guère en faveur de son courage, il ne tarda pas à mettre entre nous deux une telle distance que je dus renoncer à l'espoir de venger mes infortunés compagnons.

Ma position était fort délicate : laisser là MM. S... et V... pour aller chercher des secours, n'était-ce pas les exposer à subir de nouveau la fureur du monstre qui venait de les frapper; d'un autre côté, rester près d'eux pour les garder, en attendant que quelque passant voulût bien aller prévenir nos amis du cautionnement, cela m'était impossible, car les deux malheureux perdaient leur sang en telle abondance qu'il n'y avait pas une minute à perdre pour leur porter secours et arrêter le progrès de l'hémorragie.

Inquiet et indécis, je ne savais où donner de la tête, lorsque je vis accourir plusieurs passants armés de fourches et de fusils; je ne doutai nullement, en apercevant à leur tête l'assassin de mes compagnons, qu'ils ne vinssent pour achever sa sanglante besogne; je crois encore aujourd'hui que telle était leur intention; mais à la vue des deux infortunés étendus dans une mare de sang et ne donnant plus signe de vie, ils furent pris de pitié et renoncèrent à leur homicide projet.

En peu de mots je les mis au courant du terrible drame qui achevait de se passer, et bientôt, je dois leur rendre cette justice, ils joignirent leurs reproches aux imprécations que j'adressais au cruel assassin qui, tremblant comme un lâche et se tenant derrière ses compagnons, ne quittait pas des yeux le bâton dont je m'étais armé.

Improvisant un brancard avec leurs fourches, les Anglais déposèrent sur cette espèce de civière les corps inanimés en apparence de MM. S... et V..., et prirent, chargés de ce triste fardeau, le chemin du cautionnement. L'assassin suivit pendant quelques instants ce funèbre cortège avec instance, puis haussant enfin les épaules d'un air de mépris il s'en fut tranquillement reprendre son travail interrompu et couper sa haie.

L'impression que produisit notre arrivée au cautionnement fut moins grande que je ne m'y attendais. Les prisonniers français étaient tellement habitués à de semblables catastrophes qu'ils n'y prenaient pour ainsi dire plus garde.

Cette fois cependant cet assassinat avait été commis avec un tel raffinement de cruauté, la conduite des victimes l'avait si peu motivé, le prétexte invoqué était si futile et si peu plausible, que quand on connut toutes les circonstances de cet attentat une grande indignation se manifesta dans tout le cautionnement. Les officiers les plus élevés en grade se réunirent aussitôt et rédigèrent en français séance tenante une vigoureuse protestation au gouvernement anglais.

Restait à traduire cette pièce, et le colonel Lejeune m'ayant désigné comme très capable de remplir ce travail on me le confia, en me priant de le terminer le plus tôt possible. Je me mis de suite à l'œuvre, et en une heure il fut terminé.

J'allais le porter au conseil des officiers lorsqu'un gros homme, que je pris d'abord à sa mise pour un marchand, entra tout à coup dans ma chambre.

A cette manière brusque et sans façon de se présenter, je fronçais déjà les sourcils car j'étais, le lecteur le concevra sans peine, fort mal disposé en ce moment pour les Anglais, lorsque l'inconnu, prenant précipitamment la parole :

– Monsieur, me dit-il, j'apprends que vous êtes chargé de traduire une plainte que vos camarades comptent adresser au gouvernement anglais et livrer à la publicité de la presse. Croyez-moi, ce travail offre pour vous beaucoup de danger, et vous agiriez avec prudence en le laissant de côté.

– Qui êtes-vous, monsieur, m'écriai-je, pour venir ici espionner ma conduite et me donner des conseils? Probablement quelque mouchard attaché au *Transport-Board?*

– Cela pourrait être, me répondit froidement l'inconnu en accompagnant ces paroles d'un sourire faux et méchant; et alors vous auriez tort de vous exprimer comme vous le faites.

– Vous vous trompez, monsieur l'espion! je ne viole en rien les règlements en traduisant cette pétition, et je ne vois pas à quelle peine je m'expose et quel danger je cours en disant qu'un mouchard est un être vil, méprisable et immonde, qu'un honnête homme ne doit jamais laisser séjourner chez soi!...

A cette réponse que j'accompagnai d'un geste de bras fort significatif en montrant du doigt le chemin de la porte, l'inconnu resta impassible et, d'un air glacial, se contenta de me dire :

– Oui ou non, traduirez-vous cette réclamation?

– J'ignore, je vous le répète, qui vous êtes, et de quel droit vous m'interrogez; mais peu m'importe. Oui, je traduirai cette réclamation.

L'inconnu me tourna alors les talons et s'en fut comme il était entré, c'est-à-dire sans m'adresser ni un salut ni un mot de politesse.

Quant à moi, je m'empressai d'aller porter mon travail aux officiers qui l'attendaient.

Je sortais du conseil lorsqu'une jolie petite Anglaise, nommée Mary, âgée au plus de douze ans et dont j'avais fait le portrait, me tira doucement par la manche de ma redingote en passant près de moi, et mettant rapidement son doigt sur sa bouche pour me recommander le silence, me fit un léger signe de tête qui signifiait fort clairement que j'eusse à la suivre. Je m'empressai, assez inquiet de cet air de mystère, de marcher derrière ma jolie petite conductrice que je vis, après une course de deux ou trois minutes, entrer dans une misérable chaumière isolée, située à l'extrémité du village. Je pénétrai presque en même temps que Mary dans la cabane.

– Mon pauvre monsieur, me dit alors vivement une vieille femme, la grand'mère de Mary, que je trouvai dans la pièce d'entrée, les moments sont précieux pour vous; je vais droit au fait. J'ai appris tout à l'heure par hasard en entendant la conversation de deux constables qu'il est question de vous arrêter! Or, comme vous avez toujours été bien bon pour nous et que vous nous avez, pour rien, fait le portrait de Mary, j'ai pensé qu'il était de mon devoir de vous prévenir du danger qui vous menaçait, et j'ai envoyé à votre recherche ma petite fille, avec ordre de vous amener ici... Voyez le parti que vous voulez prendre.

– Merci mille fois pour cet avertissement, bonne femme, lui dis-je, croyez que je n'oublierai jamais cette preuve de bonté de votre part... Quant au parti que je dois prendre, je n'en vois qu'un seul, c'est d'avoir recours à la fuite. Merci encore et adieu!

Je mis alors une guinée dans la main de la petite fille, puis je me hâtai de regagner mon atelier.

Après avoir retiré mon or et les billets de banque d'une cachette où je les avais enfouis pour les mettre à l'abri de la mauvaise foi et de la cupidité anglaises, j'en bourrai une ceinture de cuir que je m'étais procurée aux pontons et qui ne me quittait jamais puis, ayant brûlé quelques lettres et certains papiers, je refermai mon atelier et me rendis sans perdre de temps chez un enseigne de vaisseau, que je savais posséder une excellente paire de pistolets de poche anglais.

Je le trouvai heureusement chez lui, et l'ayant mis en peu de mots au courant de ma position, je le priai de vouloir bien me céder, au prix qu'il lui conviendrait de fixer, sa paire de pistolets.

– Ma foi, je ne demande pas mieux, me répondit-il. La possession de ces armes, qui peuvent horriblement me compromettre et ne me sont d'aucune utilité, pèse depuis longtemps sur mon repos. Je suis d'autant plus ravi de trouver une occasion de m'en défaire avec avantage que je manque complètement d'argent en ce moment... Mes pistolets m'ont coûté six livres sterling. Si ce prix vous convient...

– C'est une affaire conclue, mille remerciements, voici les six livres.

Je serrai les pistolets qui étaient tout chargés dans mes poches puis, donnant une poignée de main à l'enseigne, je m'éloignai sans vouloir écouter ses remontrances, et pris la route de la campagne.

A mille pas environ du village, je me cachai dans un fossé recouvert par une haie vive, et persuadé que l'on n'irait pas me chercher aussi près du cautionnement je résolus d'attendre là la tombée de la nuit.

L'expérience me montra bientôt que cette précaution n'était pas inutile : je vis passer plusieurs agents de police qui s'étaient mis à ma poursuite, et ne se doutaient certes pas qu'en doublant le pas pour m'atteindre, ils me laissaient derrière eux.

Quoique admirablement caché par la haie qui recouvrait le fossé au fond duquel j'étais blotti, ce ne fut pas sans un certain plaisir que je vis la nuit remplacer le jour.

Vers les neuf ou dix heures du soir, il me sembla entendre le bruit produit par une voiture roulant avec rapidité. Je sortis aussitôt de ma cachette et me mis à marcher au milieu de la grande route d'un pas ordinaire et tranquille, ainsi qu'un paisible piéton.

Dix minutes plus tard la voiture arriva devant moi; je

reconnus une diligence et je m'empressai d'appeler le cocher, qui s'arrêta aussitôt.

Une seule place était vacante dans l'intérieur; je la pris, trop heureux de ne pas me trouver en outside, c'est-à-dire en dehors, ou sur ce que nous appelons en France la banquette ou l'impériale, car l'outside était encombré de voyageurs et j'aurais couru le risque d'y trouver quelque connaissance.

Dire que je n'éprouvai pas une certaine émotion lorsque, m'étant assis à la place qui m'était assignée, le conducteur referma la portière sur moi, serait mentir; j'étais au contraire très ému. Peu à peu cependant je me remis en voyant que mes trois compagnons de route, car l'intérieur des diligences anglaises ne contenait à cette époque que quatre voyageurs, ne faisaient aucune attention à moi. A mon côté était assis un homme qui semblait dormir; sur la banquette opposée à la mienne se trouvaient deux femmes.

Au premier relais où nous arrivâmes, mon voisin se réveilla, et m'adressant la parole contrairement à l'usage anglais, me mit dans un grand embarras. Ne pas répondre était évidemment une maladresse; oui, mais si en parlant j'allais trahir par mon accent ma nationalité! Je ne savais que faire et que résoudre, lorsqu'une des femmes, dont la voix douce et mélodieuse me fut droit au cœur, prit la parole et répondit en mon lieu et place à mon interlocuteur.

En moins de cinq minutes, j'appris que je me trouvais avec le père, la mère et la fille; que le père était un ministre protestant, la mère une grande nullité, et la jeune demoiselle une pauvre enfant pleine d'esprit et de grâce que l'on conduisait pour être institutrice dans la famille d'un pair d'Angleterre. Craignant d'être pris de nouveau à partie je feignis alors de m'endormir profondément.

Que l'on juge de la poignante émotion que je dus éprouver lorsque j'entendis tout à coup le ministre protestant dire à sa fille :

– Faites-moi souvenir, Flora, de m'informer au premier relais si le prisonnier qui s'est évadé et que l'on poursuit a été repris par la justice. Je donnerais volontiers une couronne pour que cela fût.

– Ne parlez point ainsi, mon bon père, je vous en supplie, répondit la jeune fille. Pourquoi désirer la mort de son semblable ?

– Les Français, Flora, ne sont point nos semblables ! s'écria d'un ton rogue le ministre ; ce sont des fanatiques qui obéissent servilement à la cour de Rome et reconnaissent la monstrueuse autorité du pape, tandis que nous, nous sommes des hommes sensés qui n'obéissons qu'à la voix de la raison. Oui, certainement, je le répète, je désire vivement que le Français qui s'est évadé, en manquant ainsi à sa parole, tombe entre les mains de la police qui le cherche.

Ah ! misérable, me disais-je en moi-même, avec quel plaisir, si nous nous trouvions en ce moment sur une terre neutre et que ta fille ne fût pas là pour te protéger par sa présence, je te ferais connaître combien tu me déplais !

Miss Flora n'ayant pas jugé à propos de répondre à son père, le fort peu charitable ministre et sa femme ne tardèrent pas à me prouver, par leurs ronflements sonores, qu'ils dormaient d'un lourd et profond sommeil. J'hésitais, que l'on est fou quand on est jeune ! à savoir si je devais, oui ou non, au risque de me trahir ou d'être trahi, remercier la jeune et jolie Flora de l'intérêt qu'elle avait bien voulu témoigner en faveur du Français évadé, lorsque la voiture s'arrêta au beau milieu de son élan.

Je mis aussitôt la tête à la portière, et que l'on juge de l'indicible angoisse que je ressentis lorsque j'aperçus cinq ou six constables, armés de lanternes, qui entouraient la diligence.

– Je suis perdu ! m'écriai-je en français.

– Peut-être, monsieur, me dit vivement miss Flora ;

appuyez-vous sur l'épaule de mon père et faites semblant de dormir.

A peine avais-je eu le temps d'obéir à l'ordre de la charmante enfant quand une vive lueur inonda l'intérieur de la voiture.

– Qu'y a-t-il? demanda aux constables avec un sang-froid merveilleux la jeune fille du pasteur. Prenez garde, messieurs, vous allez réveiller mon père et ma mère.

– Quel est ce jeune homme, mademoiselle? dit le constable, probablement en me désignant.

– Mon frère, que mon père vient de retirer de la marine pour le faire entrer dans les ordres...

– C'est bien mademoiselle, veuillez nous excuser de vous avoir dérangée, mais nous cherchons un Français qui s'est évadé du *cautionnement*, et nous devons visiter toutes les diligences...

– On n'a pas besoin de s'excuser quand on accomplit son devoir, monsieur, répondit la jeune fille d'un ton sentencieux et en relevant la portière.

Pourvu, me disais-je, que les constables n'interrogent pas le cocher, je suis sauvé... Mais si le cocher parle...

La voiture qui se remit alors en route coupa court à nos inquiétudes, j'étais au moins momentanément sauvé.

– Ah! mademoiselle, dis-je à miss Flora en prenant sa main que je portai respectueusement à mes lèvres et sur laquelle, pourquoi une fausse honte m'arrêterait-elle dans cet aveu, je laissai tomber une larme de reconnaissance, Dieu vous récompensera de cette bonne action!

Miss Flora retira doucement sa main sans avoir l'air de me comprendre.

Elle avait raison! A quoi bon, en effet, répondre à un homme qu'elle ne connaissait pas et qu'elle ne devait plus revoir!

N'importe! si ces lignes vous tombent par hasard sous les yeux, miss Flora, croyez que la reconnaissance de votre noble conduite n'a jamais quitté mon cœur.

Je n'avais pas encore osé, de peur d'éveiller des soupçons, m'informer de la direction que suivait la diligence; ce ne fut qu'au troisième relais que j'appris par quelques mots échangés entre le postillon et une servante d'auberge que la voiture ne se dirigeait pas vers Portsmouth.

Je résolus alors de ne pas continuer plus longtemps mon voyage et de m'arrêter où je me trouvais d'abord, afin de pouvoir prendre quelque nourriture dont j'avais grand besoin; et afin de ne pas trop m'éloigner de Portsmouth où je comptais me réfugier. Je payai donc ma place au conducteur et je demandai une chambre à l'auberge. J'eus soin, avant de me coucher, d'affecter une rage de dents; ce qui me permit de ne parler qu'avec mon mouchoir devant la bouche.

Je recommandai à la servante de ne me réveiller le lendemain qu'une heure avant le passage de la voiture de Portsmouth; puis, fermant la porte de ma chambre avec soin, je plaçai mes pistolets près de moi et me jetai tout habillé sur mon lit. Il était le lendemain près de cinq heures lorsqu'on frappa doucement à ma porte : c'était la fille de l'auberge qui venait m'avertir que la voiture de Portsmouth passerait bientôt.

Mon prétendu mal de dents me permettant d'avoir une fluxion, je m'enveloppai la tête et les joues avec une cravate noire, ce qui me défigurait complètement, et je me fis servir à déjeuner.

J'achevais de boire mon dernier verre de Porto et de manger ma dernière bouchée lorsque la voiture arriva. Ma bonne étoile voulut que l'intérieur fût parfaitement libre; décidément la chance semblait se déclarer en ma faveur.

Aucun voyageur ne vint par bonheur prendre place à mes côtés pendant le reste de la journée, et j'arrivai vers les neuf heures du soir à Portsmouth sans avoir couru le moindre danger.

XXIV

Le maudit Curtis
Je lui fais violence – Mon arrivée chez M. Smith
Il m'installe chez lui – Ses démarches – Les contrebandiers
Fatal changement de servante

Je crois avoir dit que depuis deux jours la chaleur, quoique nous fussions à cette époque vers la fin du mois de mai, avait été intense. Lorsque je descendis de voiture, une forte averse commença à tomber et balaya des rues les piétons. Cette circonstance très heureuse pour moi me permettait de gagner la maison de M. Smith, chez qui je comptais me réfugier, sans attirer l'attention de personne et sans éveiller le moindre soupçon. Malheureusement, ceci à la première vue paraîtra un détail puéril, mais hélas! les obstacles dans la vie réelle ne se surmontent pas avec la même facilité que dans les romans, malheureusement, dis-je, si je savais l'adresse du marchand de tableaux, je ne connaissais nullement la ville de Portsmouth où je n'étais venu qu'une seule fois et sous bonne escorte, lors du procès de Duvert.

Il me fallait donc demander mon chemin! Mais à qui m'adresser? Je n'osais entrer dans un magasin. Je réfléchissais tout en continuant de marcher à grands pas et espérant que le hasard, me venant en aide, me conduirait dans la rue où demeurait M. Smith, lorsque j'avisai à quelques pas devant moi un homme qui, réfugié sous l'étroit auvent d'une maison, attendait la fin de l'orage. Je me dirigeai aussitôt vers lui.

– Monsieur, lui dis-je, seriez-vous assez bon pour m'indiquer...

Je n'avais pas achevé ma phrase que je m'arrêtai en poussant un cri d'effroi et de surprise. Dans l'homme à qui je demandais mon chemin je venais de reconnaître le juif Abraham Curtis!

– Ah! ah! me dit-il en ricanant, il paraît, mon cher Garneray, que vous êtes devenu un habitant de Portsmouth. Je ne puis vous exprimer la joie que me cause notre rencontre. J'aime à croire que nous allons renouer nos affaires. Venez, je vais vous conduire...

Je compris que si je faiblissais j'étais perdu; que l'intention du juif était de me faire tomber dans un piège, de me livrer, sans aucun doute, à la police.

Une heureuse inspiration me vint. J'affectai de prendre bravement mon parti.

– Ma foi, mon cher Curtis, lui répondis-je, je suis tout aussi ravi que vous pouvez l'être vous-même de cette rencontre. Je me trouve dans une position réellement fort délicate, et comme je vous sais homme de ressource et de bon conseil, je suis tenté de croire que c'est ma bonne étoile qui vous envoie vers moi pour que vous m'aidiez à sortir d'embarras.

– Vous ne devez pas douter de l'intérêt que je vous porte, me répondit le juif d'un air railleur, je crois vous en avoir déjà donné assez de preuves pour que vous puissiez y compter...

– Certainement. Aussi serai-je avec vous d'une grande franchise.

– Parlez, je vous écoute, mon très cher ami.

– D'abord je vous avouerai que ma présence en ce moment à Portsmouth est tant soit peu irrégulière; j'ai déserté le cautionnement où je me trouvais...

– Je m'en doutais!... ensuite?...

– Ensuite ! Pardieu ! cela me semble suffisant. Ensuite !... Eh bien ! je ne sais plus ce que je dois faire ! Je compte sur votre bonne amitié pour me donner conseil.

– Je vais faire mieux que de vous donner un conseil.

– Ah ! vraiment, excellent ami, je ne m'attendais pas à moins de votre part. Et qu'allez-vous faire ?

– Vous conduire dans un endroit où vous ne craindrez plus d'être arrêté.

– Vous me comblez ! Dans un des bureaux de la police sans doute ?

– Hi, hi ! me répondit le juif en riant, je vois que vous êtes un garçon d'esprit qui savez comprendre la plaisanterie et vous soumettre aux circonstances !... Oui, cher ami, c'est justement au bureau de police voisin que je me propose de vous mener.

– Voulez-vous me permettre un mot de réponse ?

– Comment donc ! dix, vingt, autant que vous voudrez ! Il pleut à verse, nous avons du temps de reste !

– Eh bien, cher ami, voici ce mot : c'est que si vous poussez un cri, une plainte, je vous brûle la cervelle comme à un chien enragé, dis-je froidement au juif en le prenant par la gorge et en dirigeant le canon de mon arme contre son front.

Mon geste avait été si rapide, et Curtis s'attendait si peu à un semblable dénouement, que j'eusse pu me passer de lui adresser cette recommandation, car le misérable, ouvrant des yeux effarés, la bouche béante et en proie à la plus extrême frayeur, était tout à fait incapable de parler.

– Certes, continuai-je, comme je suis parfaitement résolu à ne plus retourner à bord d'aucun ponton, et que pour éviter ce malheur je suis décidé, s'il le faut, au sacrifice de ma vie, je vous jure sur l'honneur que si vous ne m'obéissez pas, si vous m'opposez la moindre résistance, je vous brûlerai la cervelle même devant cent témoins !... A présent que vous voilà averti, donnez-moi votre bras et conduisez-moi hors de la ville!... Tâchez surtout, si vous tenez à la vie, de ne pas vous tromper de chemin.

– Je suis prêt à vous obéir, me dit alors le juif d'une voix émue. Ne craignez rien, je ne vous trahirai pas.

Je pris alors le bras d'Abraham que je serrai fortement sous le mien, puis la main placée dans la poche de côté de ma redingote où se trouvaient mes pistolets, je me mis en chemin.

En moins d'une heure, après avoir franchi toutes les sentinelles, nous fûmes hors de la ville, en pleins champs. Bâillonnant alors mon guide avec mon mouchoir, et lui liant les mains au moyen de ma cravate :

– Nous allons rester ici une heure sans bouger, lui dis-je. Ce temps écoulé, vous pourrez retourner en ville. Seulement, retenez bien ceci, et c'est un bon conseil que je vous donne, si jamais je suis repris grâce à votre indiscrétion, je vous promets que tôt ou tard, dussé-je m'établir une fois la paix faite en Angleterre pour ne pas vous perdre de vue, je me vengerai de vous.

Après avoir prononcé ces paroles, je laissai là le juif et m'en fus sans hâter le pas. Mais lorsqu'il m'eut perdu de vue, je pris un élan furieux et m'élançai de toute la force de mes jarrets dans la direction de la ville où j'arrivai vingt minutes plus tard. Il pouvait être alors près de onze heures.

Il n'y avait plus à hésiter. Je ne pouvais, sans courir le danger d'être arrêté comme vagabond, rester plus longtemps sur la voie publique; tous les magasins étaient déjà fermés. Prenant mon courage à deux mains, j'entrai dans une espèce de cabaret ou *public house*, et m'adressant à un garçon qui dormait à moitié, la tête appuyée sur le comptoir, je le priai de m'indiquer la rue que je cherchais, c'est-à-dire celle où demeurait M. Smith.

– C'est la première à votre gauche, à un quart de minute d'ici, me répondit le garçon sans même me regarder.

En effet, quelques secondes plus tard je frappais et sonnais discrètement à la porte du marchand de tableaux, et une vieille domestique, après m'avoir fait subir un assez long interrogatoire, vu l'heure avancée de la nuit, se décidait enfin à m'introduire dans le parloir, où je trouvai M. Smith occupé à finir une pipe et un grog.

L'excellent homme s'attendait tellement peu à me voir qu'il fut quelque temps sans me reconnaître et que je dus me nommer.

– Vous ici! s'écria-t-il enfin, mais, malheureux, avez-vous donc perdu la raison?

– Nullement, mais j'allais perdre ma liberté!

Je racontai alors en peu de mots à M. Smith toute mon odyssée : il m'écouta sans m'interrompre.

– Je regrette que tout cela se soit passé ainsi, me dit-il après que j'eus cessé de parler, car la vie que vous meniez dans votre cautionnement était réellement supportable... Enfin, puisque l'on voulait vous renvoyer à bord des pontons... Ma foi tant pis, ce qui est fait est fait... Il faut ne plus songer maintenant qu'à vous retirer du mauvais pas où vous vous trouvez. En attendant, ma maison est à votre disposition, vous y resterez tant que vous voudrez.

M. Smith appela alors cette même vieille domestique qui était venue m'ouvrir.

– Sarah! lui dit-il, je sais que vous n'aimez pas les Français... N'importe, vous êtes une honnête femme, comme vous me l'avez prouvé par vingt-cinq années de bons et loyaux services, et l'on peut se fier à vous. Monsieur ici présent est un prisonnier français qui s'est évadé : préparez-lui la chambre d'en haut et tâchez, car vous êtes un peu bavarde, c'est là votre plus grand défaut, de ne compromettre par aucune indiscrétion la liberté de ce jeune homme.

La vieille Sarah haussa les épaules d'un air de mauvaise humeur, et s'adressant assez brusquement à son maître :

– Oui, je déteste les Français, lui dit-elle, car vous savez que mon pauvre fils a été tué par eux dans une croisière qu'il faisait dans l'Inde; oui, j'aurais voulu pour tout au monde que cet homme ne se réfugiât pas ici... Mais enfin, puisqu'il s'est confié à votre honneur et qu'il a choisi votre toit, il faut bien se soumettre. L'hospitalité est une chose sacrée.

– C'est bien, ma bonne Sarah, vous venez de parler comme une brave Écossaise que vous êtes, dit Smith : à présent, je ne crains plus rien, vous ne bavarderez pas!

Le lendemain, complétement remis de mes émotions de la veille grâce à une nuit de sommeil que je prolongeai assez tard, je me mis à envisager froidement ma position, et le résultat de ces réflexions fut que je devais tenter tous les moyens pour gagner la France. J'achevais de faire disparaître un confortable déjeuner que la vieille Sarah m'avait apporté dans ma chambre, lorsque M. Smith vint me rendre une visite.

– Je vous demande bien pardon de ne pas vous avoir prié de descendre au parloir, me dit-il, mais je crains qu'Abraham Curtis n'ait porté plainte à la police et je ne serais pas étonné que ma maison ne fût surveillée... Je crois donc qu'il est plus prudent que, jusqu'à nouvel ordre, vous ne quittiez pas votre chambre...

– Vraiment, mon cher monsieur, je ne sais comment m'y prendre pour vous remercier.

– Il s'agit bien de remerciements!... Je fais ce que je dois, pas autre chose. Voyons, causons plutôt sérieusement! Quels sont vos projets?...

– Je ne désire qu'une chose : trouver le moyen de passer en France.

– Dame, quoique cette résolution soit contraire à mes intérêts, je la trouve cependant, je dois l'avouer, la seule raisonnable! Que vous faudrait-il pour pouvoir la mettre à exécution? De l'argent?

– Merci, grâce à vous, j'en ai de reste... Ma ceinture est pleine d'or! Ce qu'il me faudrait, ce serait connaître d'honnêtes contrebandiers qui voulussent bien alléger le poids de ma ceinture ou, si vous aimez mieux, qui consentissent moyennant une forte gratification à hasarder avec moi, en bateau, le passage de la Manche...

– Bon; je m'informerai adroitement, dès aujourd'hui, parmi mes nombreuses connaissances, où et comment l'on peut s'aboucher avec ces contrebandiers...

– Comme je ne sais plus quelle expression trouver pour vous témoigner ma reconnaissance, je préfère me taire et vous laisser agir. A présent, pourriez-vous me procurer ce qu'il me faut pour peindre?... Cela m'aidera à passer mon temps...

– Une bonne idée! Au revoir, je vais vous faire monter un chevalet, des toiles et des couleurs... surtout cachez-vous bien, je crains que Curtis n'ait établi un espionnage autour de ma maison, car je le rencontre fréquemment assez proche de chez moi.

– C'est cela, et moi je prendrai pour sujet de mon tableau une évasion des pontons. Cela me portera peut-être bonheur.

Je travaillais depuis plus de deux heures à mon esquisse lorsque M. Smith se présenta de nouveau dans ma chambre; il avait l'air radieux.

– Hurra et victoire! s'écria-t-il gaiement en entrant. Le hasard m'a admirablement servi, j'ai de bonnes nouvelles...

– Parlez, mon cher monsieur Smith, lui dis-je avec une vive émotion.

– Voici la chose en peu de mots : un des ouvriers doreurs que j'emploie me raconte qu'il possède pour cousin un marin dont tout le métier ne consiste qu'à faire la contrebande et à aider aux évasions des prisonniers... Ce qu'il y a de plus curieux dans cela, c'est que mon ouvrier m'a fait ce récit à propos de rien, et sans que je l'en aie sollicité. Ce hasard est d'un bon présage! Je n'ai pas voulu, pour la première fois, interroger cet ouvrier et me confier à lui, d'autant mieux qu'il passe pour être un assez mauvais sujet; mais demain je reprendrai cette conversation et je verrai à me faire indiquer la demeure de son cousin le contrebandier.

La pensée que bientôt peut-être je pourrais revoir ma patrie et embrasser ma famille me causa une des plus vives émotions que j'aie jamais ressenties; je ne pus dormir de toute la nuit.

J'attendais le lendemain avec impatience que M. Smith vînt me rendre visite, mais la journée s'écoulait et il ne paraissait pas.

Ce ne fut que vers les trois heures que j'entendis l'escalier gémir sous son pas lourd et pesant; jamais le frôlement d'une robe de soie ne causa une plus vive émotion à un adolescent, que celle que me fit éprouver le bruit produit par le craquement des bottes de mon hôte.

– Eh bien! m'écriai-je sans lui donner le temps de refermer la porte derrière lui.

– Eh bien! me répondit-il, les jours se suivent et ne se ressemblent pas. Hier j'avais de bonnes nouvelles, aujourd'hui j'en apporte de mauvaises.

– Vous avez vu le contrebandier, et il a refusé?

– Je me serais bien gardé de le voir! Quant à lui, il ne m'eût certes pas refusé.

– Expliquez-vous, je vous en conjure... parlez...

– Cela ne sera pas long! Je me rendais chez mon ouvrier doreur lorsque j'ai fait la rencontre d'un de mes amis, capitaine de la marine marchande, que je n'avais pas vu depuis longtemps. Vous pensez que j'ai de suite amené la conversation sur le terrain des contrebandiers. Seulement, pour ne pas éveiller les soupçons du capitaine qui déteste les Français, je me suis mis à déplorer la cupidité des smugglers qui les conduisait à écouter les propositions des Français et permettait à tant de prisonniers de s'enfuir des pontons.

« – Rassurez-vous, m'a répondu le capitaine en riant; le nombre des évadés qui regagnent leur patrie est loin d'être aussi considérable que vous semblez le croire, et les smugglers délivrent l'Angleterre de plus d'ennemis qu'ils ne lui en mettent sur les bras.

« J'ai affecté à ces mots la plus grande surprise, et mon ami m'a raconté ce que j'ai en ce moment la douleur de vous répéter, c'est-à-dire que les smugglers sont les plus abominables gredins du monde, et que l'on ne peut se fier à leur loyauté.

« La peine de mort qu'ils encourent et que l'on ne manque jamais de leur infliger lorsqu'on les surprend en mer avec des évadés qu'ils conduisent en France fait que dès qu'ils se voient un peu vivement poursuivis, et je ne parle ici que des smugglers les plus honnêtes, ils se hâtent de jeter par-dessus bord les preuves de conviction qui pourraient les perdre, c'est-à-dire les Français qui se sont fiés à leur bonne foi. D'autres, plus indélicats encore, une fois qu'ils ont touché la forte somme d'argent qui a été convenue pour l'évasion, assassinent les malheureux qu'ils s'étaient engagés à conduire en France...

– Horreur et infamie! m'écriai-je.

– Oh! ce n'est pas tout, poursuivit M. Smith, il y a encore une troisième classe de smugglers qui pour être moins sanguinaires n'en sont pas moins d'ignobles chenapans... Ce sont les smugglers-espions attachés au *Transport-Board!...*

– Les smugglers-espions, dites-vous?

– Et je dis bien. Ceux-ci, je vous le répète, d'accord avec le *Transport-Board*, n'assassinent ou ne noient pas les prisonniers : ils se contentent d'abord d'exiger d'eux une assez jolie somme comme avance, ensuite ils les dépouillent de leurs effets, s'emparent de leurs personnes et les livrent au *Transport-Board* qui leur paye encore une prime de cinq livres sterling par tête! Ces smugglers, dont la classe est fort nombreuse, car ils courent peu de dangers, réalisent de très beaux bénéfices. Ce qui peut arriver encore de moins malheureux à un Français qui veut s'évader, c'est de tomber entre leurs mains.

Je restai un moment atterré et abattu, mais reprenant bientôt courage :

– Mon cher monsieur, dis-je au bon Smith, j'avoue que les détails que vous venez de me donner, en supposant toutefois qu'ils soient exacts, sont assez faits pour décourager quelqu'un, cependant je persiste plus que jamais dans mon projet.

– Vous persistez dans votre projet? Êtes-vous devenu fou?...

– Seulement, continuai-je, je modifierai ce projet de façon à ne pas m'engager dans mon entreprise sans chance de succès...

– Que ferez-vous? J'avoue que je ne le devine pas le moins du monde.

– Mon idée est pourtant bien simple : je m'adjoindrai deux ou trois compagnons de fuite.

– C'est-à-dire que vous serez trois victimes?

– Nullement, nous sommes trois hommes déterminés à tout, bien armés, et ayant l'œil ouvert. Or, vous m'accorderez qu'ayant pour nous la force et la prudence il nous sera possible d'utiliser le bon bateau des smugglers...

– Oui, vous avez raison. Je conviens que comme cela vous arriverez peut-être à un bon résultat. Seulement une chose m'embarrasse : comment ferez-vous pour vous procurer, sans sortir de votre chambre, deux compagnons d'aventure? Avec cela que la ville de Portsmouth ne regorge pas précisément d'évadés!

– Hélas! j'avoue que cela me paraît difficile. Mais j'ai des amis dans divers cautionnements, je leur écrirai à ce sujet.

– C'est égal, ce sera toujours difficile, pour ne pas dire impossible; mais n'importe, ajouta M. Smith d'un air déterminé, ne vous découragez pas encore! Pendant que vous travaillerez à vos tableaux et à votre correspondance, je m'occuperai, moi, de vous chercher vos hommes, soit comme contrebandiers, soit comme compagnons de fuite.

Cela me demandera peut-être du temps. N'importe, j'ai jusqu'ici toujours réussi quand j'ai bien fermement voulu une chose, et que je n'ai pas reculé devant la peine ou la fatigue! Cette fois, je veux, et vous verrez, prenez bon courage... Je réussirai.

Jusqu'au mois d'avril de l'année 1813, c'est-à-dire pendant près d'un an, je restai caché chez Smith sans qu'aucun événement vînt rompre la monotonie de cette existence uniforme. J'avais un excellent ordinaire, un appartement confortable, rien, en un mot, de ce qui constitue le bonheur de la vie matérielle ne me manquait, et cependant j'étais presque aussi malheureux, plus encore peut-être que sur les pontons.

Entendre le bruit de la rue, voir à travers un coin de mon rideau discrètement soulevé tout ce monde libre et affairé qui sillonnait sans cesse la voie publique me rendait intolérable ma réclusion volontaire. A peine pendant cette année eus-je le courage de sortir deux ou trois fois en voiture. Le travail, et un travail acharné, apportait seul un peu de soulagement à mon esprit : tant qu'il faisait jour je ne quittais jamais mon chevalet.

M. Smith était toujours excellent pour moi; mais comme la souffrance rend injuste, j'en étais venu à me figurer que mon esclavage lui étant profitable, non seulement il ne faisait rien pour y mettre un terme, mais qu'au contraire il agissait en sous-main de façon à le prolonger le plus longtemps possible. Sarah, la vieille Écossaise qui m'avait avoué dès le premier moment avec tant de franchise l'aversion qu'elle éprouvait pour les Français, avait fini, en présence de ma douceur et de ma captivité, par me prendre en grande amitié, et elle se montrait pleine de zèle et d'attention pour moi : c'était réellement une excellente femme.

Au commencement du printemps de 1813, j'en étais arrivé à un tel état de découragement que je commençai à négliger ma peinture; bientôt mon manque absolu d'appétit et de sommeil me causa une assez forte indisposition qui me força de garder le lit pendant quelques jours.

– Voyons, mon cher ami, ne vous laissez pas abattre ainsi, me disait chaque soir avant de s'éloigner le bon Smith, croyez que je m'occupe de vous, que je ne négligerai aucun moyen pour vous faire revoir la France...

– Le moyen, lui répondais-je, vous le savez... c'est de me trouver des compagnons de fortune...

– Avec cela que c'est chose aisée, n'est-ce pas, que de déterrer dans une grande ville comme Portsmouth, en supposant toutefois qu'il s'en trouve, des Français évadés des pontons et qui se cachent... Je ne suis pas de la police, moi!

– Cependant vous vous êtes vanté à moi que vous réussissez toujours dans tout ce que vous voulez entreprendre. Or voilà une année entière que j'attends.

– Ma foi, me répondit-il un jour, je crois qu'il m'est venu une bonne idée... Je m'en vais prier mon ouvrier doreur de m'aboucher avec son cousin le contrebandier.

– A quoi bon, puisque d'après vous il n'y a rien à faire avec ces misérables-là?...

– Votre réponse me prouve, me répondit-il, qu'il n'y a rien d'étonnant à ce que je n'aie pas eu plus tôt la pensée du projet qui me vient aujourd'hui, puisque vous-même ne le comprenez pas encore. Écoutez-moi et ayez un peu de patience, je serai bref. Mon opinion sur la moralité des contrebandiers n'a pu changer, et je crois toujours que se confier à eux serait commettre une folie insigne; mais cela n'empêche pas que l'on puisse tirer parti de ces misérables, comme vous les appelez avec tant de raison. Eux seuls sont à même de m'apprendre, d'abord s'il y a des Français évadés cachés à Portsmouth, ensuite où se trouvent ces Français.

– Ah! mon cher Smith, m'écriai-je en serrant avec reconnaissance les mains de mon hôte, quelle excellente idée vous avez là! Oui, informez-vous auprès de ces contrebandiers.

– Et pour ne pas éveiller leurs soupçons, continua M. Smith, je leur dirai que je connais un Français qui, n'étant pas assez riche pour fréter à lui seul un bateau, désirerait se joindre à quelques compatriotes dont l'intention serait de passer en France.

– Parfait! c'est on ne peut mieux combiné.

En effet, huit jours plus tard, Smith vint m'annoncer, d'un air moitié lugubre, moitié triomphant, qu'il avait réussi à obtenir des contrebandiers l'adresse de trois Français récemment évadés qui se préparaient à passer la Manche. Que l'on juge de la joie que me causa cette nouvelle!

Ne pouvant plus longtemps résister à mon impatience, je résolus, malgré le danger que présentait pour moi cette démarche, d'aller sans perdre de temps m'aboucher avec mes compagnons de fortune; la nuit venue, je fis venir une voiture et je me rendis auprès d'eux.

Prévenus de mon arrivée, ils me reçurent comme si j'eusse été un de leurs amis, et nous nous mîmes sans plus tarder à parler de la grave affaire qui nous préoccupait. Ils me dirent qu'ils avaient la plus grande confiance dans les contrebandiers qui s'étaient chargés de mener à bonne fin notre entreprise, et que la seule chose qui les retenait encore à Portsmouth était le manque d'argent dans lequel ils se trouvaient, mais qu'ils comptaient recevoir des capitaux de France d'ici à quelques jours, et qu'aussitôt leurs fonds arrivés ils prendraient la mer.

– Si c'est seulement là l'obstacle qui s'oppose à votre fuite, je puis facilement le lever, mes chers camarades, leur répondis-je; je possède beaucoup plus d'argent qu'il n'en est besoin pour satisfaire les exigences des contrebandiers. Mais là n'est pas pour moi la question. Le point délicat de notre entreprise est la moralité plus que douteuse, du moins pour moi, de ces contrebandiers que vous me semblez juger trop favorablement. Voici ce que je sais sur leur compte.

Je fis part alors à mes nouveaux amis des renseignements que le capitaine de la marine marchande avait donnés à Smith, et que ce dernier, le lecteur doit s'en souvenir, s'était empressé de me répéter.

– Après tout, messieurs, continuai-je, que nous importe que ces hommes soient des traîtres ou des assassins, à présent que nous sommes prévenus et sur nos gardes!... Ayons chacun une bonne paire de pistolets et je réponds du succès de notre entreprise...

– Vous chargez-vous de nous procurer ces armes? me demanda un des Français.

– Rien ne m'est plus facile; je m'en charge.

– Eh bien alors, qui vous empêche de fixer le jour de notre entreprise?

– Pour moi, le plus tôt sera le mieux! Avertissez-moi quelques heures à l'avance et je serai prêt.

Je laissai alors mon adresse à mes associés et pris congé d'eux. Ces compatriotes qu'un heureux hasard – du moins je devais le considérer comme tel alors – mettait sur ma route et se nommaient Mercadier, Lebosec et Vidal étaient tous trois corsaires. Pris par les Anglais vers la fin d'une fructueuse croisière et après qu'ils avaient envoyé leur prise à terre, ils se trouvaient posséder tous les trois des capitaux assez considérables à Bordeaux. Je pouvais donc, sans courir de grands dangers, leur faire les avances nécessitées par notre évasion commune; et puis, ces avances n'eussent-elles dû jamais me rentrer que cette considération, tant j'avais hâte de recouvrer ma liberté, ne m'aurait pas retenu.

Le lendemain dans la matinée je reçus une lettre de mes associés qui m'apprenaient que nos contrebandiers, occupés par une expédition pressée, ne pouvaient pas se mettre à notre disposition avant une quinzaine de jours; ce retard m'affecta vivement et me parut de mauvais présage. Sur ces entrefaites, la bonne Sarah tomba dangereusement malade; et M. Smith se trouva obligé de prendre une autre domestique pour la remplacer provisoirement. Ce petit incident nous contraria et surtout nous gêna beaucoup, car mon hôte, ne connaissant pas assez cette femme pour oser se fier à elle, se trouva obligé de me monter lui-même mes repas.

Toutefois, on concevra sans peine que cacher à une domestique la présence d'un étranger dans une maison aussi peu considérable que l'était celle de Smith présentait une impossibilité absolue. Ducket, c'était le nom de la nouvelle servante, n'était pas depuis trois jours chez le marchand de tableaux qu'elle avait deviné que ce dernier donnait l'hospitalité à un Français évadé des pontons.

M. Smith fit contre mauvaise fortune bon cœur, et confia à Ducket, en essayant de lui faire valoir le prix de cette marque de confiance, ce que cette femme savait déjà.

Ducket, quoiqu'elle se montrât pour moi pleine de prévenances, me déplaisait horriblement. Pourquoi? Je n'aurais pu le dire. Il est des pressentiments mystérieux que rien ne motive, qui sont inexplicables, que l'on essaie en vain de surmonter, que l'on s'en veut d'écouter, et que l'on ne devrait jamais au contraire négliger.

– Est-ce vrai, monsieur, me dit un jour Ducket en faisant ma chambre, que le gouvernement anglais accorde une récompense de cinq livres sterling à toute personne qui livre au *Transport-Board* un Français évadé?

– Oui, Ducket, cela est vrai, lui répondis-je assez inquiet et assez étonné de la question. Vous n'avez qu'à me dénoncer et l'on vous remettra cette somme... Pensez-vous donc me livrer à la police? repris-je après un moment de silence et en souriant.

– Oh! monsieur! s'écria la domestique en rougissant, quelle idée avez-vous donc de moi!

Ducket, après avoir terminé son service, se retira en m'adressant sa plus gracieuse révérence. Je me mis à réfléchir profondément.

– Pourquoi, me disais-je, cette femme ne me vendrait-elle pas? Elle est Anglaise, ne peut s'intéresser à un Français, et doit être, comme la plupart de ces créatures que l'on emploie à la journée, malheureuse et cupide. Pourtant si elle songeait à me trahir elle n'eût jamais osé m'adresser la question qu'elle vient de me faire! Bah! pourquoi pas? Cette femme peut être aussi inintelligente que je la suppose vile. Elle aura eu peur de se tromper, et sachant que personne ne pouvait mieux que moi lui fournir ce renseignement, elle a commis l'imprudence de me le demander.

Et puis, après tout, cela ne serait pas si maladroit de sa part. Cette espèce de franchise m'en eût en effet imposé, sans l'aversion inexplicable que j'éprouvais pour cette femme, sans ses conversations fréquentes avec le boucher d'en face, l'ami de Curtis. Il est parfois des impudences si hardies que c'est le sublime de la rouerie que de savoir s'en servir. Oui, définitivement, et plus j'y réfléchis, je ne suis resté que trop longtemps ici. J'aurais dû, le jour de l'arrivée de Ducket, abandonner la maison et me réfugier dans la taverne qu'habitent mes nouveaux amis Mercadier, Lebosec et Vidal... Dès que Smith rentrera, je mettrai ce projet à exécution.

Tout en réfléchissant ainsi, je m'étais accoudé sur le bord de ma fenêtre, et mes yeux erraient à l'aventure à travers les rideaux jusque dans la rue, lorsque tout à coup je vis Ducket sortir de la maison.

– Elle va me trahir! pensai-je.

Et me précipitant à travers les escaliers, j'ouvris la porte de la rue et je me mis à suivre la domestique.

Je suis à me demander encore aujourd'hui comment je pus commettre une pareille imprudence, surtout après être resté pendant près d'une année sans oser sortir, pour ainsi dire.

J'étais tellement dominé par l'idée fixe que Ducket me trahissait, que je ne fus nullement surpris en l'apercevant, à l'angle de la rue, causer avec un homme que je reconnus de suite pour Abraham Curtis.

Je savais tout ce que je voulais savoir, le boucher avait parlé, et je m'empressai de rebrousser chemin. Au moment où j'arrivai devant la porte, je me trouvai face à face avec M. Smith qui rentrait de son côté et ma vue lui arracha un cri de surprise, presque d'effroi.

– Êtes-vous donc fou, mon cher ami? me dit-il lorsque nous fûmes rentrés.

– J'avoue que j'ai été extrêmement imprudent, lui répondis-je; heureusement que le hasard a béni cette audace, et qu'il me sauve des pontons.

– Des pontons! Que s'est-il donc passé?

– Il s'est passé que votre domestique Ducket voudrait gagner la prime de cinq livres promise à toute personne qui livre un Français.

Alors, en peu de mots, je fis part à M. Smith de ce que je viens de raconter au lecteur.

– Oh! la misérable, s'écria mon excellent hôte en rougissant de colère, je veux la tuer!

– La punition serait un peu forte, répondis-je en souriant; mais, si vous voulez bien le permettre, je vais effrayer la misérable... elle mérite bien cela!

– Faites-en ce que vous voudrez! s'écria M. Smith hors de lui! Ah! l'infâme! la coquine! ne la ménagez pas...

Mon excellent hôte parlait encore lorsque Ducket rentra : son air calme n'indiquait nullement qu'elle venait de commettre une ignoble trahison; seulement, sa respiration un peu oppressée prouvait que s'il lui importait peu d'être coupable, elle tenait à ce qu'on ne la soupçonnât pas. Elle était, je le compris, revenue en courant de son rendez-vous avec Abraham Curtis.

– Ducket, lui dis-je poliment, seriez-vous assez bonne pour monter une minute dans ma chambre, j'ai besoin de vous pour clouer un tableau!

– Je suis à vos ordres, monsieur, me répondit-elle en me suivant d'un air patelin.

Une fois rendus dans ma chambre où M. Smith nous avait suivis, je fermai la porte; puis, prenant un pistolet et revenant vers Ducket, qui à la vue de l'arme pâlit affreusement :

– Ma chère fille, lui dis-je, je trouve on ne peut plus naturel que vous ayez désiré gagner cinq livres sterling que du reste je voulais vous offrir en quittant la maison... Seulement, ne vous étonnez pas non plus que je tienne à conserver ma liberté. Si vous désirez prier, dépêchez-vous, vous n'avez plus que cinq minutes à vivre.

– Oui, oui, brûlez-lui la cervelle, s'écria M. Smith, qui prit sur le moment cette comédie, tant sa colère était grande, pour une réalité; brûlez-lui la cervelle... elle l'a bien mérité...

Ducket, je ne puis me rappeler aujourd'hui ce souvenir sans en rire, Ducket, dis-je, se croyant déjà morte, tomba à mes genoux en me demandant grâce.

– Non, point de grâce! dit mon hôte. Tirez... tirez.

Je levai le bras, et la misérable, croyant que c'en était fait d'elle, poussa un cri sourd et perdit connaissance.

– Vite de l'eau et des sels, m'écriai-je.

– Pour faire revenir cette coquine à la vie, me dit Smith, du tout, laissez-la mourir comme elle le mérite.

– Cela ne ferait nullement mon affaire. Je n'ai pas besoin de la vie de cette misérable, tandis que ses révélations peuvent m'être précieuses... Aidez-moi, mon bon monsieur Smith, je vous en prie...

– Le fait est qu'il est important que nous sachions à quoi nous en tenir. Oui, vous avez raison, secourez-la.

Mes soins ne furent pas inutiles, cinq minutes plus tard Ducket reprit connaissance.

– Quand la police doit-elle venir? lui demandai-je.

– Ce soir, monsieur, à dix heures, me répondit-elle en tremblant.

– Tu ne me trompes pas ?

– A quoi bon mentir lorsque l'on va mourir ! répondit la malheureuse qui prenait de plus en plus ma comédie au sérieux.

– C'est bon, lui dis-je ; si tu as dit vrai, cela te sauvera la vie. A présent, reste dans cette chambre ; et ne t'approche pas de la fenêtre pour appeler au secours car alors c'en serait fait de toi.

– Eh bien ! dis-je à M. Smith, que faire à présent ? Quant à moi, je crois que le seul parti qu'il me reste à prendre est d'aller rejoindre au plus vite mes compagnons dans leur taverne...

– Ma foi, cela me contrarie de vous voir sortir en plein jour ; mais cependant vous ne pouvez rester, j'en conviens, plus longtemps ici... Je m'en vais vous chercher une voiture... Surveillez en attendant cette coquine de Ducket.

XXV

Entrevue intéressante
Fatal coup du départ – Jeffries le contrebandier
Marché conclu – Guet-apens – Assassinat
Nous découvrons la terre de France
Retour au ponton

Une demi-heure plus tard, j'arrivais sans aucun accident à la taverne qu'habitaient Mercadier, Lebosec et Vidal, à qui je fis part de ma mésaventure.

– Vous arrivez juste à point, me répondirent-ils; nous allions vous écrire pour vous avertir que nos contrebandiers sont prêts...

– Alors, répondis-je, nous partirons demain.

Le lendemain, vers les six heures de l'après-midi, nous étions, Mercadier, Lebosec, Vidal et moi, en train de terminer un copieux déjeuner auquel quatre smugglers, nos alliés, prenaient part.

Il faut avouer que l'échantillon que j'avais sous les yeux n'était guère propre à me faire revenir des préventions que M. Smith avait éveillées dans mon esprit contre l'honorable corporation des contrebandiers.

Doués tous les quatre de ces figures qui sentent la corde d'une lieue et qui vous permettent, rien qu'en les entrevoyant, de juger à peu près à coup sûr leurs propriétaires, nos smugglers joignaient à ce physique révélateur l'allure la plus caractéristique et le langage le plus pittoresquement cynique que l'on puisse imaginer.

Notre déjeuner, qui se prolongeait depuis le matin dix heures, avait mis ces honnêtes écumeurs en grande gaieté, et leur avait également fait perdre un peu de leur prudence habituelle. S'adressant des demi-mots, des signes d'yeux et de tête, ils échangeaient à chaque instant certains sourires mystérieux et moqueurs que je surprenais au passage. Il était évident pour moi qu'ils se réjouissaient de l'heureux hasard qui nous avait mis dans leurs mains, et que leur conduite future avec nous était déjà tracée.

Le chef de ces chenapans se nommait Jeffries; ce fut lui qui donna à ses subordonnés le signal du départ :

– Allons, enfants, leur dit-il, il s'agit à présent de travailler. Buvons un dernier verre d'eau-de-vie à la santé de ces gentlemen et partons.

Jeffries, en parlant ainsi, remplit jusqu'au bord un de ces gobelets en plomb qui contiennent une demi-pinte et servent, dans les public-house anglais, à offrir la bière aux consommateurs; puis, se retournant vers nous :

– Messieurs, continua-t-il, je bois à l'heureux succès de notre entreprise! J'aime à croire que vous ne refuserez pas de me faire raison?

Jeffries, en prononçant ces paroles, nous indiquait du doigt un énorme pot en grès que le garçon de la taverne venait d'apporter et qui était rempli de gin.

Mes amis, c'est-à-dire Mercadier, Lebosec et Vidal, déjà fortement excités par de trop copieuses libations, accueillirent ce toast avec enthousiasme, et voulant se montrer aussi vaillants que des contrebandiers anglais et soutenir dignement l'honneur de la France, se versèrent chacun une demi-pinte de gin.

– Messieurs, leur dis-je vivement, au nom du ciel, modérez-vous, et laissez là ces verres de gin!... N'oubliez donc pas que nous avons besoin de tout notre sang-froid.

– Bah! dit Mercadier en voyant Jeffries le regarder d'un air moqueur, et soulevant son gobelet à ses lèvres, la liqueur et les corsaires, ça se connaît.

– J'ai été corsaire comme vous, Mercadier, répondis-je, et mon capitaine, qui se nommait Surcouf, voulait bien me compter parmi les hommes les plus solides de son équipage... N'affectez donc pas de me traiter en caboteur... J'ai assisté aux grandes orgies indiennes et je sais ce que peuvent des hommes de fer... Eh bien, je vous le répète, ce verre de gin, après un déjeuner qui a duré sept heures, doit à coup sûr vous faire perdre la raison...

– Ah! vous avez servi sous les ordres du grand Surcouf! s'écria Mercadier en m'interrompant. Eh bien, mon cher monsieur, vous ne trouverez pas mauvais que je boive à la santé de l'illustre Breton, la gloire de la marine française!

Mercadier, en parlant ainsi, et avant que je pusse m'opposer à son action, porta vivement son gobelet à ses lèvres et en vida d'un seul trait le contenu.

– A la santé de Surcouf! répétèrent Vidal et Lebosec en imitant Mercadier.

– Et vous, monsieur, vous ne buvez pas? me demanda Jeffries d'un ton singulier.

– Merci, répondis-je en affectant de chanceler sur mes jambes, je n'en puis déjà plus.

– Vous n'êtes pas habitué, à ce qu'il paraît, aux liqueurs?

– C'est la vérité... Je me sens très mal à mon aise.

Il me parut que ma réponse faisait plaisir au smuggler, et je crus remarquer entre ses compagnons et lui un signe d'intelligence.

– Au revoir, messieurs, nous dit-il, nous allons nous occuper des préparatifs de l'embarquement; quant à vous, il est bien convenu que vous partirez d'ici à la nuit tombante, de façon à arriver vers les dix ou onze heures au lieu fixé pour notre rendez-vous général.

– C'est convenu! répondit Mercadier.

– Vous n'avez pas oublié, au moins, les indications que je vous ai données, et le chemin que vous devez suivre?

– Je me le rappelle parfaitement, répondis-je, ne craignez rien, nous sommes exacts.

Une fois les smugglers partis, je reprochai vivement à mes associés leur intempérance, et leur fis part des observations que j'avais faites : observations qui me donnaient la conviction qu'un complot formé contre nous existait parmi les contrebandiers.

Mon ton de conviction parut faire une assez vive impression sur mes camarades qui m'assurèrent que dorénavant ils agiraient avec la plus extrême circonspection.

– Au reste, mon cher ami, me dit Mercadier, qu'avons-nous à craindre, armés comme nous le sommes, c'est-à-dire ayant chacun une paire de pistolets et un coutelas?

– Pardieu! je crains que votre ivresse ne vous empêche justement, si l'occasion s'en présente, de faire usage de ces armes!

– Oh! quant à cela, soyez tranquille!... N'est-ce pas, Vidal, et toi, Lebosec, que vous avez toute votre raison?

– Je crois bien! balbutièrent Vidal et Lebosec avec une langue embarrassée qui donnait un complet démenti à leurs paroles.

Le rendez-vous que les smugglers nous avaient assigné était une espèce de petite crique située à environ trois lieues de Portsmouth.

– Allons, mes amis, dis-je une heure plus tard à mes associés, voici la nuit venue, partons...

Après avoir soldé nos dépenses à l'hôtelier de la taverne, qui, soit dit en passant, nous fit payer horriblement cher sa douteuse hospitalité, nous examinâmes avec soin si les amorces de nos pistolets étaient en bon état; puis nous nous mîmes en route.

J'espérais que le grand air et surtout la marche calmeraient l'effervescence de mes compagnons. Il n'en fut rien. A mesure que nous avancions, leur ivresse, d'abord peu sensible, prenait des proportions inquiétantes : à peine étions-nous hors de la ville que Mercadier se mit à entonner à tue-tête *la Marseillaise.*

– Mais taisez-vous donc, misérable, lui dis-je avec fureur, vous voulez donc nous livrer aux Anglais ?

– Les Anglais ! répéta Mercadier, je me moque pas mal d'eux. Qu'ils viennent un peu, les Anglais, et ils verront... j'ai donc pas des pistolets ?... Les lâches, ils ne se montreront pas...

Vidal et Lebosec n'étaient guère dans un meilleur état ; ils parlaient de se diriger sur Londres, de surprendre la Tour, puis, une fois maîtres de cette citadelle, de bombarder la capitale de la Grande-Bretagne jusqu'à ce qu'elle se rendît à discrétion.

Que l'on juge combien je devais souffrir ! Un moment je fus tenté de rebrousser chemin et de retourner chez M. Smith ; sans la crainte de Ducket, il est certain que j'eusse mis ce projet à exécution.

Les indications que nous avaient données les contrebandiers étaient si exactes et si précises que je n'hésitai pas une minute sur la route que nous devions suivre. A onze heures nous arrivâmes au lieu fixé pour notre rendez-vous.

C'était au pied d'une falaise, dans une des anfractuosités de la côte, que se trouvait caché le bateau non ponté sur lequel nous devions traverser la Manche.

– Allons, messieurs, nous dit Jeffries, la nuit est obscure, la mer excellente, le vent favorable ; ne perdons point de temps et embarquons.

– Oh ! oh ! continua le smuggler en remarquant quelle difficulté mes compagnons, alourdis par l'ivresse, éprouvaient à entrer dans l'embarcation, il paraît que le gin n'est pas votre boisson habituelle !... Au reste, peu importe, quelques heures de sommeil et l'air frais de la mer vous remettront dans votre état normal ! Étendez-vous au fond de la barque...

Cinq minutes plus tard, la proue de notre canot, poussé

par un joli vent du sud-ouest, fendait vaillamment la lame. Je ne puis dire l'appréhension terrible qui s'était emparée de moi; à chaque instant je m'attendais à une attaque; et la main sur mes pistolets tout armés, j'essayais de saisir au vol un mot ou une intonation de voix qui me permît de prendre l'offensive; mais les smugglers causaient si bas, si toutefois ils causaient, qu'aucun bruit, si ce n'est celui de la vague que coupait notre sillage, ne parvenait jusqu'à moi.

Une heure se passa ainsi, et déjà mes appréhensions commençaient à se calmer, lorsqu'il me sembla entendre un chuchotement étouffé qui venait de l'avant : peu après j'entendis un smuggler qui escaladait doucement un des bancs de l'embarcation, car nous allions alors à la voile, et semblait se diriger de notre côté.

– Qui vive? m'écriai-je en levant mes pistolets.

– Parbleu! n'ayez pas peur, ce n'est pas, à coup sûr, la police! me répondit une voix que je reconnus pour être celle de Jeffries.

– Je ne crains rien, lui répondis-je; mais n'avancez pas, je vous prie : vous pourriez en marchant dessus blesser mes camarades.

Jeffries ne me répondit que par un juron, et regagna sa place. Un dialogue animé ne tarda pas à s'engager entre ses compagnons et lui; seulement, il avait lieu d'une voix tellement basse qu'il m'était impossible d'en saisir un seul mot.

Ma foi, pensai-je, je suis bien bon de m'affecter pour si peu de chose. Au total, qu'ai-je à craindre? Une attaque? Mais n'ai-je pas mes pistolets et mon coutelas! Oui; mais ces bandits sont au nombre de quatre, tandis que je ne dispose, moi, que de deux coups de feu... Pardieu, une idée!... je m'en vais prendre les pistolets de cet ivrogne de Lebosec qui ronfle à mes côtés : de cette façon, je me trouverai à même de répondre à chacun d'eux.

Une nouvelle heure se passa sans amener aucun incident

si ce n'est, toutefois, que la lune jusqu'alors voilée par des nuages commença à se montrer de temps à autre, c'est-à-dire chaque fois que le vent nettoyait l'horizon.

– Eh! l'ami, me dit pendant une de ces éclaircies le patron Jeffries, vous savez que nous n'avons pas besoin de vous pour le quart!... Si vous avez sommeil, ne vous gênez pas et dormez tout à votre aise...

– Merci, lui répondis-je d'un ton sec, je préfère veiller.

– Oui-da! Eh bien, alors causons... Cela nous aidera à tuer le temps.

– Merci de votre proposition. Je préfère rester dans mes réflexions...

– C'est possible, mais moi je préférerais causer, car j'ai une petite affaire à terminer avec vous, et il faut absolument que vous m'écoutiez...

– Voyons alors cette affaire.

– Voici le fait en peu de mots... Mais auparavant, une question! Savez-vous de quelle peine nous sommes passibles, nous autres contrebandiers, lorsque l'on nous surprend essayant de conduire en France des prisonniers évadés?

– Parfaitement, vous êtes pendus!

– C'est cela même. Je vois avec plaisir que vous êtes au fait de la législation anglaise... oui, j'en suis ravi... car cela va m'aider beaucoup dans la suite de notre entretien.

– Voyons, m'écriai-je avec un commencement d'impatience, laissons de côté tout ce bavardage, et arrivons franchement au but; car, si je ne me trompe, vous avez en ce moment un but et une arrière-pensée.

– C'est vrai! Au fait, à quoi bon employer des détours lorsque l'on est, comme nous le sommes, mes compagnons et moi, dans le droit chemin? Voici la chose en deux mots : nous vous avons demandé dix livres sterling par tête, c'est-à-dire quarante livres sterling pour vous conduire tous les quatre en France... Or, vous m'avouerez que cela n'est pas cher. Mes confrères exigent ordinairement le double de cette somme...

– Il fallait demander davantage. Au reste, peu importe. Oui, j'avoue que vous avez été très modérés dans vos prétentions; après?

– Or, si nous nous sommes montrés si doux sur le prix de votre passage, c'est que nous comptons, grâce à notre habileté et à notre prudence, aborder en France sans nous exposer au moindre danger.

– Eh bien! tant mieux; puissiez-vous dire vrai!

– Seulement, ce n'est pas tout que d'être prudent et expérimenté, il faut encore que ceux à qui l'on a affaire nous aident dans nos desseins et nous secondent dans nos intentions... Pouvons-nous compter sur vous?

– Mon cher Jeffries, permettez-moi de vous avouer que je trouve toutes ces paroles bien oiseuses!... Il est, pardieu, parfaitement clair, et je ne vois pas trop quel motif a pu vous inspirer cette question, que, nos intérêts se trouvant confondus et les mêmes, vous pouvez compter entièrement sur notre concours dans tout ce qui regardera le salut commun.

– Très bien! très bien!... Ne vous impatientez pas, j'arrive au fait. Or j'ai pensé, et mes compagnons partagent mon avis, que par surcroît de prudence vous feriez bien de changer tous les quatre de vêtements afin que les croiseurs anglais qui nous rencontreront, une fois le jour venu, ne vous reconnaissent pas pour des Français...

– Je vous avouerai que je ne comprends pas trop l'opportunité de cette mesure, car nous commencerons par nous cacher; et si des croiseurs nous approchent d'assez près pour pouvoir remarquer la coupe et la forme de nos vêtements, je crois que nous serons pris. Enfin, si vous tenez absolument à ce déguisement, je ne vois pas trop pourquoi nous vous refuserions ce léger plaisir.

– Voilà ce qui s'appelle parler en brave et loyal garçon,

me dit Jeffries : je compte sur votre parole, c'est une affaire entendue...

– Mais à propos, par quels vêtements remplacerons-nous les nôtres ?

– Je m'attendais à cette question, et je suis prêt à y répondre. Le coffret de l'embarcation qui nous sert de cabinet de toilette contient toute notre garde-robe, que nous mettons à votre disposition !... Seulement, ajouta Jeffries, je vous crois trop gentlemen pour vouloir, après surtout que nous nous sommes montrés si coulants en affaire avec vous, user nos effets sans nous payer une petite indemnité ?

– Ah ! très bien, je commence à comprendre. Et à combien estimez-vous cette indemnité ?

– Au plus juste prix. Que vous faut-il ? Des souliers : quatre paires, dix livres sterling ; des chapeaux, six livres ; des vestes, quarante livres ; des pantalons, vingt livres ; des cravates, cinq livres !... Total, quatre-vingt-une livres sterling, que, vu l'intérêt que nous inspire votre position, nous réduirons à quatre-vingts livres... Ce marché ne peut manquer de vous convenir, n'est-ce pas ? Qu'en pensez-vous ?

– Je pense, généreux Jeffries, que vous plaisantez avec une grâce infinie. Votre histoire des croiseurs qui viendront reconnaître la coupe de nos vêtements, et le tarif des prix auxquels vous cotez nos travestissements me semblent dénoter en vous un caractère jovial et plein de ressources contre l'ennui... Merci du bon moment que vous venez de me faire passer.

– Monsieur le Français, s'écria Jeffries d'un ton menaçant, je n'aime pas la raillerie, je vous en préviens !

– Quoi ! vous voudriez me persuader que vous avez parlé sérieusement ? Mais non, vous plaisantez encore...

– J'ai parlé si sérieusement, chien de Français, s'écria le smuggler avec véhémence, que si vous ne nous comptez pas de suite, à l'instant même, les quatre-vingt-une livres que j'exige, nous vous ferons sauter par-dessus bord...

– Vous vous trompez du tout au tout, mon aimable Jeffries, répondis-je au bandit toujours avec le même sang-froid.

– C'est ce que nous allons voir. A moi, mes compagnons! dit alors le smuggler en s'élançant vers moi. J'aperçus, à la clarté de la lune, briller une lame de couteau dans sa main.

Me levant alors de toute ma hauteur et présentant mes pistolets aux bandits :

– Un pas de plus et vous êtes morts! leur dis-je.

– A la vue de mes pistolets dirigés sur eux les smugglers s'arrêtèrent brusquement.

Jeffries poussa un cri de rage.

– Ah! vous ne vous attendiez pas à cette surprise, leur dis-je, chers et estimables assassins, sachez que comme on connaît les saints on les honore!... J'étais trop au courant de vos exploits pour m'embarquer avec vous sans prendre mes précautions... Vous êtes quatre et j'ai quatre coups à tirer! Vous voyez que votre expédient du gin ne vous a pas réussi et que cela ne vous a servi de rien de griser mes camarades, car je suis parfaitement en état de vous tenir tête en attendant leur réveil...

– Vos chiens de camarades ne se réveilleront pas de longtemps, me dit Jeffries qui reprit presque aussitôt son sang-froid et son impudence, car j'ai fait mêler une certaine drogue à leur gin... Au reste, vous verrez...

A cet aveu, j'éprouvai une vive tentation de faire feu sur le misérable; mais je réfléchis que si je le manquais, et cela pouvait fort bien avoir lieu par l'obscurité qui nous enveloppait et le roulis de notre embarcation, ils se jetteraient tous les quatre à la fois sur moi et parviendraient peut-être à me désarmer. Je jugeai que ce que j'avais de plus prudent à faire était de me mettre en avant de mes compagnons et d'attendre le jour.

Il paraît que Jeffries devina ma pensée; m'adressant de nouveau la parole d'un air moqueur :

– Il faudra bien, misérable, me dit-il, que vous finissiez par succomber au sommeil à votre tour! alors vrai, là, sur l'honneur, nous vous enverrons par-dessus bord causer avec les poissons au fond de la mer!

Sans perdre des yeux une seule seconde les smugglers placés à l'avant de l'embarcation, je me mis à frapper rudement du pied sans pouvoir parvenir à réveiller mes compagnons étendus au fond de l'embarcation. A peine pus-je leur arracher quelques paroles incohérentes.

Je me croyais, ayant mes ennemis devant moi, à l'abri de toute surprise, ne songeant pas que je tournais le dos au smuggler qui se tenait à la barre.

Ah! combien je devais payer cher mon imprudence!

Le jour ne pouvait tarder à paraître, cette idée soutenait mon courage et me faisait envisager ma position avec une certaine résignation, lorsque je crus remarquer que Jeffries et ses compagnons quittaient leurs places sur l'avant.

– Jeffries, m'écriai-je, prenez garde à ce que vous allez faire! Je vous rappelle que je vous surveille et que je suis prêt à tout...

– Votre position est trop bonne pour que je songe à en venir aux mains, me répondit le smuggler; je crois que ce que nous aurions de mieux à faire serait de nous entendre. J'ai peut-être été un peu dur et exigeant dans mes prétentions... eh bien, voyons, mettons chacun du nôtre dans une nouvelle transaction, et terminons ce différend...

– Quoique je ne vous craigne nullement, je préfère cependant me résigner à un léger sacrifice pécuniaire que d'en arriver aux voies de fait... Je conviens que les dix livres sterling que nous vous payons par tête ne représentent pas une somme suffisante... Voulez-vous que nous la portions à quinze livres?

– Voilà qui est parler en vrai gentleman, me répondit le contrebandier. J'accepte de grand cœur et je vous jure sur mon honneur qu'à partir de ce moment je renonce à toute autre exigence et vous prie de me considérer comme votre sincère ami.

– Très bien, Jeffries; je suis charmé de n'être plus forcé d'avoir à vous brûler la cervelle! A présent que la paix est faite, apprenez-moi donc, je vous en prie, quelle drogue vous avez mêlée au gin que mes camarades ont bu, et dites-moi comment je pourrais les faire revenir.

– C'est... une certaine qualité... d'un poivre tout particulier de Cayenne... Quant au moyen de leur rendre la connaissance, je n'en sais pas de meilleur que de les inonder d'eau fraîche.

– C'est vrai. J'aurais dû songer plus tôt à cela... Je vais essayer.

En effet, je remplis à plusieurs reprises mon chapeau goudronné d'eau de mer, et j'en versai le contenu sur le visage de mes camarades qui commencèrent aussitôt à sortir de leur sommeil léthargique.

Voyant que le conseil de Jeffries amenait d'heureux résultats, je me penchais de nouveau en dehors de l'embarcation, mon chapeau à la main pour puiser de l'eau de mer, lorsque je reçus un coup tellement violent sur la tête et sur l'épaule que je tombai au fond du canot en poussant un cri de détresse. Presque au même instant je sentis comme un poids qui m'écrasait la poitrine, et je vis passer devant mes yeux, ainsi qu'un éclair, la lame brillante d'un couteau.

J'avais par bonheur conservé un pistolet dans ma main gauche. J'appuyai instinctivement sur la gâchette de mon arme, un jet de flamme brilla dans la nuit, et le contrebandier qui m'avait frappé en traître, celui-là même qui se tenait à la barre, et auquel je ne songeais pas, tomba sur moi sans pousser un cri : il était mort, la balle de mon pistolet lui avait fracassé le crâne.

– A moi... Mercadier... Vidal... mes amis... on m'assassine! m'écriai-je, puis je perdis connaissance.

Lorsque je revins à moi il faisait grand jour. Un lugubre

spectacle s'offrit à ma vue. Dans le fond de l'embarcation inondée de sang gisaient deux cadavres, celui de Jeffries et du contrebandier sur qui j'avais tiré.

Mon compagnon Lebosec, couché à mes côtés, était d'une pâleur extrême et semblait prêt à rendre le dernier soupir; il avait reçu un coup de coutelas qui lui avait ouvert une partie de l'épaule et de la poitrine.

– Eh bien, Garneray, me dit Mercadier qui soutenait ma tête sur ses genoux, comment vous trouvez-vous?

Je fus quelque temps avant de pouvoir répondre, car j'étais encore tellement étourdi que je ne me rendais qu'imparfaitement compte et de ce qui se passait autour de moi et des paroles qui m'étaient adressées. Enfin, reprenant peu à peu l'usage de mes sens :

– J'ai été rudement atteint, lui dis-je; mais je ne me crois pas dangereusement blessé.

– Oh! ce ne sera rien! un violent coup de bâton, une grande perte de sang, on n'en meurt pas! Vraiment, nous sommes bien coupables, et sans vous, ajouta Mercadier en me serrant la main, nous étions escofiés. Merci monsieur! Entre vous et moi à présent, c'est à la vie et à la mort!

– Comment cela s'est-il passé? Et les contrebandiers?

– Ne parlez pas, cela vous fatigue. Ça s'est passé que votre coup de feu et vos cris nous ont vivement dégrisés, qu'il y a eu une bagarre générale affreuse, et qu'à défaut de nos pistolets que nous n'avons pas même eu le temps de décharger, car les smugglers se sont jetés sur nous comme des bêtes fauves, nos coutelas nous ont permis de venir à bout de ces bandits. Jeffries a été tué... par qui? Je l'ignore. Il faisait tellement nuit et nous étions si troublés, que notre victoire peut être tout aussi bien attribuée au hasard qu'à notre courage... Quant aux deux autres smugglers, ma foi, j'ai bien peur pour eux qu'on ne les ait fait passer par-dessus bord!... Enfin, à part votre blessure et celle de ce pauvre Lebosec, tout est pour le mieux! Le vent continue à souffler favorable, nous possédons une excellente embarcation, nous avons fait bonne route cette nuit, et nous n'avons plus rien à craindre que la rencontre des croiseurs!... Vive la France et la liberté!

Après avoir causé encore quelques instants avec mes camarades, comme j'étais exténué par la course de trois lieues que j'avais faite la veille et affaibli par la perte de mon sang, je me rendormis d'un profond sommeil.

– Monsieur, me dit une voix à mon oreille, tandis que je me sentis secoué assez rudement par le bras, réveillez-vous!

– Qu'y a-t-il? demandai-je en ouvrant les yeux et en m'asseyant sur un banc.

Cette question était inutile : la vue d'une corvette de guerre, qui n'était guère éloignée de nous de plus d'un demi-mille, et qui se dirigeait tout droit vers notre embarcation, m'apprit de suite ce dont il était question.

– Ah! mon Dieu! m'écriai-je, les Anglais! nous sommes perdus!

– Les Anglais! c'est justement ce que nous ignorons, me répondit Mercadier. Je vous ai justement réveillé afin de vous demander votre opinion... Considérez attentivement cette corvette...

– Hélas! je ne la vois que trop... Mais qu'aperçois-je devant nous?

– Ce sont les côtes de France, c'est la montagne du Roule qui domine Cherbourg! me répondit Mercadier d'une voix sourde et émue.

– La France! cette terre est la France! m'écriai-je avec transport. Oh! mon Dieu, protégez-nous!...

Et j'éclatai en sanglots. Jamais, durant ma vie si accidentée et si remplie de catastrophes, je n'ai ressenti aucune émotion comparable à celle que me fit éprouver en ce moment cette espèce de nuage indécis qui se détachait à peine de la brume à l'horizon et représentait ma patrie...

– Eh bien, me dit Mercadier, et cette corvette, qu'en pensez-vous?

J'arrachai avec peine mes yeux des côtes de France pour les reporter sur le navire en vue.

– Hélas! c'est un Anglais! m'écriai-je avec désespoir.

En effet, un quart d'heure plus tard, nous étions de nouveau prisonniers de guerre! Singulier hasard! cette corvette, *le Victory*, qui allait me rejeter sur un ponton, était le même navire qui quinze ans auparavant m'avait délivré, le lecteur s'en souvient peut-être encore, des pirates de l'archipel indien [1].

Le surlendemain, à la chute du jour, j'étais réintégré à bord de *la Vengeance*.

1. *Cf.* le deuxième volume des aventures maritimes de Garneray : *Le Négrier de Zanzibar*, éd. Phébus.

XXVI

Le cachot
Toujours le juif – Bêtise d'un ivrogne
Ma sortie du cachot – La paix se conclut – Je suis libre
Mes adieux à l'honorable Smith
Retour dans ma famille

Une espèce d'enquête ne tarda pas à s'ouvrir, tant sur notre fuite que sur notre combat avec les smugglers; mais, comme il fut bientôt évident pour les Anglais que nous n'avions fait que repousser la force par la force, et que le seul crime dont on pût nous accuser était de n'avoir pas voulu nous laisser assassiner, l'instruction commencée fut presque aussitôt abandonnée.

Quant à moi, à peine eus-je mis les pieds sur *la Vengeance* que l'on me conduisit au cachot où je restai, sans que l'on daignât s'occuper de ma blessure qui pendant quinze jours entiers me fit horriblement souffrir. J'en sortis maigre comme un squelette et dans un déplorable état de santé.

Ah! combien je regrettai alors de n'être pas resté tranquillement à terre! combien je me repentais d'avoir tenté cette dernière évasion! Le fait est que mon sort n'était plus tolérable : privé de la cabine que j'occupais sur le pont, de la petite chambre qu'en ma qualité d'interprète l'on m'avait accordée dans la batterie de 18, je me trouvais confondu pêle-mêle avec les prisonniers, sans aucun moyen de reprendre mes travaux de peinture et de mathématiques.

J'ai oublié de dire qu'avant de m'embarquer avec les contrebandiers j'avais laissé au bon Smith tout l'argent que je possédais, et qui s'élevait à une somme assez forte : malheureusement la sévérité de l'indigne commandant de *la Vengeance* était telle que nous ne pouvions communiquer que fort difficilement avec la terre, et que par conséquent M. Smith se trouvait dans l'impossibilité de me faire passer des secours. J'en étais donc réduit à la ration de tout le monde, c'est-à-dire que je mourais de faim.

Cet état de choses durait depuis plus d'un mois lorsque je reçus un matin la visite de l'infâme Abraham Curtis; je ne puis dire l'horreur que me causa sa vue. Il me sembla que j'étais en présence d'un hideux reptile et j'eus toutes les peines du monde à contenir ma colère.

– Garneray, me dit-il, rassurez-vous, je ne viens pas ici pour insulter à votre malheur; vous m'êtes trop indifférent pour cela...

– Alors, pourquoi avez-vous voulu, misérable, me livrer à la justice? lui dis-je. C'est vous qui êtes la cause de mon arrestation; car sans l'appréhension que me faisait éprouver votre caractère vil et vindicatif, sans vos agents d'espionnage, je n'aurais pas songé à m'embarquer et je serais encore chez l'excellent M. Smith.

– Ce n'était point par vengeance que je voulais vous livrer à la justice, me dit-il, car je n'ai contre vous ni haine ni rancune... vous n'êtes pour moi qu'une bonne affaire... pas autre chose... C'était donc pour ne pas perdre une bonne affaire que je tenais à vous garder en Angleterre... A présent, écoutez-moi avec attention; je n'aime pas à me répéter.

– Parlez, je suis préparé à tout entendre de votre part.

– Oh! je ne ménagerai ni ne chercherai mes expressions. Vous êtes misérable, sans un farthing en poche, mourant de faim et en butte à la tyrannie de votre capitaine... donc vous ne vous refuserez pas à ce que je veux de vous.

– Des tableaux sans doute, digne Abraham?

– Toujours! Demain je vous enverrai tout ce dont vous avez besoin pour vous remettre à l'ouvrage : chevalet, pinceaux, toiles et couleurs, et je prierai mon cousin de vous rendre votre cabine...

– Le fait est que je serais bien sot de faire de la dignité avec un gredin tel que vous, m'écriai-je. J'accepte votre proposition. Qu'on me rende ma cabine, que l'on me permette de communiquer avec la terre et de m'y procurer les commodités dont je suis privé, et c'est un marché conclu...

– A partir de demain vous jouirez de toute la liberté compatible avec votre position de prisonnier... A propos, comme il vous serait sans moi impossible de travailler et que la liberté que vous désirez est une chose qui ne peut se payer trop cher, je réduirai le prix que je vous payais jadis pour vos tableaux...

– Peu m'importe : faites comme vous l'entendrez...

– Parbleu, j'y compte! Je vous achèterai vos tableaux à raison de dix shillings...

J'étais alors tellement accablé et si malheureux que j'acceptai cette offre sans hésiter. Le lendemain je rentrai en possession de ma cabine.

De la fin de 1813 au commencement de 1814, les Anglais redoublèrent de mauvais traitements contre nous et ne cessèrent de nous abreuver d'outrages; chaque jour on recevait la nouvelle de désastres des armées françaises et nos revers donnaient à nos bourreaux une incroyable impudence.

Quoique ma condition, matériellement parlant, fût beaucoup moins désastreuse que celle où se trouvaient réduits mes malheureux compagnons de captivité, je n'en étais pas moins, comme le premier venu, en butte aux insultes incessantes de nos geôliers.

A chaque instant, il me fallait entendre parler et de l'empereur et de nos armées dans les termes les plus méprisants; les Français étaient des lâches qu'il suffisait de regarder en face pour les mettre en fuite; ils n'étaient bons qu'à massacrer les enfants et outrager les femmes; ils ne valaient pas la peine qu'on employât contre eux la fusillade et la mitraille, des coups de bâton suffisaient, etc., etc. : c'était à devenir fou de colère.

Un jour, c'était en avril, que je montais selon mon habitude de bonne heure sur le pont pour me mettre à l'ouvrage, le maître d'équipage de *la Vengeance*, dont j'avais refusé de faire le portrait et qui me gardait rancune, s'avança, et me saluant d'un air moqueur :

– Vous avez servi dans la marine impériale, garçon? me dit-il en chancelant et d'un ton à me prouver qu'il était ivre.

– Oui, j'ai eu en effet le plaisir de voir s'abaisser souvent devant le pavillon tricolore le drapeau anglais, lui répondis-je froidement.

– Alors, si vous avez servi dans la marine impériale, vous devez savoir la façon dont les Français saluent les Anglais; saluez-moi!

– Je ne vous comprends pas, monsieur.

– Allons, rascal, à genoux, et rends-moi l'hommage que tes compatriotes doivent aux marins de ma nation! Vite, à genoux et salue! reprit l'ivrogne qui, me tournant le dos, se permit un geste aussi ignoble que grossier.

– Salue donc, *scoundrel*, s'écria un matelot aussi ivre que son patron, qui, me prenant au collet, voulut me faire mettre à genoux.

J'aurais dû mépriser une insulte pareille; mais, ma foi, ma patience était à bout : je frappai si violemment du point le matelot qui avait osé me saisir que je l'envoyai, le visage ensanglanté, tomber à trois pas plus loin.

– Mort au Français! s'écrièrent aussitôt quelques Anglais en m'entourant.

Une barre d'anspect se trouvait heureusement sous ma main; je m'en saisis aussitôt et, hors de moi, laissant enfin éclater toute la colère que depuis longtemps j'accumulais dans mon cœur, je poussai un cri de bête fauve et me jetai sur les soldats et les matelots anglais...

Alors ce fut une bagarre épouvantable, furieuse; insensible à la douleur je n'obéissais qu'à une idée : faire le plus de mal possible à ces lâches qui ne craignaient pas d'abuser d'une façon aussi odieuse de ce que les hasards de la guerre nous avaient livrés en leur pouvoir.

Je ne sais, sans l'arrivée du capitaine, qu'elle eût été pour moi l'issue de cette lutte; probablement la mort.

A la vue de leur commandant, les Anglais s'enfuirent et me laissèrent couvert de contusions et de sang. Le capitaine s'empressa de me faire jeter au cachot. Je ne me souviens pas d'avoir jamais été, à aucune époque de ma vie, en proie à un découragement pareil à celui que j'éprouvai en ce moment.

Ma foi, me disais-je, il paraît que je ne suis pas né pour être heureux... et plus tôt j'en finirai avec la prison ou avec la vie et mieux cela vaudra!... Une fois hors de ce cachot, je jure que je ne laisserai pas passer un seul jour sans essayer de m'évader! De cette façon, ou je reverrai la France, ou je me ferai casser la tête, et au moins de toute manière mon sort ne tardera pas à se décider.

Le cinquième jour de ma réclusion dans la fosse humide et étroite que les Anglais décoraient du nom de cachot, quoique celui de puits eût été beaucoup plus logique, le geôlier qui m'apportait chaque matin le morceau de pain infect et gluant qui était censé devoir me nourrir jusqu'au lendemain vint de meilleure heure que de coutume :

– Vous pouvez sortir, me dit-il très poliment, vous êtes libre.

Je me levai avec peine et je me hâtai de monter sur le pont aussi vite que mes forces me le permettaient, car j'avais besoin d'aspirer un peu d'air. Que l'on juge de ma surprise lorsqu'en passant par la batterie j'aperçus tous mes camarades, semblables à des fous, qui dansaient, s'embrassaient, pleuraient et poussaient des cris inarticulés! Un moment je crus être le jouet d'un songe...

– Qu'y-a-t-il donc? demandai-je enfin à un camarade, sergent d'artillerie qui comme moi était depuis près de dix ans sur les pontons.

A cette question le sergent ne répondit pas; mais se jetant à mon cou, il se mit à me serrer entre ses bras, sur son cœur, tandis que deux ruisseaux de larmes s'échappant de ses yeux inondaient mon visage.

De plus en plus étonné, je lui répétai ma question.

– La paix vient d'être signée et nous sommes libres! me répondit-il d'une voix étranglée.

A ces paroles, pourquoi ne l'avouerais-je pas? je me sentis défaillir et je me mis à pleurer... Ma joie était si intense qu'elle m'étouffait.

Prenant ma course comme un insensé, je me précipitai sur le pont; apercevant ma cabine, je me mis à briser en morceaux mon chevalet et mes pinceaux!...

Huit jours après j'étais chez l'excellent Smith. Je me sentais si complètement heureux que je n'éprouvais plus ni haine ni colère contre les Anglais. J'allais revoir la France! A quoi bon me souvenir du passé? Le nom d'Abraham Curtis ne se présenta même pas une seule fois à ma mémoire.

Le 16 avril... je m'embarquais pour la France... Je renonce à peindre l'émotion profonde que je ressentis en débarquant à Cherbourg... Il y a de ces joies immenses que l'homme peut à peine supporter et qu'il lui serait impossible de décrire... Je prévins ma famille du jour et de l'heure de mon arrivée...

Le 20... je revoyais Paris après une absence de vingt années!... Bizarre coïncidence : ce fut par la barrière même d'où j'en étais sorti qu'un accident de route, changeant l'itinéraire de la voiture, m'y fit rentrer. En arrivant dans l'allée des Veuves, je vis un homme qui semblait attendre. Cet homme était mon père; il était bien changé, mais mon cœur le reconnut... Oui, enfin, mon père me serrait dans ses bras à cette même place où vingt ans auparavant il m'avait donné ce baiser d'adieu... qui devait retentir dans la postérité!

Table

Préface de l'éditeur 9

I. Incarcération – Impressions – Description des pontons – Égalité – Vivres – Travaux – Tribunal – Industries – Bertaud – Les *rafalés*.... 15

II. Une existence expliquée – Thomas le mystérieux – Un vol – Atroce punition – Confidence de Bertaud – Révélation – Une heureuse désertion 37

III. Ingratitude – Complot de désertion – Ressources de Bertaud – Sacrifices – Mon professorat – Assassinat – Guérison de Bertaud 55

IV. Quelques-uns de mes passe-temps – Espoir déçu – Études – Privations – Précautions – Obstination de Bertaud – Mon début dans l'art de la peinture – Discussion – Bertaud me persuade de déserter 73

V. Entreprise funeste – Épreuves terribles – Infamie d'un Danois – Séparation douloureuse – Mort de Bertaud – Profanation – Infamie des Anglais 87

VI. Découragement – Un bonheur – Sacrifice – La peinture me console – Occupations diverses .. 99

VII. Un duel – Malheur – Salvation d'un homme par supercherie – Mes progrès en peinture.... 105

VIII. Grand désappointement – Le capitaine R... – Son caractère – Le caporal cruel – Sa punition – Fâcheuse histoire d'un officier – Perfidie d'un employé du *Transport-Board* – Évasion de l'officier – Commencement des cruautés du capitaine R... – Duvert 113

IX. Comptage – On embrouille les comptes – Fureur du geôlier – Malice d'un charpentier – Un ordre imprévu – Continuation de fureur – Arrestation de Duvert comme faussaire – Ses promesses – Ses dépositions – Continuation de mécomptes – Promenades en témoignage – Fin malheureuse du comptage 129

X. R... toujours furieux – Infamies d'un nouveau genre – Un gardien de Terre-Neuve – Meurtres – La justice aux abois – Exigences ridicules – Aspersions glacées – Révolte – Audace – Victoire passagère – Repas mémorable 145

XI. Changement subit – Humanité de R... – Perfidie de Duvert – Assassinat – Désertion manquée – Je suis nommé interprète 163

XII. R..., un colonel et son nègre – Impudence et cruauté – Robert et ses pays – Marché conclu – Divertissement projeté 175

XIII. Affaire désagréable du sergent Barclay – Dénonciation – Duvert convaincu de trahison – Médiation – Supplice perpétuel – Catastrophe 187

XIV. Une gageure – Repas – Nouvelle impudence du colonel – Résignation de Robert – Triomphe inespéré – Désappointement d'une compagnie choisie – Chien avalé 207

XV. Terrible conflit – Résolution des prisonniers – Nous l'échappons belle – Plaintes écoutées – Destitution du capitaine R 227

XVI. Ponton *la Vengeance* – Un brocanteur émérite – Un bonheur m'arrive – Incurables – Haine et cruauté – Dévouement d'un défenseur – Un jeune amoureux – Altercations – Suicide 235

XVII. Infamie du docteur Weiss – Dissertation médicale – Épidémie – Expulsion du docteur Fuller 251

XVIII. L'excellent capitaine Edwards – Règne de la justice et de l'humanité – Organisation d'un spectacle – Actrices qui n'en sont pas – Tentative de corruption – Enlèvement scandaleux 257

XIX. Confidence du capitaine Edwards – Digne protestation contre des ordres barbares – Rencontre d'une indigne connaissance – Ingénieux moyen de correspondance – Débarquement du capitaine Edwards 275

XX. Une bonne fortune m'arrive – Une folle partie – Je m'oppose à un assassinat – Un meurtre – Abraham Curtis me met le pied sur la gorge 285

XXI. Arrivée des prisonniers de Cabrera – *Le Pégase* – Les bains homicides – Le colonel Lejeune – Affreuse épidémie – J'en suis atteint – Fignolet retrouvé – Perroquet-Vert – Son amour conjugal 297

XXII. Philanthropie des infirmiers – Fignolet se couvre de gloire – Le docteur Tancret – M. de Bonnefoux, officier de *la Belle-Poule* – Partialité motivée du capitaine T... – Encore le juif Abraham 313

XXIII. M. Smith – Le colonel Lejeune m'honore de son amitié – Le cautionnement – Crime d'un Anglais resté sans punition – On veut me suborner – Poursuites dirigées contre moi – Mon escapade 325

XXIV. Le maudit Curtis – Je lui fais violence – Mon arrivée chez M. Smith – Il m'installe chez lui – Ses démarches – Les contrebandiers – Fatal changement de servante 341

XXV. Entrevue intéressante – Fatal coup du départ – Jeffries le contrebandier – Marché conclu – Guet-apens – Assassinat – Nous découvrons la terre de France – Retour au ponton 361

XXVI. Le cachot – Toujours le juif – Bêtise d'un ivrogne – Ma sortie du cachot – La paix se conclut – Je suis libre – Mes adieux à l'honorable Smith – Retour dans ma famille....... 377

Table 385

Petite Bibliothèque Payot / nouvelle présentation

Sigmund Freud
Cinq leçons sur la psychanalyse, *suivi de* Contribution à l'histoire du mouvement psychanalytique / **1**

Marthe Robert, La révolution psychanalytique. La vie et l'œuvre de Freud / **2**

John Kenneth Galbraith, La crise économique de 1929 / **3**

Blandine Barret-Kriegel, L'État et les esclaves / **4**

Gérard Mendel, Pour décoloniser l'enfant / **5**

Johan Huizinga, L'automne du Moyen Age / **6**

Paul Diel, Le symbolisme dans la mythologie grecque / **7**

Jean-Paul Aron, Le mangeur du XIXe siècle / **8**

Sigmund Freud, Totem et tabou / **9**

Léon Chertok, L'hypnose / **10**

Sigmund Freud, Psychopathologie de la vie quotidienne / **11**

Gershom G. Scholem, La Kabbale et sa symbolique / **12**

Marcel Mauss, Manuel d'ethnographie / **13**

François Rivenc, Introduction à la logique / **14**

Sigmund Freud, Essais de psychanalyse / **15**

Sigmund Freud, Introduction à la psychanalyse / **16**

Erich Fromm, Le langage oublié / **17**

Mélanie Klein / Joan Riviere, L'amour et la haine / **18**

Paul Diel, Éducation et rééducation / **19**

Paul Diel, Le symbolisme dans la Bible / **20**

Commission « Efficacité de l'État » du Xe Plan présidée par **François de Closets,** Le pari de la responsabilité / **21**

Otto Rank, Le traumatisme de la naissance / **22**

Otto Rank, Don Juan, *suivi de* Le double / **23**

John Maynard Keynes, Essais sur la monnaie et l'économie / **24**

Albert Einstein, La relativité / **25**

Alfred Adler, Connaissance de l'homme / **26**

Sigmund Freud / William C. Bullitt
Le Président T. W. Wilson. Portrait psychologique / **27**

Bronislaw Malinowski
La sexualité et sa répression dans les sociétés primitives / **28**

Wilhelm Reich, Écoute, petit homme ! / **29**

Margaret Mahler, Psychose infantile / **30**

Noam Chomsky, Le langage et la pensée / **31**

Paul C. Racamier, Les schizophrènes / **32**

Konrad Lorenz, Évolution et modification du comportement / **33**

Élisabeth Labrousse, La révocation de l'Édit de Nantes / **34**

Moses I. Finley, Démocratie antique et démocratie moderne / **35**

Christian David, L'état amoureux/**36**
Eric Berne, Analyse transactionnelle et psychothérapie/**37**
Albert Schweitzer, Les grands penseurs de l'Inde/**38**
Walter Benjamin, Charles Baudelaire/**39**
A. de Mijolla/S. A. Shentoub, Pour une psychanalyse de l'alcoolisme/**40**
Pierre Avril, Essais sur les partis politiques/**41**
Constantin Stanislavski, La formation de l'acteur/**42**
Piera Aulagnier, Un interprète en quête de sens/**43**
Michael Balint, Le défaut fondamental/**44**
Jean-G. Lemaire, La relaxation/**45**
Marie Moscovici, Il est arrivé quelque chose/**46**
Alfred Adler, Le sens de la vie/**47**
James G. Frazer, Mythes sur l'origine du feu/**48**
Robert Löwie, Histoire de l'ethnologie classique/**49**
D. W. Winnicott, L'enfant et sa famille/**50**
Ella Maillart, La voie cruelle/**51** (Voyageurs)
Colin Thubron, Les Russes/**52** (Voyageurs)
Nicolas Bouvier, Chronique japonaise/**53** (Voyageurs)
Redmond O'Hanlon, Au cœur de Bornéo/**54** (Voyageurs)
Gilles Lapouge, Les pirates/**55** (Voyageurs)
Louis Garneray, Corsaire de la République/**56** (Voyageurs)
Robert Louis Stevenson, La route de Silverado/**57** (Voyageurs)
Richard F. Burton/John Speke, Aux sources du Nil/**58** (Voyageurs)
Helen A. Keller, Sourde, muette, aveugle/**59** (Documents)
François Boureau, Contrôlez votre douleur/**60** (Documents)
Rabindranath Tagore, La maison et le monde/**61** (Documents)
Marc Ferro, Nicolas II/**62** (Documents)
Paul Kennedy, Naissance et déclin des grandes puissances/**63** (Documents)
Ernest Aeppli, Les rêves et leur interprétation/**64** (Documents)
A. Cohen, Le Talmud/**65**
Paul Diel, Psychologie de la motivation/**66**
Hélène Deutsch, Problèmes de l'adolescence/**67**
Erich Fromm, Le cœur de l'homme/**68**
Mirko Grmek, Claude Bernard/**69**
Alan W. Watts, Le bouddhisme zen/**70**
Paul Diel, La divinité/**71**
Ella Maillart, Des monts célestes aux sables rouges/**72** (Voyageurs)
Evelyn Waugh, Bagages enregistrés/**73** (Voyageurs)
T. Berry Brazelton, Écoutez votre enfant/**74** (Documents)
Marina Yaguello, Les mots et les femmes/**75** (Documents)
Jérôme Spycket, Clara Haskil/**76** (Documents)
Régis Boyer, La Saga de saint Olaf/**77** (Documents)

Paul Diel, La peur et l'angoisse/**78** (Documents)
Peter Fleming, Courrier de Tartarie/**79** (Voyageurs)
Louis Garneray, Le négrier de Zanzibar/**80** (Voyageurs)
Christine Fauré, Les déclarations des droits de l'homme de 1789/**81**
Marc Ferro, Comment on raconte l'histoire aux enfants/**82** (Documents)
Bernard Cathelat, Publicité et société/**83** (Documents)
Alfred Adler, Le tempérament nerveux/**84**
Ella Maillart, La vagabonde des mers/**85** (Voyageurs)
Louis Garneray, Un corsaire au bagne/**86** (Voyageurs)
Graham Greene, Routes sans lois/**87** (Voyageurs)
Edward John Trelawnay
Mémoires d'un gentilhomme corsaire/**88** (Voyageurs)
Éric Vibart, Alain Gerbault/**89** (Voyageurs)
Eric Newby, Un petit tour dans l'Hindou Kouch/**90** (Voyageurs)
Mark Twain, Vie sur le Mississippi/**91** (Voyageurs)
A. Kirkpatrick, Les conquistadors espagnols/**92** (Documents)
Heinrich H. Houben, Christophe Colomb/**93** (Documents)
René Thévenin/Paul Coze
Mœurs et histoire des Indiens d'Amérique du Nord/**94** (Documents)
Michel Le Bris, L'homme aux semelles de vent/**95** (Documents)
Jacques Lacarrière
Chemin faisant *et* La mémoire des routes/**96** (Voyageurs)
Jean Rolin, La ligne de front/**97** (Voyageurs)
Robert Louis Stevenson, Essais sur l'art de la fiction/**98** (Documents)
T. E. Lawrence, Les sept piliers de la sagesse/**99** (Voyageurs)

Ouvrage imprimé sur presse CAMERON,
dans les ateliers de la S.E.P.C.
à Saint-Amand-Montrond (Cher)
en mars 1992

ISBN 2-228-88509-6

— N° d'impression : 302. —
Dépôt légal : mars 1992.

Imprimé en France